P

A mi madre.

FRANCISCO J. DÍAZ DE CASTRO

ENSAYOS SOBRE POESÍA HISPÁNICA CONTEMPORÁNEA

PALMA DE MALLORCA
1990

CENTRE COORDINADOR DE BIBLIOTEQUES DEL CONSELL INSULAR DE MALLORCA

DÍAZ DE CASTRO, Francisco J.
Ensayos sobre poesía hispánica contemporánea / Francisco
Díaz de Castro. Palma de Mallorca: Servei de Publicacions
i Intercanvi Científic de la UIB, 1990. 308 p.; 21 cm.
Referències bibliogràfiques
ISBN 84-7632-098-1
DL: PM 555-1990
I. Poesia castellana - S. XX - Assaigs, conferències, etc.
I. Universitat de les Illes Balears. Servei de Publicacions
i Intercanvi Científic, ed.
II. Títol
860 - 1.09"19"

ENSAYOS SOBRE POESÍA HISPÁNICA CONTEMPORÁNEA

Primera edició: octubre de 1990
Col·lecció: Monografies

Disseny de la coberta: Jaume Falconer

Tiratge: 750
© **del text:** Francisco J. Díaz, 1990
© **de l'edició:** Universitat de les Illes Balears, 1990
Edició: Universitat de les Illes Balears.
Publicació: Secretariat de Publicacions i Intercanvi Científic
de la Universitat de les Illes Balears. Cas Jai, Campus de la UIB.
Cra. de Valldemossa, km. 7'5. 07071 Palma (Mallorca).
Fotocomposició i muntatge: Imp. Politècnica. Carrer Troncoso, 3. 07001 Palma
ISBN: 84-7632-098-1
DL: PM 555-1990

ÍNDICE

UN POEMA DE ANTONIO MACHADO

El poema «Al escultor Emiliano Barral» ocupa el centro de un grupo de elogios y homenajes diversos situado hacia el final de *Nuevas Canciones.* Aunque no forma sección aparte, ya que se incluye en «Glosando a Ronsard y otras rimas», esta serie de once poemas sugiere un paralelo con «Elogios», de *Campos de Castilla,* y no sólo por el contenido, sino también por el tono y la intensidad característicos del elogio machadiano. Dentro de este conjunto, «Al escultor Emiliano Barral» ofrece un gran interés por la forma en que el homenaje se desarrolla como autorretrato, por su relación con dos símbolos importantes en toda la poesía de Machado y por la fuerte carga de desengaño de su sentido último, que pone una de las notas más negativas en el libro. Recordemos el poema:

AL ESCULTOR EMILIANO BARRAL

...Y tu cincel me esculpía
en una piedra rosada,
que lleva una aurora fría
eternamente encantada.
Y la agria melancolía
de una soñada grandeza
que es lo español (fantasía
con que adobar la pereza),
fue surgiendo de esa roca,
que es mi espejo,
línea a línea, plano a plano,
y mi boca de sed poca,
y, so el arco de mi cejo,
dos ojos de un ver lejano,
que yo quisiera tener
como están en tu escultura:
cavados en piedra dura,
en piedra, para no ver.

El poema se refiere al busto de piedra conservado en Segovia. Su fecha, 1922, la consigna Machado en las poesías de *La Guerra,* con una nota sobre la muerte del escultor: «Cayó Emiliano Barral, capitán de las milicias de Segovia, a las puertas de Madrid, defendiendo su patria contra un ejército de traidores, de mercenarios y de extranjeros. Era tan gran escultor que hasta su muerte nos dejó esculpida en un gesto inmortal».

Dirigido en segunda persona al escultor, el elogio no sigue la línea discursiva de otros del libro, ni se detiene a retratar la figura o el arte de Barral, sino que con una absoluta sobriedad, que se queda en las meras menciones de «tu cincel» y «tu escultura» que abren y culminan el poema, Machado da por sentado el arte de su amigo y se centra en una precisa reflexión sobre su propia imagen en piedra. Ese homenaje sin palabras está en la línea de los más típicos de Machado, donde siempre se puede observar una forma de identificación entre el poeta y el destinatario del poema. Así, se aprecia en uno de los elogios a Azorín (CXLIII, vi): «¡Y esta alma de Azorín... y esta alma mía / que está viendo pasar, bajo la frente, / de una España la inmensa galería...», o en poemas que, como los dedicados a Martínez Sierra (XVIII), a José María Palacio (CXXVI), a Giner (CXXXIX), o a Unamuno (CLI), entre otros, muestran de diversas formas ese proceso de acercamiento del yo al tú, que algo tiene que ver con la poética de los apócrifos posteriores.

Machado procede desde los primeros versos a un sintético autorretrato que a mi juicio es un acierto estético por la forma en que se ofrece concentradamente una nota de desengaño harto significativa tras el proceso creador de los años anteriores y también por las implicaciones intertextuales que establece, como intentaré exponer brevemente.

De todos los poemas en que Antonio Machado se retrata éste es el que, explicitando menos, alcanza una dimensión más trascendente y nihilista. Son frecuentes las notas personales en muchos de sus poemas pero, sin duda, el texto más ambicioso, más rico en matices y mejor comentado es el «Retrato» de 1912 que abre *Campos de Castilla* y que juega tan importante papel para establecer la poética de ese momento y la perspectiva adecuada para la lectura y frente al lector.

Otra forma de autorretrato es la que traza en los sonetos iniciales de «Glosando a Ronsard y otras rimas». Se trata de poemas en los que el autor, no cabe duda, expresa lo que es el fruto de una percepción angustiada del paso del tiempo y también de un deseo amoroso a contratiempo. Sin embargo, en esos poemas hay mucho de imitación literaria, de ironía y de distancia. Con claros ecos petrarquistas y remedando al poeta francés traza un autorretrato exageradamente envejecido: «sumida boca», «mirada desvalida», «barba que platea», «estrago del tiempo en la mejilla». También se compara a una «fruta arrugada», a una «mustia rama», a una «fúnebre careta». La exageración retórica y el sentido paródico que indica el título mismo limitan la intensidad efectiva y, en última instancia, el valor como autorretratos de estos poemas. Quizá podría aceptarse la idea de que, a pesar de las diferencias de intención, la fuerza con la que Machado poetiza su propia voz en «Retrato» no se vuelve a encontrar ni en estos sonetos ni en los poemas posteriores.

Algo de esto es evidente en el poema a Emiliano Barral, que, en este caso, es un autorretrato mediado por un retrato. El primero se presentaba directamente, sin motivaciones ajenas al contenido y al tema del libro al que servía de pórtico. Los sonetos de «Glosando a Ronsard» parecen más propiciados por un impulso erótico para cuya plasmación en verso viene que ni pintada la referencia a Ronsard, y su función es más, diríamos, coyuntural que metaliteraria.

El tercer retrato encierra, ante todo, una situación moral del poeta ante sí mismo y ante la realidad histórica y cultural que es su fuente de inspiración. Ya no advertimos reflexiones sobre la trascendencia de su poesía —«dejar quisiera...»—, sino casi lo contrario, más de acuerdo con otro verso anterior: «que el arte es largo, y además no importa». Machado va directament, en unos versos de molde más humilde que el de los anteriores, a la expresión de un deseo de renuncia que es resultado de la visión de esos años. Su busto en piedra provoca una reflexión que se desvía inmediatamente hacia la síntesis intelectual de la realidad histórica de España y de su papel en ella como poeta, y se desarrolla, como veremos, en torno a dos núcleos simbólicos esenciales en su obra: la piedra y la mirada.

En el poema Machado no se separa en ningún momento de ese trabajo sobre la piedra que ha producido su retrato. La mayor parte del léxico —«cincel», «esculpir», «piedra rosada», «roca», «línea a línea», «plano a plano», «arco», «escultura», «cavar», «piedra dura», «piedra»— gravita en torno al objeto de piedra sobre el que Machado despliega su sarcasmo y su nihilismo al reflexionar sobre la esencia castiza de lo español y de sí mismo. Vale la pena subrayar, al paso, qué machadiana resulta esa reacción frente a su propio busto, tan anticonvencional y tan modesta. El oscuro sentimiento que desprende el poema es, sin duda, un síntoma de los cambios que se están produciendo en la evolución creadora del autor y, desde luego, muestra en la práctica un gesto irónico al considerar la actitud a tomar frente al significado de un busto a su propia persona.

Como poema, la hilazón lógica del texto está perfectamente estructurada en dos frases, la segunda de las cuales se despliega en una larga sucesión de matizaciones descriptivas. Los cuatro primeros versos presentan sencillamente la labor sobre la piedra tras un comienzo brusco que lo une al hecho real del que parte: «...Y tu cincel me esculpía en una piedra rosada». La segunda persona establece el destinatario en primera instancia: el escultor. Machado parte del recuerdo de la intimidad y de la duración de ese trabajo de retrato sobre una piedra: «fue surgiendo de esa roca».

Pero inmediatamente después de la presentación del objeto se verbaliza el proceso de imaginación a partir del retrato. El color rosado de la piedra genera la imagen simbólica: esa piedra rosada es portadora de «una aurora fría eternamente encantada». El sentido ambiguo de esa suma de adjetivos, «fría» y «encantada», crea un simbolismo cuyo oscuro sentido viene sugerido por el rumbo que toma el texto a partir de ese momento. Así, la rima atrae una serie de palabras que determinan la primera reflexión, sobre la esencia de lo español: «Y la agria melancolía / de una soñada grandeza / que es lo español (fantasía / con que adobar la pereza)». Un sentimiento de modestia ante su busto genera, primeramente, lo que es una descripción generalizadora: el carácter de lo español, tan duramente criticado en sus poemas, que el poeta quiere advertir en su propia imagen. La nueva rima ha atraído al texto dos palabras que contrastan entre sí irónicamente: «pereza» y «grandeza». El lector de Machado ha visto una y otra vez la insistencia en ese casticismo inane, en particular en los poemas de *Campos de Castilla*. Por lo demás «sueño» y «fantasía» completan su sintético diagnóstico sobre España.

Pero Machado no se queda en una mera reafirmación de su visión de España. Esa visión se superpone a la imagen de sus propios rasgos en el busto. Como en Quevedo y en Larra, lo general es sólo el primer paso para el acceso a lo particular: la propia intimidad, el corazón en el que yace la esperan-

14

za. El fruto del trabajo artístico de Barral ha sido un «retrato robot» de lo español, según Machado, que coincide exactamente con sus propios rasgos, como la imagen reflejada en el espejo coincide en todo con el objeto real que se le enfrenta: «... fue surgiendo de esa roca / que es mi espejo». El verso de pie quebrado cumple aquí claramente una función rítmica y estilística, puesto que explicita esa superposición valorativa de imágenes y sincopa el ritmo establecido en los versos anteriores para acentuar la transición hacia el final: el comentario sobre sus propios rasgos.

En realidad el poeta apenas menciona detalles de la escultura: tan sólo se refiere a la boca y a los ojos. No puede interrumpir la tensión intelectual que ha creado hasta ese punto trascendiento lo puramente físico para abrirse hacia lo que viene a encontrar el poeta en sí mismo: desesperanza y hastío: «Y mi boca, de sed poca». Los ojos, finalmente, «de un ver lejano», considerados como ojos de estatua. Del rechazo de la visión a la negación del conocimiento, la obra posterior de Machado muestra hasta qué punto esa afirmación no es más que un deseo de renuncia que pronto contradicen las prosas de *Juan de Mairena* y los poemas de la guerra; pero ese deseo expresado es sintomático de las nuevas direcciones metafísicas y éticas de su escritura.

Por otra parte es significativa esa expresión de un deseo a partir de un objeto de piedra. La visión de lo español se presenta en este texto como la causa de un desajuste ético consigo mismo y con su patria. La renuncia a ver, expresada a partir de esa idea de ojos «cavados en piedra dura», nos remite inmediatamente a la consideración de esa materia de imágenes privilegiada en la escritura de Machado.

Es imposible de todo punto detenerse aquí en un análisis mínimamente profundo del tema, pero creo que vale la pena sintetizar una descripción que dejo para otro momento, ya que la piedra tiene un sentido simbólico cambiante en cada etapa de las poesías de Machado, aunque fundamentalmente positivo. Habitualmente la piedra es la materia mítica última, símbolo de la duración y de la resistencia, a cuyo contacto la imaginación del tiempo, el ensueño en sus distintas manifestaciones, el misterio del agua, que canta, recuerda, sugiere o reposa muerta, produce esa ambigüedad simbolista en que Machado encuentra la riqueza de su voz primera. Es la forma principal en que aparece el símbolo en los años que van de *Soledades* a *Soledades, Galerías y otros poemas*.

En ocasiones es mediadora de una emoción heredada del romanticismo: «Y estoy solo en el patio silencioso, / buscando una ilusión cándida y vieja, / alguna sombra sobre el blanco muro, algún recuerdo en el pretil de piedra, / de la fuente dormida, o en el aire, / algún vagar de túnica ligera» (VII). También suele aparecer, en su relación íntima con el agua, utilizada con el valor decorativo del mármol, característico del primer libro: «el blanco mármol» (VI), «fuente de mármol» (XXIV), «marmóreas gradas» (XXVI, XXXI), «marmórea taza» (XXXII, XCIV), etc. Aparte de su uso posterior en el poema a la muerte de Rubén Darío (CXLVIII) y en «De mi cartera» («Ni mármol duro y eterno...»), solo volverá a aparecer este tratamiento en *De un cancionero apócrifo,* tras la máscara de los apócrifos: «Que en su estatua el alto Cero / —mármol frío, / ceño austero / y una mano en la mejilla,— / del gran remanso del río, / medite, eterno, en la orilla, / y haya gloria eternamente» («Al gran pleno»). Si comparamos esta visión con la descripción del poema «La fuente», eliminado de *Soledades,* veremos cuánto ha cambiado en la representación imaginativa: «Desde la boca de un dragón caía / en la espalda desnuda del Mármol del Dolor / —soñada en piedra contorsión desnuda— / la carcajada fría / del agua, que a la pila descendía / con un frívolo, erótico rumor».

En *Campos de Castilla* el simbolismo de la piedra se ha cargado de los valores de un paisajismo castellanista, que no deja de tener en lo sucesivo, con matices varios. No le interesa tanto al poeta presentar la fuente de piedra «que vierte su eterno cristal de leyenda», cuanto encontrar, manteniendo esa nota de duración, una nueva expresión simbolista cargada de la valoración histórica de ese «trozo de planeta». El léxico se amplía a nuevos valores descriptivos y fonéticos a los que Machado sabe muy bien sacarles partido. Son las «quiebras del pedregal», las «serrezuelas calvas por donde tuerce el Duero / para formar la corva ballesta de un arquero / en torno a Soria» (XCVIII). De nuevo piedra y agua, pero ahora en geografía con nombres y con una representación historicista que va creando la visión ideológica de Machado. La piedra domina en estas descripciones obsesivas —«¡Oh tierra triste y noble, / la de los altos llanos y yermos y roquedas!»—. La imaginación de la piedra lo impregna todo con una reiteración que se carga de sentidos. La aliteración convierte la aridez del paisaje en símbolo de contenido y expresión. Machado describe y al mismo tiempo valora, pero, aunque no lo hiciera, la selección de elementos del paisaje y su valor fonosimbólico serían suficientemente explícitos. Así, por ejemplo, en esta imagen efectista, de rudo valor erótico: «Y otra vez roca y roca, pedregales / desnudos y pelados serrijones (...) Entre cerros de plomo y de ceniza / manchados de roídos encinares, / y entre calvas roquedas de caliza / iba a embestir los ocho tajamares / del puente el padre río / que busca de Castilla el yermo frío».(CII).

Son continuas las imágenes de la desnudez y la miseria, que logran muchas veces expresar una valoración positiva de elementalidad en ese paisaje que, a pesar de su aridez, Machado se deleita en describir fascinado por él: «grises peñascales»(CIX), «castillo guerrero / arruinado sobre el Duero / con sus murallas roídas / y sus casas denegridas», «cárdenas roquedas», «ariscos pedregales», «calvas sierras» (CXIII), «Calva serrezuela de rocas grises surcadas de grietas rojizas», «Las rocas se aborrascan» (*La tierra de Alvargonzález*).

Pero hay algo más en el simbolismo de la piedra en *Campos de Castilla,* y es la insistencia en lo trascendente mediante la vivificación de la piedra inerte. Algunas veces el paisaje de piedra se percibe palpitante de vida —«Campos de Soria / donde parece que las rocas sueñan, / conmigo váis»— y la intuición poética del hombre debe descubrir ese nuevo conocimiento. Por eso le dice a Ortega y Gasset: «Cincel, martillo y piedra / y masones te sirvan; las montañas / de Guadarrama frío / te brinden el azul de sus entrañas» (CXL). La piedra en Campos de Castilla se carga de un simbolismo histórico, ideológico y también metafísico. Probablemente en este proceso Machado llega aquí al máximo de sus posibilidades. Pero en *Nuevas Canciones* y después seguimos encontrando, con la evocación de Castilla, algunas imágenes parecidas, si bien cargadas de una dulzura nueva, que en ocasiones nos recuerda a Pedro Espinosa: «¿Quién puso entre las rocas de ceniza, / para la miel del sueño, / esas retamas de oro / y esas azules flores del romero?» (CLVI, vi). La poesía popular renueva la presencia de la fuente, pero el poeta establece ahora una identificación mayor que nunca: «Como otra vez, mi atención / está del agua cautiva, / pero del agua en la viva / roca de mi corazón» (CLXI, xii). Por eso la breve y sentenciosa fusión de corazón y piedra en la expresión de lo misterioso e inefable: «Tu profecía — poeta. / —Mañana hablarán los mudos: / el corazón y la piedra» (CLXI, xcviii).

Lo que también se advierte desde *Nuevas canciones* es que Machado complica la imaginación de la piedra en nuevas formas de simbolismo más oscuras y, en ocasiones, más esteticistas: «Relámpago de piedra parecía» (CLXIV, ii), «lueñe espuma de piedra, la montaña» (ClXIV, «A Azorín»), «vasta lira, hacia el mar, de sol y piedra» (A Julio Castro), «Han pintado en la roca cenicienta (...) aurora cuajada en piedra fría / y no como a la noche ese roquedo, / al girar del planeta ensombrecido» («Los sueños dialogados», III). Ese símbolo se presenta en la importante poesía en que el poeta imagina la muerte de Abel Martín, con lo que eso tiene de proyección autobiográfica. Piedra y mar como símbolos totalizadores de la vida: «Desde la cumbre vio el desierto llano / con sombras de gigantes con escudos, / y en el verde fragor del oceano / torsos de esclavos jadear desnudos, / y un *nihil* de fuego escrito / tras de la selva huraña, / en áspero granito / y el rayo de un camino en la montaña».

Así, hemos visto cómo con un muy diverso tratamiento en cada etapa la materia elemental de la piedra forma una base permanente en el ámbito imaginario del que brota la poesía machadiana, siempre más allá de lo histórico y empírico. Por eso, cuando nos hallamos frente al retrato que provoca tan honda reflexión, se hace más clara esa anhelada fusión con la piedra como anhelada consecución de la elementalidad y como fruto último del desengaño histórico al mismo tiempo. Y, sin embargo, la piedra aquí se ha percibido como lo inerte y ciego: «En piedra, para no ver». A la significación de lo elemental y permanente se añade una nueva cualidad de percepción, la de la piedra a la que Rubén Darío envidia en la queja infinita de «Lo fatal»: «Dichoso el árbol, que es apenas sensitivo, / y más la piedra dura porque ésa ya no siente, / que no hay dolor más grande que el dolor de ser vivo, / ni mayor pesadumbre que la vida consciente».

Además, en el poema, Machado ha focalizado su reflexión en la imagen de los ojos. Y si, tras la mirada crítica de *Campos de Castilla* hallamos ese deseo de enceguecer en piedra, algo ha pasado. En la poesía de *Soledades, Galerias y otros poemas* la mirada es ambivalente, pues tanto se utiliza para describir la realidad exterior como sirve para buscar en el envés de las apariencias y en el misterio. Y queda muchas· veces vencida por el ensueño, la intuición o la búsqueda por las galerías del alma: «Yo meditaba absorto, devanando / los hilos del hastío y la tristeza» (XIV). La mirada desde *Soledades* es el rasgo con el que más a menudo se retrata Machado. Unas veces la privilegiada será la mirada intelectual, histórica, cargada de ideología. Otras, un olvido del mundo exterior y una introspección de manifestaciones simbolistas. Algunas veces el amigo de mirar que es Machado se queda semioculto por el desasosiego interior o por la decepción externa. Es la renuncia del retrato que comento y es un sentimiento de abulia que vemos aparecer de vez en cuando desde *Soledades:* «Y yo sentí el estupor / del alma cuando bosteza / el corazón, la cabeza / y, morirse es lo mejor» (LVI). O aparece un mirar distinto, trascendente, cuya huella se detecta en los poemas de los últimos años y que se contrapone desde el principio: «No, mi corazón no duerme. / Está despierto, despierto. / No duerme ni sueña, mira, / los claros ojos abiertos, / señas lejanas y escucha / a orillas del gran silencio».(LX).

Pero en *Campos de Castilla* los ojos sirven para mirar críticamente la realidad histórica y para caracterizar, casi siempre de manera negativa. Esos campesinos oscuros y mezquinos o esos seres deformados por la imagen machadiana, que hacen pensar en el expresionismo de Goya, se retratan casi siempre por medio de la mirada. Son los ojos y el ceño del campesino castellano cuyo retrato a veces se superpone al de la tierra árida de Soria: «Pequeño, ágil, sufrido, los ojos de un hombre astuto, / hundidos, recelosos, movibles, / y trazadas cual arco de ballesta, / en el semblante enjuto, de pómulos salientes, las cejas muy pobladas»(XCIX). Son esos ojos «siempre turbios de envidia o de tristeza», los «ojos de calentura» que iluminan el «rostro demacrado» del loco (CVI). O los ojos del criminal («arde en sus ojos una fosca lumbre / que repugna a su máscara de niño») frente a los del abogado: «mientras oye el fiscal, indiferente, / el alegato enfático y sonoro, / y repasa los autos judiciales / o, entre los dedos, de las gafas de oro / acaricia los límpidos cristales» (CVIII), o los ojos de los Alvargonzález, prácticamente el único rasgo físico con que se les caracteriza.

Y, sin embargo, la mirada del hablante abandona en ocasiones su penetración crítica para nublarse por el desengaño o el hastío de todo ese ambiente que, a la vez, le fascina y le obsesiona. Son frecuentes los pasajes en los que hallamos precedentes del poema a Emiliano Barral, esos momentos en que el poeta va caminando «solo, / triste, cansado, pensativo y viejo» (CXXI). Y a ese estado del hombre que cuando esto escribe tiene sólo 38 años corresponde el pesimismo de sus proyecciones a través de la mirada: «De la ciudad moruna / tras las murallas viejas, / yo contemplo la tarde silenciosa, / a solas con mi sombra y con mi pena» (CXVIII). Unas veces es la ceguera misma como símbolo de la verdad última del hombre, esos «ojos que vienen a la luz cerrados, / y que al partirse de la vida ciegan» que nos recuerdan al Quevedo más sombrío. Otras, es la conciencia negativa de la esencia del hombre expresada por el poeta que se siente ya contagiado del hastío nacional en «Los olivos»: «Nosotros enturbiamos / la fuente de la vida, el sol primero, / con nuestros ojos tristes, con nuestro amargo rezo, / con nuestra mano ociosa, con nuestro pensamiento». O, finalmente, esos ojos que luego van a seguir apareciendo en *De un cancionero apócrifo* y que están en la misma dimensión del deseo machadiano en el poema que nos sirve de base: «Han cegado mis ojos las cenizas / del fuego heraclitano. / El mundo es un momento, / transparente, vacío, ciego, alado» (Galerías, VII).

Estas breves reflexiones creo que pueden mostrar hasta qué punto en el autorretrato de Antonio Machado que he comentado no hay nada de gratuito. La conclusión del poema («en piedra, para no ver») contrasta mucho con los tonos predominantes de *Nuevas Canciones* y con el sentido global del grupo de poemas en que se inserta, pero su presencia no es casual. Considerando la evolución del tratamiento imaginario de las dos materias simbólicas sobre las que se basa el poema, y el sentido que van tomando esos símbolos en su poesía, este texto se nos presenta como la última autorrepresentación directa de Machado como personaje. A partir de entonces los rasgos de los apócrifos desdibujan los suyos propios.

ANTONIO MACHADO
Y
JORGE GUILLÉN

De todos los poetas españoles de la generación de la vanguardia es Jorge Guillén quien recibe críticas más duras en los escritos de Antonio Machado. Aunque la mayor parte de sus comentarios adversos se extienden a lo que suele denominar «los poetas jóvenes» o «los nuevos poetas», es la «poesía pura» y, en particular, Jorge Guillén el blanco preferido de sus negativas observaciones, suavizadas casi siempre en la forma por un tono modesto no exento de ironía.

La teoría machadiana de la escritura poética no puede estudiarse sin tener en cuenta todas las implicaciones más generales de sus ideas en torno al papel del artista en la sociedad y en relación con su concepto de cultura, colectividad e individuo. Todo ello se va formando en un proceso reflexivo cuyas primeras manifestaciones propician los cambios radicales que se advierten tras *Soledades, Galerías y otros poemas* y cuyos mejores exponentes son las observaciones contenidas en *De un Cancionero Apócrifo y en Los Complementarios,* pero que se extienden en una sinuosa dialéctica a lo largo de los años de escritura de *Juan de Mairena* hasta llegar a las importantes lucubraciones de los últimos años en textos como el «Discurso» de la clausura del Congreso Internacional de Escritores.[1] En mi opinión, solamente teniendo en cuenta todo su proceso intelectual y filosófico, esencialmente integrador, es posible entender el sentido de sus distintas opiniones sobre la poesía a lo largo de esos años.

No voy a entrar en ese análisis, puesto que el objetivo de estas páginas es el estudio particular de cómo la poesía y las opiniones de Antonio Machado influyen a lo largo del tiempo en la poética de Jorge Guillén, pero me parece necesario recordar que en los reproches estéticos a la «nueva poesía», desde muy temprano, subyace una visión globalizadora en torno a la crisis del arte finisecular en estrecha relación con una crisis histórica que abarca la totalidad de las manifestaciones sociales y espirituales. No creo que sean otros el origen y el sentido, ya en los años treinta, del aparente fragmentarismo en torno a una multiplicidad de temas en las entregas de *Juan de Mairena.*

Es fácil darse cuenta de que no hay apenas diferencias ni de ideas ni de conceptos en los textos sucesivos que dedica el poeta a la crítica de la poesía nueva, tanto cuando valora la obra de algunos poetas más jóvenes —Gerardo Diego o Moreno Villa— como cuando analiza, incluso en notas sueltas de *Los Complementarios,* las razones por las que no está de acuerdo con la orientación de las nuevas concepciones estéticas (de hecho, no se salva de sus reticencias ni el Juan Ramón Jiménez de *Estío*).

La base sobre la que reposa el gusto —y algo más que el gusto— machadiano es el hombre: recordemos cómo le interesa la declaración de Moreno Villa en «*Colección:* Poesía desnuda y francamente humana he querido hacer». Ya tempranamente, en efecto, Machado se distancia de la poesía nueva, como vemos en esta anotación de las primeras páginas de *Los Complementarios: «El libro* **Soledades** *fue el primer libro español del cual estaba íntegramente proscrito lo anecdótico. Coincidía yo anticipadamente con la estética novísima. Pero la coincidencia de mi propósito de entonces no iba más allá de esta abolición de lo anecdótico. Disto mucho de estos poetas que pretenden manejar imágenes puras (limpias de concepto (!) y también de emoción), sometiéndolas a un trajín mecánico y caprichoso sin que intervenga para nada la emoción. Bajo la pintoresca serie de imágenes de los poetas novísimos se adivina un juego arbitrario de conceptos, no de intuiciones. Todo esto será muy nuevo (si lo es) y muy ingenioso, pero no es poesía. El más absurdo fetichismo en que pueda incurrir un poeta es el culto de las metáforas».*[2]

Vale la pena retener las expresiones «proscripción de lo anecdótico», «manejo de imágenes puras limpias de concepto y de emoción», «trajín mecánico y caprichoso», «juego arbitrario de conceptos», «absurdo fetichismo». Con excepción de las consideraciones sobre la temporalidad de la lírica, que ya se rastrean por las mismas fechas en otros textos, y sobre el conceptualismo y la «poesía pura», encontramos establecidos desde las primeras reflexiones los ejes semánticos sobre los que Antonio Machado criticará a los nuevos poetas hasta los años treinta.

Pero, además, en el texto del mismo cuaderno que arranca de un esbozo de comentario sobre la poesía de Huidobro, a las pocas líneas se retrotrae Machado a sus reflexiones sobre la poesía de Mallarmé y más tarde las entrelaza con las palabras sobre la vacuidad del barroco español, que dejan paso, a su vez, a unas reflexiones también entrecortadas y no seguidas sobre «El empleo de las imágenes en el arte» (pág. 47 v. del cuaderno[3] y «Sobre el empleo de las imágenes en la lírica» (pág. 48 r.). En el proceso de anotaciones podemos comprobar que la línea de pensamiento de Machado va llevándole hasta un punto de convergencia con explicaciones supraliterarias más generales: la razón de la vaciedad y del juego mecánico es, para Machado, que busca explicaciones más allá de los individuos, la desorientación de la época, la búsqueda oscura de nuevos valores en medio de la crisis (pág. 48 r.): «*El hecho profundo que conviene anotar, y del cual la novísima literatura es sólo un signo externo, es simplemente la evolución de los valores cordiales. Vivimos en una época de honda crisis. Los corazones están desorientados: lo que quiere decir que buscan otro oriente. El arte de esta época, su lírica, sobre todo, será, en apariencia al menos, una actividad subalterna o retardada*».

Páginas después de los fragmentos citados, y con fecha de 1922, en Segovia, reproduce «Nocturno funambulesco», de Gerardo Diego y añade, con ironía: «*Gerardo Diego ha encontrado el título y emplea el tono que mejor cuadra a la nueva poesía*» (pág. 57 r.). En las mismas fechas, sin embargo, (septiembre de 1922), publica en *La Voz de Soria* una reseña de *Imagen,* en la que introduce lo que podríamos considerar como la primera reflexión elaborada aplicable a un poeta de la «generación de la vanguardia». Se mezcla en ella la actitud benevolente y animosa ante la obra de Diego, y el aviso del peligro que acecha al cultivador de imágenes: «*Era preciso concebir una poesía de imágenes vivas, dotadas de luz propia, como conscientes de sí mismas, «múltiples y variables»: la imagen sugestiva o sujeto-imagen, la «imagen creada y creadora» de que nos habla el poeta. Saludemos esta aspiración al milagro, esta valiente tentativa de Gerardo Diego. Mas reparemos en que la lírica «creacionista» surge en el camino de vuelta hacia la poesía integral, totalmente humana, expresable en román paladino y que fue, en todo tiempo, la poesía de los poetas. Para llegar a ella, forzoso es abandonar también cuanto hay de supersticioso en este culto a las imágenes líricas. No olvidemos los fines por los medios. Imágenes, conceptos, sonidos, nada son por sí mismos; de nada valen en poesía cuando no expresan hondos estados de conciencia*».[4]

En el estrecho vértice de su propia teoría poética entre el abandono de una sentimentalidad y una retórica decimonónica, y las nuevas soluciones estéticas, con su efervescencia metafórica y la ambigüedad conceptual heredada de Mallarmé por algunos de los nuevos poetas, Machado no produce todavía una teoría clara en torno a qué alternativa estética propugna, tal vez porque no es en ningún momento de su vida un poeta de programa.

Su conjunto de valores e ideas estéticas es bastante sencillo, incluso teniendo en cuenta las inseparables reflexiones filosóficas. De un lado la teorización y la práctica de un concepto de temporalidad interior. De otro, la difícil mezcla de intuición, de sentimiento y de abstracción. Son los años del produndo cambio de su poesía misma, no cabe olvidarlo, que a instancias de una actitud ideológica populista y de una necesidad de abstracción mayor en la que tiene mucho que ver el estudio de la filosofía, se distancia de lo comprometido conceptual de *Campos de Castilla* y procura adentrarse en la intimidad de la relación entre realidad exterior y conciencia interior.

Las críticas de Machado a la poesía de su tiempo no se limitan a la de los más jóvenes abanderados del cambio estético. Vale la pena recordar que en 1917 critica *Estío*, de Juan Ramón Jiménez, a quien había dedicado sus mejores comentarios desde sus primeros libros: «*Este gran poeta andaluz sigue, según creo, una dirección que la alienará el fervor de sus primeros devotos. Su poesía es siempre más barroca; es decir, más conceptual y al mismo tiempo menos intuitiva. La crítica no lo ha puesto de relieve. En su último libro, **Estío**, las imágenes sobreabundan pero son cobertura de conceptos*».[5]

Esta precisión final es el argumento constante en sus reflexiones sobre el lenguaje poético y en las críticas de libros de poesía que realiza a partir de estos años. 1924 es una fecha significativa por el estado de desarrollo de la nueva poesía, en declive ya los experimentos ultraístas y en pleno comienzo los poetas llamados del 27. Gerardo Diego ha publicado *El romancero de la novia* (1920), *Imagen* (1922), *Soria* (1923) y *Manual de espumas* (1924), Federico García Lorca, *el Libro de poemas* (1921), Dámaso Alonso, *Poemas puros* (1921), Pedro Salinas, *Presagios* (1923). Al año siguiente, Rafael Alberti obtiene el Premio Nacional de Literatura, con Gerardo Diego.

Jorge Guillén publica en diversas revistas literarias los poemas que ha comenzado a escribir en Tregastel en 1919 y es ya en esos momentos uno de los poetas más respetados del grupo. En Francia, el acontecimiento más importante es la publicación del *Primer manifiesto del surrealismo.*

Teniendo en cuenta estos datos resulta muy significativo que Antonio Machado publique en la joven *Revista de Occidente* su elogioso comentario de *Colección*,[6] un libro, a pesar de su interés y novedades, estéticamente indeciso, del poeta malagueño José Moreno Villa. A esas alturas, el sevillano todavía distingue sencillamente entre dos clases de imágenes líricas: las que expresan conceptos y no pueden tener sino una significación lógica, e imágenes que expresan intuiciones y cuyo valor es preponderantemente emotivo.

Para Machado, de ambas necesita la poesía, y el empleo exclusivista de unas o de otras lleva a la desintegración del arte: *«No es la lógica lo que el poeta canta, sino la vida, aunque no es la vida la que estructura el poema, sino la lógica. Esta verdad, turbiamente vista, o vista a medias, divide todavía a gran parte de los poetas modernos en dos sectas antagónicas: la de aquellos que pretenden hacer lírica al margen de toda emoción humana, por un juego mecánico de imágenes, lo que no es, en el fondo, sino un arte combinatorio de conceptos hueros; y la de aquellos otros para quienes la lírica, al prescindir de toda estructura lógica, sería el producto de los estados semicomatosos del sueño. Son dos modos perversos del pensar y del sentir, que aparecen en aquellos momentos en que el arte —un arte— se desintegra o, como dice Ortega y Gasset, se deshumaniza».* También la «poesía pura», a la que comienza a referirse en esas fechas, le merece un juicio adverso, en las mismas líneas argumentales empleadas desde varios años antes para toda la vanguardia: *«La poesía pura, de que oigo hablar a críticos y poetas, podrá existir, pero yo no la conozco. Creo que más de una vez intentó el poeta algo parecido y que siempre alcanzó a dar frutos del tiempo —ni siquiera los mejores—, recomendables, a última hora, por su impureza (...) Creo también que lo peor para un poeta es meterse en casa con la pureza, la perfección, la eternidad y el infinito».*[7]

Tales comentarios, siempre inmersos en una perspectiva globalizadora del arte, sitúan a Machado ante los poetas jóvenes del otro lado de la línea divisoria entre poesía vieja y nueva poesía, aunque, como veremos, algunos de ellos, como Jorge Guillén, publiquen por esas fechas comentarios relativamente elogiosos de los poemas de *Nuevas Canciones*. Por parte de Antonio Machado, que nunca se recreó (como otros poetas de la generación siguiente respeto de él) en anécdotas personales de dudoso gusto o finura espiritual, el trato que dispensa a los jóvenes poetas puede ser irónico o francamente duro, pero siempre dentro de los límites de la cortesía y, en muchos momentos, con respeto y apoyo a sus dotes poéticas.

A este respecto creo muy oportuno citar un testimonio bastante íntimo de su actitud hacia los poetas jóvenes: en una carta a Guiomar, evidentemente no destinada a la publicidad, encontramos este conglomerado de ideas y sentimientos: «*Sobre la poesía de los jóvenes pienso como tú. Me entristece un poco que no sean buenos poetas como yo querría. Tienen —algunos— talento, cultura y son excelentes personas. Escribiré sobre ellos en* **La Gaceta Literaria.** *Les diré lo mejor de lo que pienso, pero defenderé la poesía, la nuestra. Porque esta poesía, con raíz cordial, podría también ser la suya. Creo que es un acto piadoso hablarles con afecto y verdad. Ahora estoy recibiendo libros de poetas jóvenes con dedicatorias muy afectuosas. Son jóvenes de gran talento y, por añadidura, excelentes muchachos. Nadie más que yo desea que sus libros sean maravillosos. Pero te confieso que, no obstante mi buen deseo, no alcanzo a comprenderles, quiero decir que no entiendo que eso sea poesía (...) porque la poesía ha sido siempre una expresión del sentimiento, el cual contiene la sensación —no lo inverso— y en relación con las ideas, fue generado siempre en la zona central de nuestra psique y nunca ha aspirado a hablar ni a la pura sensibilidad ni, mucho menos, a la pura inteligencia. En suma (...) si estos jóvenes son poetas, yo seré otra cosa*».[8]

La sinceridad y el reconocimiento que anuncia a Guiomar los encontramos expresados, y casi con las mismas palabras, en su respuesta a la encuesta de Giménez Caballero en *La Gaceta Literaria*. Reconociendo sus posibilidades como poetas les censura la dependencia de Paul Valéry y, en fin de cuentas, la de Juan Ramón Jiménez, y les aconseja para con ellos mismos mayor rigor y exigencia. En este texto es donde encontramos la primera mención de Jorge Guillén: «*A mi juicio, los poetas jóvenes, entre los cuales hay muchos portentosamente dotados —Guillén, Salinas, Lorca, Diego, Alonso, Chabás, Alberti, Garfias— están más o menos contaminados del barroco francés (...) que representa Valéry. (...) Mejor harían en seguirse sí mismos, no tomando nuestra crítica demasiado en serio.*

Es casi seguro que lo mejor de estos poetas ha de ser aquello que a nosotros nos disgusta más en su obra. Nuestro elogio, como nuestra censura, puede ser desorientadora y descaminante. Yo sólo me atrevo a aconsejarles un poco de severidad para sí mismos. Que se planteen aguda y claramente los problemas propios de su arte. Por ejemplo, si la lírica es actividad estética, ¿puede haber lírica puramene intelectual? Si existe o puede existir una lírica intelectual, ¿cómo, sin forzarla artificialmente, puede escapar a la comprensión de los más? ¿Sirven las imágenes para expresar intuiciones o para enturbiar conceptos? Les aconsejo más orgullo, menos docilidad a la moda y, en suma, más originalidad».[9]

El documento sigue personalizando en Guillén, sobre todo, unas dudas y unas críticas que son, en esencia, las principales formuladas en distintos lugares desde años atrás: *«Ni un Pedro Salinas ni un Jorge Guillén, cuyos recientes libros admirables yo saludo, han de aspirar a ser populares, sino leídos en la intimidad por los más capaces de atención reflexiva. Sin embargo, esos mismos poetas que no son como los simbolistas, hondos y turbios, sino a la manera de su maestro Valéry, claros y difíciles, tienden también a saltarse a la torera —acaso Guillén más que Salinas— aquella zona central de nuestra psique donde fue siempre engendrada la lírica (...). Son más ricos de conceptos que de intuiciones y con sus imágenes no aspiran a sugerir lo inefable, sino a expresar términos de conceptos lógicos más o menos complicados. Nos dan en cada imagen el último eslabón de una cadena de conceptos. De aquí su aparente oscuridad y su dificultad efectiva. Esta lírica a nada debe aspirar tanto como a ser comprendida, porque engendrada en la zona del puro intelecto, se dirige más a la facultad de comprender que a la de sentir. El elemento estético que la acompaña no puede ser otro que el de la emoción o entusiasmo por las ideas (...). En suma, esa lírica artificialmente hermética es una forma barroca del viejo arte burgués que aguarda **piétinant sur place** en las fronteras del futuro arte comunista —no nos asuste la palabra— a que le sea impuesto el imperativo de la racionalidad, las normas ineludibles del pensamiento genérico».*

En la generalización característica con que concluye sus críticas, Machado acusa a Guillén de poeta «burgués», y no será ésta la única ocasión que el poeta vallisoletano reciba este calificativo, aunque creo que, en el caso de Machado debe hablarse de una crítica que se refiere más a lo decadente extremo de una tradición literaria —algo comparable según Machado a la desintegración de la lírica en el Barroco— que a una actitud ideológica clara y de clase que el propio poeta sevillano, en esos años, no fundamentaría más que confusamente.

Cuando entrega a Gerardo Diego su «Poética» para la antología que éste prepara, Machado evidencia ser consciente de cómo se va a leer su declaración en una obra de conjunto en la que, de hecho, se va a manifestar como tal el grupo de jóvenes poetas. Tal vez por eso expresa más claramente que nunca la distancia que lo separa de esos poetas y les niega lo que en su propia poética es un valor esencial, lo que había llamado en otro lugar la «savia cordial»: «*Entretanto, se habla de un nuevo clasicismo y hasta de una poesía del intelecto. El intelecto no ha cantado jamás, no es su misión. Sirve, no obstante, a la poesía, señalándole el imperativo de su esencialidad. Porque tampoco hay poesía sin ideas, sin visiones de lo esencial. Pero las ideas del poeta no son categorías formales, cápsulas lógicas, sino directas intuiciones del ser que deviene, de su propio existir. Son, pues, temporales, nunca elementos acrónicos existencialistas, en los que el tiempo alcanza un valor absoluto. Inquietud, angustia, temores, resignación, esperanza, impaciencia que el poeta canta, son signos del tiempo, y al par, revelaciones del ser en la conciencia humana*».[10]

No se trata sólo de las grandes declaraciones en ocasiones oportunas. La preocupación de Machado se manifiesta incluso en contactos personales en los que, no sin cierta ironía, se atreve a dar algún consejo. Es el caso de una carta a Jorge Guillén, de 16 de julio de 1933 de la que entresaco el siguiente fragmento: «*Queridísimo y admirado poeta: (...) Creo que ustedes —los jefes de la nueva escuela poética— deberían dedicar algunas páginas a exégesis de su propia obra.*[11]

Aunque son varios los nuevos poetas que cita en sus escritos, Jorge Guillén es el que encabeza las críticas más adversas, quizá por considerarlo el más representativo —y más fácilmente criticable— del conjunto de las nuevas tendencias. Es por eso, seguramente, por lo que en el borrador de discurso de ingreso en la Real Academia de la Lengua el eje de sus desautorizaciones de la lírica última es el poeta de Valladolid. En un texto dedicado a tan importante circunstancia creo que Machado expresaría juicios y opiniones muy pensados y de los cuales pudiera sentirse absolutamente seguro. Por eso, a pesar del reconocimiento de la calidad de Jorge Guillén —más aparente que real, por cierto—, las frases que le dedica son las más duras que encontramos en sus escritos con referencia a un poeta español contemporáneo: «*Cuando leemos a algún poeta de nuestros días —recordemos a Paul Valéry entre los franceses, a Jorge Guillén entre los españoles— buscamos en su obra la línea melódica trazada sobre el sentir individual. No la encontramos. Su frigidez nos desconcierta y, en parte, nos repele. ¿Son poetas sin alma? Yo no vacilaría en afirmarlo, si por alma entendemos aquella cálida zona de nuestra psique que constituye nuestra intimidad, el húmedo rincón de nuestros sueños humanos, demasiado humanos, donde cada hombre cree encontrarse a sí mismo, al margen de la vida cósmica y universal. Esa zona media que fue mucho, si no todo, para el poeta de ayer, tiende a ser el campo vedado para el poeta de hoy. En ella queda lo esencialmente anímico: lo afectivo, lo emotivo, lo pasional, lo concupiscente, los amores, no el amor* **in genere,** *los deseos y apetitos de cada hombre, su íntimo y único paisaje, su historia tejida de anécdotas singulares. A todo ello siente el poeta actual una invencible repugnancia, de todo ello quisiera el poeta purificarse para elevarse mejor a las regiones del espíritu. Porque este poeta sin alma no es, necesariamente, un poeta sin espiritualidad, antes aspira a ella con la mayor vehemencia*».[12]

Tras la presentación de estos juicios y comentarios de Antonio Machado tenemos planteados algunos de los elementos que determinan la recepción de este poeta por Jorge Guillén. Es evidente que a ello debe unirse, como elemento principal, la obra de creación de Antonio Machado y, en una dimensión imposible de evaluar, el cúmulo de circunstancias históricas no registrables que pudieron mediatizar en parte las relaciones personales entre ambos poetas, así como las actitudes colectivas de lo que fue, si no una generación, cuando menos un grupo de amigos.

En la obra de Jorge Guillén se advierte un proceso de progresiva asimilación del pensamiento poético y de la actitud intelectual de Antonio Machado, que sin menoscabo de la clarividencia y la coherencia propias del vallisoletano, contribuyen a la inflexión humanista y a la mayor amplitud de registros que se producen en *Aire nuestro* desde la tercera edición de *Cántico,* en 1945 y, además, influyen de manera a mi juicio decisiva en muchos de los escritos guillenianos sobre su propia poesía desde los años sesenta.

Esa incidencia, sin embargo, no está muy clara en las primeras reacciones publicadas del poeta ante la obra de Antonio Machado, durante los años veinte, ni tampoco está exenta de críticas en la poesía de *Aire Nuestro*. Vale la pena citar un poema que le dedica en *Homenaje* titulado «Al margen de Antonio Machado»:

I

«¡No!» dice si no dice «Pero»...
Conclusión: acusa. Fiscal.
¡Ve tantas faltas! Nota: cero.
Es poco. Pena capital.
(Cuanto más débil, más severo).

II

Nada hay nunca más vano
Sobre el haz de esta Bola
Que en la severa mano
Indice ya Pistola:
«Soy yo el mejor, os gano».

III

¡Tan soberbio es el severo!
Angel casi, casi bestia.
Ser hombre es lo que yo quiero.
¿Justicia? Con su modestia.
Tardes claras junto al Duero.[13]

El poema es duro, el más duro de los que dedica Jorge Guillén a Antonio Machado. Vemos en él, ante todo, una doble presencia del poeta sevillano: a la luz de las críticas, un rechazo radical de lo que para Guillén parece haber sido una soberbia incomprensión. Por otro lado, y al final del poema, como reconciliándose con la figura de Machado, la aceptación del poeta de las «tardes claras junto al Duero», la del escritor y el hombre modesto cuya figura elogia con mucha frecuencia en distintos lugares. Así, pocas páginas después del poema que acabo de citar, también en *Homenaje,* incluye este otro con un significativo subtítulo y dedicado a uno de los grandes estudiosos de su poesía y de la de Machado:

ANTONIO MACHADO
DE VERDAD

A Oreste Macrí

Con lentitud de soñador andante,
Ya precozmente viejo,
Aquel hombre pasea por caminos
De sol y polvo o luna.
¿Talante derrotado
sirve para arquetipo?
Con voluntad de ser varón sereno,
A la tarde tranquila siempre acorde,
Va buscando firmeza
Desde la invulnerable
Raíz del alma propia.
Resulta maravilla
Que todo, paso a paso en la jornada,
Sea con sencillez tan verdadero.
Es la fatalidad de este elegido.
Un alma necesita ajenas almas
En una relación que a todos salve.
He ahí, por de pronto, la justicia
De la palabra justa.
Como si fuese ya el objeto mismo
Que en su contemplación de paseante
Propone —con él vamos—
A sí mismo exponiéndose,
Paso a paso poeta.
En torno a esa figura transeúnte
Los seres y su mundo
Se traban solidarios,
Y late con la mente el corazón
Y tantas apariencias
Se transforman en ritmo
De verso y universo,
A pesar de Caín,
Que bulle, se organiza, gana lides.
Los ojos ven con claridad, la mano
Quiere ser compañera,
Y el pasado —raigambre que soñase—
Perdura en la memoria
Del visionario frente a la mañana,
Una mañana pura,
Sobre nueva ribera.[14]

«Con él vamos»: es característico que tan diversas evocaciones de Machado se mantengan entrelazadas a lo largo de tantas páginas y de tantos años de prosa y de poesía en la obra de Jorge Guillén ya desde muy temprano, aunque no oculte en muchos momentos lo decisivo de su influencia como poeta y como ejemplo humano.

He mencionado antes una actitud ambigua del Guillén joven hacia el Machado poeta de los años veinte. Aunque el fondo de esa actitud creo que debe considerarse anecdótico y puntual, su mención ayuda al análisis de la relación tardía de Guillén con la figura de éste. Así, en un artículo titulado «La poesía española en 1923» Jorge Guillén comentaba algunos de los poemas de ese libro aparecidos en diversas revistas en términos como los siguientes: «*Antonio Machado, que algunos consideran príncipe de los poetas españoles contemporáneos, ha seguido ofreciéndonos algunas muestras de su inminente volumen* **Nuevas Canciones** *(...) ¡Perfecta madurez que sabe expresarse con sencillez tan sabia! Arte de un tiempo tradicional y con voluntad de invención (...) He ahí, bajo tan disimulada victoria, la culminación de una obra poética en su cénit. ¡Exquisito y grande Antonio Machado!*».[15]

Elogios indudables que colocan a Machado, o casi, en un estante de museo, pero elogios, en todo caso. Más crítico se muestra al año siguiente, cuando reseña el volumen *Nuevas canciones,* tal vez por la actitud global de los jóvenes poetas, tal vez por cierta incomodidad ante la postura de Machado con la nueva poesía; en todo caso aplicando al nuevo libro del maestro una valoración coherente con la estética, a la sazón, de quien aspiraba a un libro como *Cántico.*

La reseña se abre con un inevitable elogio: «*La publicación de* **Nuevas canciones** *constituye probablemente el mayor acontecimiento del año poético*». Más adelante creo advertir una fina ironía al declarar que en esos momentos Antonio Machado es el poeta más leído: «*Hoy es Antonio Machado el poeta más escuchado entre los españoles, si no por la multitud —palabra siempre demasiado grande en achaques intelectuales—, por la masa indiferenciada del público que lee. El lector de prosa leerá, si acaso, a Antonio Machado. Casi todo lo demás le resulta profesional, extraño, sin relación con él, lector culto pero no aficionado a poesía. Hombre nada más, y no artista. Pero el círculo mágico se ha roto; he aquí a Antonio Machado en vías de llegar a ser nuestro poeta grande:* **Nuevas canciones** *puede llegar —¡oh, acontecimiento!— a* *manos pecadoras, a las que acostumbran a volver deprisa las hojas de las novelas...»*

Como se ve, el hiperbólico elogio resulta, si no engañoso, ambiguo: Machado como el poeta del lector de prosa, «poeta grande» en lugar de «gran poeta», y más detalles que iremos viendo brevemente. La reseña sigue señalando la inexactitud de las fechas del libro (1917-1920), al haber poemas de 1902 y otros de 1921, con variantes:«*Porque poseemos variantes; regodeo exquisito si los hay. El «Olivo del camino», que encabeza* **Nuevas canciones** *difiere del que encabeza uno de los pocos números de la rarísima revista* **Índice**. *El soneto a Eugenio D'Ors, de 1921, no es igual al de 1922; con esa fecha se publicó en el suplemento literario de* **La Verdad** *de Murcia.*[16] *Por cierto, no somos los únicos que preferimos la versión no recogida en libro...».*

Termina Guillén el primer artículo-reseña con una crítica más de fondo al nuevo libro: «*La ordenación aparece visiblemente descuidada. Antonio Machado procede con un desaire de gran escritor antiguo: va escribiendo, escribiendo, férvido, ensimismado; también se le caen las «obrecillas» de las manos; por bolsillos, carpetas, rincones, andan desperdigados los borradores; un día alguien familiar —algún familiar, el mismo autor— junta uno tras otro el papel de cada día; un montón, el libro. Dejemos a un lado ese desorden en la composición. Vengamos a las nuevas canciones. Pero mejor en otro artículo».*

No es, precisamente, una valoración muy positiva desde la pretendida modernidad. Guillén ha deslizado ese «gran escritor antiguo» que es la suma de su opinión del momento y que tal vez influyera en las posteriores reflexiones de Machado sobre la poesía joven y, en particular, sobre la de Jorge Guillén.

El siguiente artículo enjuicia la poesía contenida en el libro, y lo titula, muy significativamente, «Todavía». En efecto, jugando con las posibles lecturas del verso «Hoy es siempre todavía», y remitiéndose a otro antiguo del autor, «Tu musa es la más noble: se llama Todavía», Guillén desarrolla su tesis de que Machado es un escritor que mira hacia el pasado, anclado en un tradicionalismo que, si no disminuye su calidad, sí mengua su importancia en el presente. «*Un propósito de noble continuidad guía los pasos del poeta»*, dice con esa sutil ironía tan suya. Y luego, más claramente: «*Las* **Nuevas canciones,** *dentro de la obra total del poeta, insisten sobre todo en el primer extremo; son tradicionales, y en dos maneras:*

35

respecto a la tradición española y respecto a la propia tradición de Machado. Otras **Soledades,** *otras* **Galerías** *reaparecen...».*

No todo son críticas, porque Guillén es un buen lector y porque le reseña debe ser compensada: Guillén reserva para el final ciertos elogios —y curiosamente, elogia aquello que luego influirá en su poética decisivamente— el tipo de poesía tradicional que más aprecia en el libro, a pesar de lo «venerable de su valor»: *«Toma otras veces mucho la inspiración popular hacia el proverbio: es la sentencia rimada, el refrán asonantado. ¡Venerable poesía gnómica!».* Por fin, reproduce el soneto «El amor y la sierra» para concluir con un elogio que implica dos voces de Antonio Machado, la obsoleta y la verdaderamente digna de su aprecio: *«Esto es del mejor Antonio Machado, del admirable».*

Durante los años treinta y cuarenta no son frecuentes ni significativas las referencias publicadas de Guillén a Antonio Machado, como tampoco destacan especialmente las teorizaciones sobre su propia poesía. Es a partir de los años cincuenta cuando vuelve a publicar con mayor regularidad ensayos sobre sí mismo y sobre su generación. Y en todos ellos la presencia o la sombra de Machado forma parte de muchas reflexiones.

Resulta imposible aquí mencionar exhaustivamente todas las opiniones y todos los comentarios publicados por Jorge Guillén sobre el poeta de Sevilla, y voy a limitarme a considerar algunos de los más significativos de su recepción a lo largo de los últimos veinticinco años de la vida de Guillén, cuando éste ha recorrido ya la parte más considerable de su trayectoria.

En una importante entrevista realizada por Claude Couffon, Guillén se expresaba así: *«Estoy de acuerdo con los que ven en él al primer poeta español de este siglo, y son muy numerosos. Admiro mucho la integridad poética y moral de Machado y también su humanismo y su actitud de hombre completo. Su poesía está siempre alimentada por una idea profunda, esencial y permanente. Es, sin duda alguna, el poeta menos amanerado, el menos afectado por las modas de su tiempo. Por la misma razón es el artista menos novedoso y el menos preocupado de innovación literaria. Siento respecto de él cierto remordimiento y es, a pesar de mi veneración, el de haberle visto poco, de habernos relacionado poco. Salinas y yo le hemos admirado siempre, pero apenas le frecuentábamos. Él habló de nosotros con mucha estimación, pero creo que no nos comprendía bien. Nos consideraba como cumbres de una poesía pura, abstracta. Decía que prescindíamos del corazón. Pero esto, a pesar de todo, con mucha simpatía».*[17]

En muchas entrevistas de prensa, a menudo tan inexactas, se encuentran referencias a Machado en términos muy elogiosos. Sólo dos ejemplos: en 1977, en la revista *Yes*, número 6, declaraba a José Infante: «*Yo imité primero a Rubén Darío y luego a Antonio Machado, más que a Juan Ramón Jiménez*». Y en 1981, en *La Calle* (Carmen Aragón) y en *El País Semanal* (Alfonso Domingo): «*Para mí, el poeta, sobre todo, es Antonio Machado. Después, nadie, como decía el Guerra*».

¿Rescate de una devoción, no tan ferviente en su momento? ¿Reivindicación de Machado ante el despego de los poetas jóvenes de las últimas décadas? En cualquier caso, lo que sí muestra la escritura —prosa y poesía— de Jorge Guillén es que Antonio Machado tiene muchos —y muy diversos— cuartos en el corazón del autor de *Aire Nuestro*.

Quiero, a continuación, dejando aparte las entrevistas, muy repetitivas y en su mayoría poco útiles, presentar algunas referencias de fondo a Machado en las prosas críticas o ensayísticas del vallisoletano. De entre sus comentarios globales destacaría algunos muy precisos en lo que dicen y en lo que sugieren, en el mismo sentido que las declaraciones a Couffon. Así, en el prólogo a *Antonio Machado. El hombre. El poeta. El pensador*, de Bernard Sesé,[18] se muestra estricto ante la poesía machadiana: «*Lo mejor de Machado es de gran calidad. La categoría depende sólo de esa altura máxima*». Otra cosa es el hombre y el pensador: «*Antonio Machado, tan eminente, no mira desde un pedestal de estatua. Aquí está el hombre con su carácter y sus indecisiones, entre los influjos sociales, políticos, literarios, vigilante una conciencia con sus inquietudes religiosas y filosóficas*». Son conceptos semejantes a los vertidos en otro lugar, «El apócrifo Antonio Machado»:[19] «*En Antonio Machado resplandece ante todo su integridad o, digámoslo sin latinismo culto, su entereza. Entereza que unifica al hombre y al poeta con su proceder, su saber y su escribir*».

¿No se percibe un relativo rebajamiento del poeta al engrandecerse la dimensión humana? Hasta cierto punto, y a pesar de las declaraciones, éste es el sentido predominante de los comentarios sobre Machado en las prosas críticas de Jorge Guillén: «*La obra de Machado avanza con los sucesivos matices de una evolución, en suma, coherente. Y, sin embargo,*

—sigue don Jorge sin querer entender del todo a don Antonio— *pese a tan sincera continuidad, tuvo que apelar a los heterónimos como Pessoa».*[20]

Es de gran interés crítico el artículo «El apócrifo Antonio Machado», pero también lo es desde el punto de vista de cómo Guillén lee con intención a Machado. En efecto, a la vez que comenta las distintas voces del Machado real y del apócrifo en que se desdobla irónicamente, Guillén se defiende de algunos de los cargos de que le acusó Machado, no por considerarlos injustos, sino por considerarlos cargos. A propósito del soneto «Huye del triste amor, amor pacato» observa que en la versión del soneto publicada por el Machado real las variantes mejoran la primera versión, atribuida al apócrifo, y ello gracias al proceso de abstracción de la imagen: *«Machado, tan sencillo, llegaba a su más justa forma porque hacía trabajar a la inspiración. Esas modificaciones, si consiguen un resultado feliz, se deben al gusto, al tacto, al golpe intuitivo. Del concreto «el aposento frío de su cuarto» al abstracto «El aposento frío del tiempo», sin perderse lo vital, el poema ha ampliado sus resonancias».* Todo el artículo, de hecho, constituye un intento amable pero irónicamente logrado de llevar a Don Antonio al propio terreno estético que éste criticaba en Guillén. Y, sin duda, don Jorge supo espigar, una vez más, los textos que le sirvieran de capote.

No hay escrito teórico de Jorge Guillén sobre su obra o sobre su generación en el que no se perfile aquel dedo avisador de Antonio Machado bajo la forma de una preocupación constante por la clarificación de sus juicios. Guillén se defiende, acepta, devuelve la crítica pero, sobre todo, va hacia una identificación humana con la figura de un poeta al que parece admirar cada vez más, en prosa y en verso, con el paso del tiempo.

Uno de los textos claves de la prosa crítica guilleniana es «Lenguaje de poema: una generación»,[21] en el que estudia los carácteres nuevos y definitorios de lo que tienen en común los poetas de su generación. Y toda la explicación última del sentido de aquel cambio poético está enhebrada con el hilo de la clarificación de aquellos reparos de Machado: *«En efecto, muchas abstracciones se entrelazaban con los componentes más plásticos en aquellos poemas. Esto ha ocurrido siempre y no hay lenguaje sin combinación de lo intelectual con lo concreto. De todos modos, jamás soñó nadie con una poesía de la pura inteligencia».*

No es posible entrar ahora en otro tema sugestivo: qué orígenes estéticos tienen las diversas posturas y qué se juega en el debate de aquellos años veinte sobre el concepto de abstracción. En todo caso quiero recordar que Guillén está repitiendo, con otras palabras y casi treinta años más tarde, lo que era central en su expresión de valores e intenciones estéticos en la «Poética» enviada a Gerardo Diego para su publicación en la famosa antología de 1932, donde ya se desvinculaba del concepto estrecho de «poesía pura», simplificado ya a la sazón tanto por sus valedores como por sus detractores: *«Como a lo puro lo llamo simple, me decido resueltamente por una poesía compuesta, compleja, por el poema con poesía y otras cosas humanas. En suma, una poesía bastante pura* **ma non troppo,** *si se toma como unidad de comparación el elemento simple en todo su inhumano o sobrehumano rigor posible, teórico».* Y luego, una vaga y trasparente alusión: *«Prácticamente, con referencia a la poesía realista, o con fines sentimentales, ideológicos, morales, corriente en el mercado, esta poesía «bastante pura» resulta todavía ¡ay! demasiado inhumana, demasiado irrespirable y demasiado aburrida».*[22] No deja de ser ameno, y sugerente, el diálogo de sordos que se establece entre algunos poetas de esta antología por medio de sus poéticas y de los poemas que seleccionan, como sin mirarse entre sí.

Volviendo al texto capital sobre su generación, Jorge Guillén lo culmina con una clarificación que se dirige en línea recta al fondo de la crítica emitida por Antonio Machado respecto a toda la poesía de la vanguardia de aquellos años: *«Esta mesura en la manifestación de las emociones guarda su vehemencia, más aún, redobla su intensidad. Pero hay oídos sordos para quienes tales armonías se confunden casi con el silencio. De ahí que algunos de estos poetas fuesen juzgados fríos, aunque se consagraran a declarar su entusiasmo por el mundo, su adhesión a la vida, su amor al amor».*

A lo largo de toda su trayectoria no tuvo Guillén con Machado los sarcasmos y rechazos que usó con otros críticos o poetas que en un determinado momento atacaron o discreparon de su poesía, como Juan Ramón Jiménez, Luis Cernuda o Jaime Gil de Biedma. Machado le resulta siempre mucho más cercano como individuo y también —a pesar de las distancias estéticas iniciales— como poeta. Y su presencia, además, es constante en las reflexiones en prosa y en todas las series de *Aire Nuestro.* Más que rechazo de sus críticas lo que suele advertirse es un constante diálogo y una hábil discusión, incluso con las mismas palabras: *«Tenía razón Antonio Machado en sostener que «el intelecto no canta». Los poetas incriminados no pretendieron nunca prescindir del manantial en que nace la lírica eliminando el corazón. El gran don Antonio, tan justo de pensamiento, disparaba sin dar en ningún blanco. Aquellos poetas no se habían saltado nada, nada esencial: eran poetas. (Por otra parte, Machado se acercaba al borde de la lírica en aquellos aforismos versificados, tan próximos a las disertaciones de Juan de Mairena».*

Son muy frecuentes las ocasiones en que Guillén se defiende de una de las acusaciones que más le molestan a lo largo del tiempo, la de poeta frío, alejado de la realidad, de espaldas al sentimiento y a la vida. Como en el caso de las críticas a sus tan mal leídos versos «El mundo está bien / Hecho», no dejó de defenderse de ellas a lo largo de su extensa trayectoria. Estas últimas merecieron tan sólo desprecio y algún que otro insulto en verso. Las de Machado en cambio, un cúmulo de explicaciones tan reiteradas y reiterativas como las críticas mismas.

Pero yo diría más: en la obra poética de Jorge Guillén desde 1928, a partir del primer *Cántico,* hay un proceso de acrecimiento, como decía don Pedro Salinas, que siendo esencialmente coherente con la poética de los primeros años, va tendiendo a una más enfática expresión de sentimientos, hacia una forma, diferente y más amplia, de rigor expresivo, hacia la explicitación de todo aquello que en los poemas de aprendizaje y de primeros hallazgos lúcidos se había dejado fuera por mor de la exigencia y de un sentido de modernidad que pudo llegar a lo fetichista pero que pasaba necesariamente por unos valores estéticos ligados, en el caso del gusto guilleniano, a la lectura, cuando menos, de Paul Valéry.

El hecho de que la influencia del poeta francés no durase mucho tiempo en su obra es el resultado, sin duda, de la coherencia poética, intelectual y filosófica del poeta vallisoletano, demasiado apegado a los valores de un humanismo idealista para asumir hasta el final las implicaciones de la ideología estética de Valéry. Y a mí me parece, además, que en esa evolución, si hubo influencias filosóficas y literarias —y también políticas— importantes, entre ellas la de Ortega y Gasset, también tuvo mucho que ver el ejemplo —y con él los reproches— del Antonio Machado de los años veinte y treinta.

No sólo se advierte esa creciente presencia desde el *Cántico* de 1936, como veremos brevemente respecto a la poesía.

También las sucesivas autoexégesis (*El argumento de la obra,*[23] «Lenguaje de poema: una generación», «Poesía integral» —nótese lo machadiano del título— o los prólogos a las diversas antologías, etc.), están organizadas, en buena parte, en torno a la defensa, precisamente, de unos valores que Antonio Machado pudo negar o, al menos, poner en duda en su obra durante los primeros años de su andadura poética.

No cesa Guillén de intentar mostrar, de reclamar lo vital, lo concreto, lo humanísimo de su poesía. Así, en el «Prólogo» a *Selección de poemas,*[24] con clarísima alusión a Machado, dice: «*Los versos, dirigidos hacia una sola meta, se derivaban de múltiples ocasiones, apoyadas en la experiencia, ahincadas en circunstancias de lugar y tiempo. Este punto de partida no es más que eso: punto de partida para el poema, propenso a elevarse hasta una significación general sin perder el contacto con el origen concreto*».

La actitud autoexplicativa y la misma idea central de todas sus teorizaciones sobre el proceso real de la experiencia a la escritura yo la veo como una respuesta permanente a la demanda machadiana en la carta a Guillén ya citada. Pero algo semejante ocurre en la poesía guilleniana: ya desde el *Cántico* de 1945, la tercera edición, el poeta pulsará continuamente dos cuerdas distintas en su instrumento poético: la de la realidad exterior, en ese «existencialismo jubiloso» de que se ha hablado, con todo lo que es característico desde los orígenes evolucionando hacia una mayor eficacia comunicativa, y la de la metapoesía, desde un poema tan importante como «Vida extrema», donde no dejan de sonar valores estéticos, éticos y metapoéticos claramente relacionados con la poética machadiana.

Y desde los años de *Clamor,* reforzando esa segunda voz, no cesó Jorge Guillén de expresare en escritos en prosa como los ya citados. En *El argumento de la obra,* que se aumenta en distintas ediciones hasta 1982, con motivo de la publicación de *Final,*[25] dice, por ejemplo: «*Realidades que, a su vez, poseen a su poseedor, quien no existe ni sabe de su existir en ínsula solitaria. Siempre se encontrará a sí mismo ya abrazado al Otro*».

Por otra parte, el deseo de explicar el sentido de *Aire Nuestro* produce unos escritos teórico-críticos durante los años sesenta y setenta muy operativos, como réplica a las críticas a su obra desde un sector de la izquierda, y como apoyo teórico a libros como *Clamor,* que desarrollan el sentido de la historia reciente y la toma de postura ya implicada en las dos últimas versiones de *Cántico*. No olvidemos que, si por un lado se critican poemas como «Beato sillón» o «Naturaleza con altavoz» y si, siguiendo a Luis Cernuda, por otro, se le acusa de poeta «conformista y burgués» —no queda muy claro en nombre de qué o desde qué posiciones de clase—, las nuevas lecturas de su obra, como la de Gil de Biedma, tan entusiasta de T.S. Eliot, niegan el interés estético de *Cantíco* después de 1936. Este, sin embargo, es tema para una discusión que llevaría muy lejos y en otras direcciones.

La poesía de Jorge Guillén se encuentra llena de controversias, en todo caso. Y varias obsesiones hallan expresión en *Aire Nuestro,* desde el rechazo explícito y continuado de Paul Valéry, no muy tardío, a la preocupación por la lectura simplificadora de «El mundo está bien / Hecho» (que le lleva a inscribir en otro poema del *Cántico* definitivo el verso complementario «Este mundo del hombre está mal hecho»), las fricciones con Juan Ramón Jiménez o con Luis Cernuda o los reproches de Antonio Machado. Y a todo ello trata de dar cumplidísima respuesta en sus poemas, que son mucho más que una construcción perfeccionista hasta lo obsesivo. Véase como muestra de este tipo de respuestas el poema «La realidad y el fracaso», de *Final.*

Las más de las veces hay dureza o incluso crueldad, pero sólo cuando «discute» con Antonio Machado se suele templar el tono del discurso. El momento más tenso de toda la obra lo hemos visto en el poema «Al margen de Antonio Machado», de *Homenaje.* Veamos otras muestras, muy diferentes, rebosantes de ironía, como éstas de *Clamor* contra la calificación de poeta «puro».

> Si yo no soy puro en nada,
> Y menos en poesía
> Si ser hombre es todavía
> La flor de nuestra jornada! (*AN,* 998)

Siempre que menciona la pureza poética, naturalmente, acepta el juego fácil de palabras:

> ¿Yo, puro? Nunca.
> ¡Por favor!
> La pureza para los ángeles
> Y acaso el interlocutor. (AN., 1007)

Homenaje, libro de una intención que enlaza con los elogios de Antonio Machado y, mucho más ampliamente, con ese tópico de la corriente parnasiana, es también un libro repleto de controversias y, en otro sentido, un libro muy explícito en cuestiones relacionadas con su propia poética. ¿Cómo ve su propia obra después de cuarenta años de oficio? Dice en un poema «al margen» de *Cántico:*

> ¿Abstracciones? No. Contactos
> De un hombre con su planeta.
> Respiro, siento, valoro
> Gozando de una evidencia.
> Padeciendo ese conflicto
> Que se me impone a la fuerza.
> ¿Quién soy yo? Me importa poco.
> El mundo importa. Rodea,
> Vivo con él: un misterio
> Rebelde a la inteligencia
> Pero no al amor, al odio,
> A naúseas y apetencias. (AN, 1202)

Una más de tantas declaraciones de principios, que testimonian el disgusto permanente y el conflicto con aquellas palabras de Antonio Machado y la imagen de sí mismo que le devuelven. «Respiro, siento, valoro... gozando, padeciendo». Esos verbos centrales en toda su poesía precisan todavía más, en un poeta tan preciso como Guillén, el sentido que reclama para su escritura.

La preocupación continua por insistir en los poemas sobre la intencionalidad de la escritura misma resulta muy redundante en algunos momentos, quizá excesivamente, y por muy bien que Jorge Guillén organice sus libros, por muy minuciosamente que los disponga, el exceso introduce fisuras en su sistema poético y también en el horizonte ético que las palabras perfilan una y otra vez. Machado y su ejemplo, Machado y sus reproches, están, a mi juicio, en el fondo de esa insistencia explicativa.

La necesidad de afirmación del sentido que Guillén quiere dar a su propia estética, que se torna redundante en *Homenaje,* se mantiene en las dos series finales de *Aire Nuestro, Y Otros Poemas y Final.* Los ejemplos podrían ser muy numerosos, aunque basta con mencionar algunos de los que implican directamente antiguas palabras de Machado contra este poeta. Así, éste de *Y Otros Poemas:*

No juego con las cosas, ya abstracciones.
Sólo desearía, de los seres
En cuya realidad muy firme creo,
Extraer su virtud, matiz, esencia,
Con amor y con fe decir la vida
Que está allá, frente a mí, que es conquistable.
Sensación, no ilusión, objeto, verbo. (YOP, 201)

«Poeta sin alma», «poesía abstracta», «juego de conceptos». Estas palabras parecen estar bailando en la mente de Jorge Guillén permanentemente. El poeta, como Juan Ramón Jiménez, dice que, si un poeta es, en última instancia, el destino y la conciencia asumidos que quedan en su palabra, ni siquiera *Cántico* merece esas acusaciones. De hecho, *Cántico* no es una obra de 1928. Creció orgánicamente —1928, 1936, 1945, 1950— hasta quedar completada de acuerdo con el designio del autor, con sus «claroscuros», con su variedad de tonos y de temas, elaborada a través de un imperativo ético-estético en el que es difícil no apreciar la sombra de Antonio Machado. A explicar poéticamente esa realidad consagró su comentario de *El argumento de la obra*.

Por otro lado, Guillén, que no duda en llamar «imbécil» en sus versos a más de uno, elige en sus respuestas a Machado, ya lo hemos visto, el camino de la ironía o de la broma:

Juegos de imaginación.
Juegos con ciertas palabras.
Nadie se evade. También
Bajo cabriolas de cabras
Hay tierra, gravitación. (YOP., 201)

Aunque devuelve las pullas:

¿El aforismo rimado
No es más que un juego de prosa
O aquel Mairena-Machado
Con la musa se desposa?
La frase posee un tono
Que me planta frente a un hombre,
Y siento, más que razono (...)
(...) Aquel pensamiento es acta
De una historia bien vivida.
Jamás una pena abstracta.
El hombre siente su herida. (YOP., 207)

Crítica pero acoge. Nobleza obliga. Pero hay más, y más. Y muy a menudo con las mismas palabras de Antonio Machado. Suyo es el verso que sirve de epígrafe a un poema de tono e intención similares, «Despertad cantores». Y sirve para insistir en la propia estética:

> El ritmo da a quien lo cuaje
> —sea con rima o sin rima—
> Un objeto de lenguaje
> Donde el más allá se anima.
> Este rigor de un estilo
> Mantiene el vivir en vilo.
> Y asaz más necesidad
> Abocan al trazo terso
> Que esclarece el universo.
> Cantad, poetas, cantad. (YOP, 220)

En los momentos finales de su trayectoria poética domina, entre los múltiples registros del lenguaje guilleniano, el tono aforístico y epigramático del Machado tardío, que ya empezó a parecer en los años cincuenta entre los poemas de *Clamor.* Este aspecto ahora dominante, unido al tono ético y a los temas de la historia —nada menos que los durísimos poemas antifranquistas de «Guirnalda Civil» en *Y Otros Poemas* o los de «Dramatis personae», parte central de *Final*—, juntamente con la revisión de las tres primeras series de *Aire Nuestro,* son elementos que cohesionan la poesía de senectud en sus dos últimas obras.

En *Final,* ese libro de postrimerías, aflora decisivamente una reflexión ya antigua sobre la temporalidad de la poesía. No sólo, como he dicho, procede a una reflexión en ocasiones muy crítica sobre la historia y sobre la actualidad, cultural, social o política, sino que repite una y otra vez su autodefensa:

> ¿Intemporal? ¿Sin tiempo?
> Disparate inocente. El poema es poema
> Si algo entonces se vive, se siente, se ejecuta.
> (F., 65)

Hay otra presencia de Machado en Jorge Guillén, la más dinamizadora, quizá la más importante desde el punto de vista de la presencia viva y creativa. Diversos estudiosos, como Oreste Macrí o Ricardo Gullón[26] apuntaron algunas similitudes o influencias evidentes, y por mi parte[27] ya he mostrado otras, como la entrada en las distintas ramas de ese árbol que es *Cántico,* de una savia nueva y «cordial», y ya desde 1945 por lo que se refiere a la presencia de la historia y de la sociedad, ese «mundo mal hecho». Pero incluso antes, en 1936, en los poemas extensos de corte erótico, ese sentido del amor como culminación íntima de la «esencial heterogeneidad del ser» que se plantea desde la erótica a la metafísica el apócrifo Abel Martín. Y, más tarde, la tonalidad epigramática, a veces con rimas estridentes —en un poeta que es maestro de la técnica—, los registros éticos ante la realidad o, sencillamente, muchos motivos machadianos que se deslizan en todo *Aire Nuestro* desde *Cántico* sin violencia, a pesar de las distancias estéticas. Así, en «Sazón», tanto la composición cerrada del poema como los versos que lo cierran:

> El vaivén de la esquila
> De la esquila que pace (...)
> (...) En su punto la tarde,
> Fina monotonía. (AN, 97)

o, en otro lugar:

> Paso a paso en tu ribera
> Yo seré quien más te quiera (...)
> Huele a mundo verdadero
> La flor azul del romero.

Y son también las formas y los tonos que adopta la contemplación trascendentalizadora del paisaje, con léxico idéntico y expresa alusión intertextual:

> De pronto, la tarde
> Vibró como aquellas
> De entonces —¿te acuerdas?—
> íntimas y grandes (...)
> (...) De nuevo impacientes
> Los goces de ayer
> En labios con sed
> Van por Hoy a Siempre. (AN, 51)

Es imposible aquí comentar todo el repertorio de ecos y de presencias machadianas en *Aire Nuestro:* el tipo de diálogo con la naturaleza, la reflexión sobre el paso del tiempo cuajada de símbolos semejantes, las ensoñaciones metafísicas del paseante solitario («¿Adónde se remonta el alma plena / De la tarde madura?»). Ese caminante que divaga está muy cerca del que va «soñando caminos de la tarde», y lo encontramos, sólo en *Cántico* —por no referirnos a los libros siguientes, donde ya es más obvia la presencia machadiana—, en abundantes poemas, más o menos extensos, como «El distraído». A lo largo de todos esos textos se presenta el caminante machadiano convertido en el paseante de esta poesía, el «transeúnte» de poemas urbanos tan significativos como «Vida extrema» o «A vista de hombre».

Esa contemplación diverge a menudo, claro está, pero incluso en esos casos el motivo del «trozo de planeta por donde vaga errante la sombra de Caín» reaparece, con otras soluciones, en «Luz natal» o «Cara a cara», donde Guillén plantea de lleno, sin renunciar a su visión básica, la historicidad de sus temas. Ello le lleva, por otra parte, a defender muchas veces la no «mediocridad» del planeta y su «integridad».

No es extraño, por todo esto, que, aunque las perspectivas sean distintas, Guillén implique ese motivo con la consideración del «problema de España», del significado histórico del paisaje castellano, con unas imágenes cromáticas semejantes —por lo reales— a las de Machado:

> Horizonte de lomas
> Donde apunta desnudo
> —Cimas jamás surcadas—
> Un trozo de universo.
> ¿Desolado? Ya no.
> Con tanto ahínco dura
> Que hasta su bronca eternidad atrae.
> Caliza gris que se reserva humilde,
> Gris de una lucidez
> Como si fuese humana.
>
> Sin cesar revelándose planeta,
> Ese cerro asordado
> Se me reduce a fondo
> Que a través de su nombre se divisa:
> Cerro de San Cristóbal. (AN., 351)

También, en el mismo poema, la contestación al espíritu noventayochista:

> ¿Destino? No hay destino
> Cifrado en claves sabias.
>
> ¡Problema! Polvoriento

Problema del inerte,
Profecía del antivisionario,
Cobarde apocalipsis.
Problema, no. Problemas
Limpios de lagrimada vaguedad.
Que los muertos entierren a sus muertos,
Jamás a la esperanza.

Y, a pesar de la crítica al noventayocho, el espíritu crítico heredado de aquellos escritores sigue vivo en Guillén, por otros caminos: tantos temas de *Aire Nuestro* que no son ni concesiones ni autojustificaciones —¿por qué y ante quién lo iban a ser?—: el antibelicismo, el antirracismo, el concepto de pueblo y de hombre frente al de masa, la crítica del esnobismo, del narcisismo, de la explotación de clase, del negocio y del consumo, el crispado rechazo de Franco y de Pinochet, el planteamiento lúcido del problema de toda dictadura, la cómoda cobardía de los ciudadanos cómplices, y todo lo demás.

Podría cerrarse provisionalmente esta reflexión sobre la presencia machadiana en *Cántico* mencionando uno de los poemas finales del libro, «Álamos con río (Antonio Machado)», donde Guillén recrea la figura de don Antonio como el paseante contemplativo ante el espectáculo de una naturaleza cuyo hermetismo apenas se penetra más que por medio de los sentidos. Guillén recrea esa figura en su homenaje recreándose a la vez en el placer de desgranar imágenes tan machadianas como propias:

Frente al blanco gris del cerro,
A par del río, la ruta
Divisa con ansiedad
Álamos, perfil de lluvia.

Junto a las trémulas hojas,
Alguien, solitario nunca,
Habla a solas con el río.
Álamos de brisa y musa.

Mansamente el río traza
Su recreo curva a curva
Mientras en leve temblor
Los álamos se dibujan,

Y tan verdes como el río
Follaje a follaje arrullan

Al dichoso de escuchar
Álamos de casi música.

Dichoso por la ribera
Quien sigue al río que aguza
La compañía en el agua,
En los álamos la fuga. (AN, 507)

El estudio completo de las relaciones entre Antonio Machado y Jorge Guillén resulta imposible dentro de los límites de un artículo, y queda en estas páginas sólo esbozado. He renunciado a exponer aquí mucho de lo que de machadiano encuentro en las restantes series de *Aire Nuestro*, casi dos mil páginas más de poesia. Baste recordar, rápidamente, entre otras huellas, el tipo de poesía gnómica o de aire popular que encierran los tréboles de *Clamor* y los innumerables epigramas de las series restantes; todo el mundo onírico y nocturno que abre las galerías del desasosiego; la voluntaria relación con aspectos de la obra de Antonio Machado que establece el uso de numerosas citas como epígrafes en distintos momentos, el mismo uso de *A la altura de las circunstancias* para el libro clave de *Clamor*.

También algunas de las prosas, que nos recuerdan la ingeniosidad verbal del apócrifo Juan de Mairena; o motivos recurrentes, tanto técnicos y léxicos como simbólicos: el tren, el reloj, las moscas, la reflexión ante el agua fluyente de la fuente o del río, los diálogos con la naturaleza y con las cosas, la conversación irónica con un interlocutor imaginario —«el otro que va contigo»— y, sobre todo, en resumen, una amplísima problemática de la solidaridad, del contacto elemental y humano con el otro, que, con los demás registros éticos, se va incrementando y llega a ser dominante en *Y Otros Poemas* y en *Final.*

Y, finalmente, esa vigilante humildad en la voz de don Jorge, que me resuena en los oídos al terminar estas páginas, sembrando la duda:

¿Te deslumbra tu verdad?
Mucho temo que su rayo
Me parta por la mitad.

NOTAS

[1] *Sobre la defensa y la difusión de la cultura.* Discurso pronunciado en Valencia en la sesión de clausura del Congreso Internacional de Escritores. En Antonio Machado: II, *Prosas completas.* Ed. crítica de Oreste Macrí con la colaboración de Gaetano Chiappini. Espasa-Calpe y Fundación Antonio Machado. Madrid (1989), pp. 2198-2205. Excepto cuando lo indique, citaré por esta edición.

[2] En *Los Complementarios* (42 r.). *Prosas completas,* p. 1207.

[3] Cito por la ed. de Domingo Ynduráin, Taurus, Madrid (1972).

[4] *Prosas completas,* pp. 1640-41.

[5] En Antonio Machado: *Prose.* Traduzione e note di Oreste Macrí e Elisa Terni Aragone. Lerici editore, Roma (1968), p. 13.

[6] «Reflexiones sobre la lírica», *Prosas completas,* pp. 1649-1662.

[7] Ibid., p. 1662.

[8] Antonio Machado: *Prose,* cit., p. 243-244. En *Prosas completas,* pp. 1690 y ss.

[9] *Prosas completas,* p. 1765.

[10] *Prosas completas,* p. 1803.

[11] Carta de 16-VII-1933. *Prosas completas,* p. 1804.

[12] *Proyecto de un discurso de ingreso en la Academia de la Lengua* (1931), *Prosas completas,* pp. 1777-1798. Vid. p. 1791.

[13] Jorge Guillén: *Aire Nuestro.* All'Insegna del Pesce d'Oro, Milano (1968), p. 1184. Excepto si lo indico, citaré por esta edición.

[14] *Aire Nuestro,* p. 1220.

[15] Jorge Guillén: «La poesía española en 1923», *La Libertad,* n.º 1188 (16-I-1924), p. 5. «*Nuevas Canciones*», Ibid., n.º 1304 (30-V-1924). «Todavía», Ibid., n.º 1305 (31-V-1924). Recopilados por K.M. Sibbald en Jorge Guillén: *Hacia* **Cántico.** *Escritos de los años 20.* Ariel, Barcelona (1980), pp. 460-66, 394-396 y 396 y 401.

[16] F. J. Díez de Revenga publicó la versión de *La Verdad* del soneto a D'Ors, con muchas variantes, en *Revistas murcianas relacionadas con la Generación del 27,* Academia Alfonso X el Sabio, Murcia (1979), pp. 103-104. Esas variantes no las recogen Macrí y Chiappini en la reciente edición del cincuentenario (1989).

[17] Claude Couffon: *Dos encuentros con Jorge Guillén,* Centre de Recherches de l'Institut d'Études Hispaniques, Paris (1963), p. 17.

[18] Bernard Sesé: *Antonio Machado. El hombre. El poeta. El pensador.* Prólogo de Jorge Guillén. Gredos, Madrid (1980), pp. 9-10.

[19] «El apócrifo Antonio Machado», en José Ángeles (Ed.): *Estudios sobre Antonio Machado,* Ariel, Barcelona (1977), pp. 219-30.

[20] Sesé, cit., p. 10.

[21] «Lenguaje de poema: una generación», en Jorge Guillén: *Lenguaje y poesía,* Alianza Editorial, Madrid (1969[2.ª]).

[22] «Vida. Obra. Poética (Carta a Fernando Vela)», en *Poesía española. Antología,* (1932). Taurus, Madrid (1959).

[23] *El argumento de la obra*, All'Insegna del Pesce D'Oro, Milano (1961). Aumentada en Ocnos, Llibres de Sinera, Barcelona (1969).

[24] «Prólogo» a *Selección de poemas*, Gredos, Madrid (1979[3.ª aum.]).

[25] «El argumento de la obra. Final», en *Poesía*, n.º 17 (1983), pp. 33-44.

[26] Oreste Macrí: *La obra poética de Jorge Guillén*, Ariel, Barcelona (1976). Ricardo Gullón: *Una poética para Antonio Machado*, Gredos, Madrid (1970).

[27] «Aspectos de *Cántico (1945) y (1950)*», en F. J. Díaz de Castro: *La poesía de Jorge Guillén. Tres ensayos*, Prensa Universitaria, Palma de Mallorca (1986).

EL COMPROMISO ANTROPOLÓGICO
DE *AIRE NUESTRO*

La obra poética de Jorge Guillén se nos ofrece como un vasto panorama de temas, de formas y de tonos del que nada se excluye. Tanto si abrimos al azar las páginas de *Aire Nuestro* como si intentamos clasificar los componentes de la obra poética en su totalidad, nos encontramos con un repertorio tan diverso y rico en matices que ni la estadística sirve para mucho más que para fijar como sentidos ordenadores los elementos materiales de la realidad, la tabla de todos los afectos humanos y una geografía de nombres que, más allá del predominio en cada categoría de unos sobre otros, nos devuelven a la diversidad abigarrada del primer encuentro ingenuo con este mosaico de motivos y tonalidades del que habíamos partido.

En efecto, los mismos temas se pueden encontrar en las sucesivas fases de *Aire Nuestro* impregnados de perspectivas o de sentidos distintos en cada momento, variados en su realidad idéntica. *Aire Nuestro* absorbe toda la vivencia de una biografía entera, sin dejar fuera nada, desde los productos más elaborados y más pulidos hasta los ensayos más sencillamente escritos como poema. Encontramos en sus páginas desde poemas que constituyen el resultado de una laboriosísima escritura —tal es el caso de «Plaza mayor» o de «Amanece, amanezco», publicados en su génesis y desarrollo, con sus muchas variantes, por J. M. Blecua o Manuel Alvar, respectivamente— y también multitud de otros poemas sencillos a manera de apuntes o pinceladas esquemáticas y de los que el poeta no ha querido prescindir porque en su valor de apuntes, donaires, humorismos y epigramas, de conjunto improvisado y espontáneo —«tréboles» se llaman en *Clamor*—, añaden matices y densidad a la poética total. *Aire Nuestro* es, desde ese punto de vista, como esos libros que nos ofrecen en un solo bloque toda la pintura de un gran pintor, desde los ensayos anatómicos o de perspectiva a las grandes obras maestras.

Decía antes que *Aire Nuestro* recoge toda una biografía. Y sin duda, es una biografía minuciosa del poeta y de su época: «¿Autobiografía?. Del hombre, ya no mía». Es una biografía en la que asistimos al despertar y al hacerse de una conciencia poética. La voz nace madura desde los primeros momentos. La conciencia se va encontrando a sí misma al tiempo que desarrolla su coherencia. Y cuando termina su primera parte, la que corresponde al *Cántico* total, el de 1950, ya está hecha en su integridad. El resto, en la plenitud de esa conciencia, es prolongación, matización, avance y progreso en la perspectiva. *Cántico* encierra, más o menos en germen o desarrollado, el orbe en expansión de *Aire Nuestro*. *Clamor* y *Homenaje* abren y profundizan ciertos temas y añaden nuevos matices a los poemas anteriores. Y *Otros Poemas y Final* recogen la variedad de las tres series anteriores y, desarrollándola, profundizan en la visión de senectud, en la reflexión sobre la temporalidad y las postrimerías, en el sentido de la poética y de la ética de Jorge Guillén y de *Aire Nuestro*, completando el conjunto.

Sin embargo, no hay nada esencial que no esté presente en el *Cántico* definitivo, elaborado y matizado por el poeta a lo largo de sus distintas ediciones hasta que lo encuentra a su gusto, completo, «fe de vida» de una escritura responsable. *Aire Nuestro* puede verse como el todo que constituyen sus partes, simétricas y trabadas, pero debe verse también como el proceso de escritura en el que cada una de las edades del poeta va dejando su huella. *Cántico* lo escribe Guillén entre los veintiséis y los cincuenta y siete años, toda la juventud y la madurez de un hombre. *Clamor y Homenaje* se publican a lo largo de los siguientes dieciocho años, pero recogen poemas de tiempos anteriores que Guillén no quiso colocar en *Cántico*. Las dos últimas series corresponden a su «ancianidad fecunda».

Y no podemos dejarnos engañar por la aparente ruptura de la poética guilleniana entre *Cántico y Clamor*. Ni todo es nuevo en esa poesía ni las circunstancias de producción del texto justifican mecánicamente la apertura a una poesía comprometida. De hecho, pocas cosas verdaderamente decisivas le ocurren al poeta después de los años de trabajo en *Cántico*: la cárcel, el exilio, la muerte de su primera esposa y de sus padres, la vida en una lengua extraña, todo eso tan importante sucede durante los diez años anteriores a la culminación del gran *Cántico* de 1950. Y lo que le acontece más tarde, en los años ya de *Clamor* y de *Homenaje,* es una etapa nueva y satisfactoria: encuentro y matrimonio con Irene, reconocimiento internacional y multitud de premios desde 1955. Y es en esos años, sin embargo, en los que escribe y construye sus libros más duros y pesimistas en los que, sin embargo, no falta la esencial continuidad de la ética de *Cántico.*

Por esa razón hay que ver en la lógica interna de la escritura de la primera serie de *Aire Nuestro* la causa y las raíces de la poesía comprometida de Guillén. En este libro está integrado, ya, todo el proceso: el paseante deslumbrado por la maravilla del mundo «bien hecho» va descubriendo también cuán defectuoso es el mundo construido por los hombres. Y en esa dialéctica de lo perfecto y lo imperfecto —visto desde la óptica voluntarista y comprometida de lo perfectible— halla su fuerza la escritura de *Cántico.*

Lo que importa ver, por lo tanto, si hacemos abstracción por un momento de la multiplicidad de elementos de *Aire Nuestro,* es el compromiso humanista que soporta la unidad esencial de esta escritura y del proceso que la produce. La exigencia de forma es el primer paso efectivo y determinante de esa andadura y será esta exigencia llevada a sus últimas consecuencias —si conservamos la inseparable unidad de forma y contenido— la que lleve a lo que unos consideran una escritura de tipo opuesto, antiformalista, y a lo que otros entienden como la total coherencia del artista y su impulso humano. Ese programa, además, está implícito en el «querer ser» del poema programático que es «Más allá»:

> Errante en el verdor
> Un aroma presiento,
> Que me regalará
> Su calidad: lo ajeno,
>
> Lo tan ajeno que es
> Allá en sí mismo. Dádiva
> De un mundo irremplazable:
> Voy por él a mi alma.

Efectivamente, en la obra sucesiva de Jorge Guillén se produce una continuada profundización en el significado y el valor del acto mismo de la escritura poética, tema cada vez más en primer plano en *Aire Nuestro.* Podría hablarse de una poesía que al centrarse en el hecho mismo de su escritura alcanza mayores cotas de humanidad, mayor sentido histórico, mayor riqueza de matices sobre la realidad y el ser humano. Nada hay de paradójico en ello, pues en ese hecho reside el compromiso antropológico de nuestro poeta, quien, en *El Argumento de la Obra,* ya precisaba sin lugar a dudas el sentido de su poética: *«Somos. Valemos. De esa especie de cogito —intuición, no idea en su origen— se deriva este* **Cántico** *y quizá todo cántico. Nos despertamos, somos, somos juntos. El hombre surge así, copartícipe de un valor universal, y su parte será siempre más pequeña que la del Otro. No ha lugar el engreimiento del Yo. «Valemos» si compartimos este bien, común a cuantos existen. La originaria intuición no la siente sólo el dotado de ciertas prerrogativas».*

No basta con interrogar al texto: es preciso un continuo ir y venir de éste al hombre. Y lo primero que se manifiesta es que la de Jorge Guillén no es una poesía que se mantenga como actividad complementaria de otras. Guillén no es un poeta «de tardes de domingos», como él dice, ni su actividad poética es complementaria de otra de comerciante o funcionario. Es, ante todo, poeta. Está muy cerca de Juan Ramón en muchas cosas, y sobre todo en su decidida voluntad de ser poeta que crea una Obra que sea el producto único y fundamental de toda una vida de búsquedas. La de Jorge Guillén es, con expresivo título, *Aire nuestro.* A diferencia de Juan Ramón, en esa obra no se niega ni se excluye nada, ni el yo se desencuentra continuamente en su búsqueda de la conciencia absoluta o del silencio perfecto. Así, en otra dirección, Guillén, que nace a la poesía movido por un impulso estético de perfección, de pureza, de simetría, de forma, va encontrando en lo humano de «aquí mismo», en una escritura «a la altura de las circunstancias», la fuente que alimenta —la «savia cordial» que le echaba a faltar Antonio Machado en los primeros tiempos— esa escritura que pide una trascendencia significativa, que va perdiendo su hermetismo y su rigidez en aras de lo humano para cantar el amor al mundo, a la vida, al amor, como el mismo Guillén decía al hablar de su poesía y de la de sus compañeros de generación.

El caso es que en esa andadura poética hacia una «poesía integral» Guillén necesita abrirse a todo lo que va descubriendo que es o que puede ser la realidad. Guillén apunta a una poesía total y de la totalidad, lo cual entraña sus riesgos, sus repeticiones y, en último término, el sacrificio de una poética de perfección muy lograda y muy rentable —y esto lo vio con agudeza Jaime Gil de Biedma—.

Se le criticó al poeta que agotase las posibilidades de aquel brillante período de los años veinte y treinta, que su poesía se tornase más discursiva, más reflexiva, menos y menos «perfecta» desde *Clamor* a *Final*. Es imposible discutir sobre cuestiones de gusto, pero tal vez sea posible explicar la evolución de Guillén desde la perspectiva de ciertos valores, tanto expresivos como de trascendencia intelectual. ¿Quién podría leer la poesía de Unamuno con los lentes del esteticismo? Y, sin embargo, recordemos que el divino Rubén decía del don Miguel poeta que *«el canto quizá duro de Unamuno me place tras tanta meliflua lira que acabo de escuchar, que todavía no acabo de escuchar. Y ciertos versos que suenan como martillazos me hacen pensar en el buen obrero del pensamiento que, con la fragua encendida, el pecho desnudo y transparente el alma, lanza su himno, o su plegaria, al amanecer, a buscar a Dios en lo infinito».*

Resulta indiscutible que Guillén, como Unamuno, como Antonio Machado, habla al hombre y cada vez más desde el hombre. *Aire Nuestro* se va formando, como los anillos que nos hablan de las edades del árbol, en torno a un núcleo vivo, que es el de la temporalidad de un hombre cada vez más consciente de su vivencia histórica y artística, y nos va proponiendo los resultados de la reflexión de cada uno de los presentes de su autor. La Historia y la temporalidad son, ciertamente, dimensiones complejas de estudiar en *Aire Nuestro*, y ésa es una labor para el crítico que dista mucho de estar completada. Pero lo que forma la temporalidad de lo esencial de la perspectiva de la obra guilleniana es su condición de escritura realizada constantemente en presente, en los presentes sucesivos de las edades del poeta. Presente que actúa de manera diversa en *Cántico*, por un lado, y en las series restantes, por otro.

Cántico crece desde dentro (nunca mejor usada la palabra «acrecimiento» con que Pedro Salinas definía el proceso de elaboración de *Cántico*) y produce una rica interrelación de tensiones internas que es la que le da su tremenda complejidad y su categoría de primer «libro» poético de la literatura española (habría que atreverse de una vez a afirmar que *Cántico* es el más completo y complejo libro de la poesía castellana de todos los tiempos). Y si *Cántico* ya es una obra global, un punto de llegada, las dos mil páginas de poesía que forman el resto de *Aire Nuestro* recogen ordenadamente la creación y la reflexión sucesiva de Guillén en torno a todos sus temas —el hombre y el mundo—, ahondando cada vez más, como decía, en las perspectivas filosóficas y éticas desde y de la escritura.

Tampoco se puede decir que haya un Guillén de las esencias y un Guillén de lo circunstancial. Toda la poesía guilleniana es una profundización desde la circunstancia —en eso está de acuerdo con Machado, con Ortega o con Cernuda— del hombre en lo que da el mundo al individuo y en lo que éste devuelve al mundo y a cada uno de los hombres. No hay, por lo tanto, un Guillén del éxtasis y de la luminosidad de lo perfecto y un Guillén de la cólera y de la oscuridad de lo cotidiano. Uno se apoya en el otro. Ambos son el mismo. Jorge Guillén se define en su hablante: «Yo soy mi cotidiana tentativa». Y esto habría que leerlo de acuerdo con un infatigable espíritu de compromiso con el hombre, y con el arte como creación humana (tal vez por eso prefiere la palabra «artesano»). En efecto, desde la aspiración idealista a una poética de la perfección formal, ya que no concibe una poesía no humana o «inhumana» —véase la «Poética» de 1932—, Guillén tiene que asumir indefectiblemente la dimensión material de la poesía como arte humano y de lo humano. En eso radica, creo yo, su carácter esencial de «compromiso antropológico».

Para Guillén deja de haber, desde muy temprano, un mundo abstracto, de ideal platónico hacia el que deba tender la poesía. De hecho, cuando el amor humano hace su eclosión en el *Cántico* de 1936, independientemente de su formulación exultante, abarcadora y optimista de aquellos momentos, ya hay una inflexión «realista» hacia lo existencial humano y se dejan sentir los primeros efectos de la exploración estética en esa fibra, en torno, por ejemplo, al tema de la muerte —«Muerte a lo lejos», «Sin lamento»— o en torno a la Historia, a la sociedad, a las diferencias de clase, etc.

Había que tener muy mala vista en 1945 y que estar completamente ciego en 1950 para no ver en la poesía de *Cántico* la fuerza del compromiso humanista de su autor. Y lo que tal vez, por elevado, por humanamente prodigioso, podría desvirtuar el efecto de esa poesía, era el protagonista de los poemas de 1950 y desde entonces, animoso y voluntarista, abierto cada vez más a la evidencia del desorden y del sufrimiento, pero también a la evidencia de la grandeza posible del hombre esforzado en no ceder al desaliento que arrastra al silencio. Decía en ese otro poema capital de *Cántico* —y simétrico de «Más allá— que es «Cara a cara».

¡Oh doliente muchedumbre
De errores con sus agobios
Innúmeros! Ved. Se asoman,
Míos también, a mi rostro.

Equivalencia final
De los unos y los otros:
Esos cómplices enlaces
De las víctimas y el ogro,

Mientras con su pesadumbre
De masa pesan los lomos
Reunidos del país
Polvoriento, populoso.

Las farsas, las violencias,
Las políticas, los morros
Húmedos del animal
Cínicamente velloso,

Y la confabulación
Que envuelve en el mismo rojo
De una iracundia común
Al paladín con el monstruo.

Esa congoja del alba
Que blanquea el calabozo,
Extenuación de la cal
Sobre los muros monótonos,

A la vista siempre el aire
Tan ancho tras los cerrojos,
Y en la boca —siempre seca—
Tan amargo el soliloquio. (...)

No cedo, no me abandono.

La poesía de Jorge Guillén no deja nunca de ser un cántico a la belleza del mundo natural, a la perfección de los seres,
a pesar de registrar, con coherencia ética inevitable, el clamor
de los sufrimientos, el desorden, la «baraúnda», la «batahola»,
el «maremágnum», la confusión de «este mundo que vivimos»,
como dirá en *Final*, repitiendo con sentido conceptos presentes en *Aire Nuestro* desde *Cántico*.

Compromiso antropológico, pues, con la condición humana y con su condición de español en el exilio, que da a la es-

critura de Guillén su coherencia y su valor de fondo. Todos los demás valores de esta poesía, su carácter fenomenológico, su ética y todos los temas y tonos que se multiplican en la obra dependen de ese compromiso con lo humano. Y también su peculiar lenguaje, el repertorio de conceptos archisignificativos que crean una intertextualidad de carácter ético, precisamente, en toda la obra, y la interrelación de todas las facetas de lo humano, del cántico al planto: la admiración, el entusiasmo, el éxtasis. Y también la meditación elegíaca, el sarcasmo, la sátira, el grito.

Todo forma parte de ese compromiso: describir el abigarrado panorama de realidades naturales como «maravillas concretas» y matizar con todas las posibilidades de la ironía y del sarcasmo la violencia, la maldad y la estupidez de que también es posible, al lado de su grandeza, el género humano. El compromiso, así, tiene que ser entendido como compromiso total, porque tiene cabida la totalidad de los matices de la literatura contemporánea y de los siglos pasados, incluída la que ha recibido, tal vez con mayor propiedad, el calificativo de comprometida.

En efecto, en la poesía de Guillén también tiene cabida la poesía política y social, no porque este poeta se intente defender con ella de las acusaciones de poeta burgués, o porque quiera conseguir reconocimiento de unos lectores ideológicamente ávidos de palabras duras, y mucho menos porque la influyan desde España las tendencias predominantes de la poesía de los años cincuenta y sesenta, sino porque en la línea de coherencia de su escritura y con la lucidez precisa para poderla mantener, como he dicho anteriormente, hay exigencias —la formal, entre ellas— que dejan de ser operativas en tan alto grado y otras que van tomando dimensiones en otros sentidos: la del pensar en la existencia como individuo y como integrante de la especie humana, la de atacar las lacras de la dictadura y de la explotación.

Pocos poetas como Jorge Guillén han sido tan duros en su poesía con la figura del dictador, y de Franco en particular, con su coro de lacayos o con la cobardía colectiva que no por explicable dejó de contribuir al mantenimiento del régimen. De hecho, como hemos visto, en *Cántico* ya quiso incluir algunos poemas de ese tipo, los menos explícitos. Y en *Clamor* colocó los escritos desde la guerra civil en torno al tema político. «Potencia de Pérez» tal vez no sea el mejor de esos poemas, pero es el más representativo de su sátira de Franco, y no olvidemos que está situado con otros como «Lugar de Lázaro», «Las tentaciones de Antonio» o «Dimisión de Sancho», los otros poemas mayores de *Clamor,* que propician la exposición de una ética personal. La sátira y la ética unidas y explícitas, a partir de esos momentos, incluso en las páginas de un libro esencialmente afirmativo, como *Homenaje,* donde es frecuente, en el diálogo con los libros y los nombres de la historia, la censura moral, la lamentación generalizadora: «Nunca estará bien hecho el mundo humano».

Es en las últimas series, sin embargo, donde vuelve a intensificarse el compromiso político, alcanzando la denuncia unos niveles más altos que nunca. Entre la riqueza de matices de *Y Otros Poemas* sobresale la condena moral del régimen de Franco en los poemas de «Guirnalda Civil» y «Arte rupestre», escritos en unos momentos en que la poesía española, todavía en la dictadura, caminaba en direcciones muy opuestas, en busca de una idea de belleza absolutamente desvinculada en la mayor parte de los casos de estas preocupaciones éticas del anciano Guillén. No es este el lugar para opinar en torno a la aportación de aquellos poetas jóvenes de los sesenta y de su renovación poética: sin duda Jorge Guillén estaba empeñado en llevar a sus últimas consecuencias, en solitario, el argumento de su obra, en tonos a veces extremadamente duros:

El poder absoluto dicta su propia ley.
Todos los atropellos se truecan en artículos.
La farsa de las Cortes dice amenes ridículos.
Y el dictador anuncia quién debe ser el rey.

Personaje ya augusto, frígido figurón
Infunde a su voz aguda su más solemne tono,
Recibe acatamientos en la sala del trono,
Ungido por sí mismo brilla desde un balcón.

Y todo se resuelve —mirad— en esperpento.

Y en *Final,* ocupando el centro geomético de la última serie de *Aire Nuestro,* esas «Dramatis personae» que amplían el discurso político de «Guirnalda civil» a otras violencias y otras injusticias contemporáneas, de lo público («Fuerza bruta») a lo privado («Epigramas»), con una lucidez y una decisión que no admiten réplica y que nos hablan de un poeta a punto de cumplir los noventa años que sigue dándonos plenamente fe de vida, reaccionando éticamente, solidariamente y

—esto es lo que merecería mayor reflexión— en solitario ante los atentados a la libertad en el planeta. Y, también, atreviéndose a defender la esperanza («Tiempo de espera») pese a todo; no es otro el sentido de sus duras acotaciones a propósito de la muerte del dictador:

> Una agonía muy larga.
>
> En sus concéntricos círculos
> Una atención general
>
> Mezcla iracundias y cálculos,
> Augurios quizá de paz.
>
> Otra vez asoma el alba.
> Los gallos quieren cantar.

Todos estos «horrores concretos», como podría denominarse este tipo de poemas, en contraposición a las «maravillas concretas» de la poesía afirmativa de Jorge Guillén, valen como testimonios precisos de lo que, desde mi punto de vista, resulta más característico de la poesía guilleniana a lo largo de su evolución: el dirigirse al hombre, «definitivamente», como Blas de Otero, el hacer poesía en torno a unos valores éticos que dan un sentido preciso a la práctica artística, Guillén se arriesgó, sin duda, en los últimos extremos de su aventura formal, y no faltarán quienes busquen defectos expresivos a esa poética definitiva. Será difícil, sin embargo, negarle el valor humanista de gran poesía al compromiso mantenido de esa escritura viva, que el poeta reclama, modestamente en el poema «En último término», de *Final:*

> Mi labor, mi ambición son en resumen:
> Identidad personal en conjunto
> Coherente de obra: poesía.
> Un honesto servicio de cultura.
> Al sensible lector ardua tarea.

LOS SONETOS DE *CLAMOR*

Clamor, como las series siguientes de *Aire Nuestro,* ha recibido una atención crítica mucho menor que *Cántico.* Como dice Víctor García de la Concha, *«apenas se repasa el elenco bibliográfico guilleniano salta a la vista la parvedad de estudios críticos específicamente consagrados a cada uno de los libros de Tiempo de Historia o a su conjunto».*[1] A pesar de los trabajos de síntesis de O. Macrí,[2] I. Prat,[3] A. Debicki[4] o MacCurdy[5] y los estudios de aspectos particulares de la segunda serie de *Aire Nuestro* entre los que destacan los de Casalduero,[6] Darmangeat,[7] Palley[8] y Zardoya,[9] quedan por analizar muchas cuestiones propias de esos tres libros cuya importancia va evidenciándose con la aparición de las series siguientes y llega hasta *Final,* la última. *Clamor,* que, como decía el poeta, nace como complemento de *Cántico,*[10] da entrada «de una manera concreta» a los temas de mal, el desorden, el azar, el paso destructor del tiempo y la muerte.[11] Lo importante de esa segunda serie es que a partir de ella, en una medida al menos igual a la de *Cántico,* la poesía de Guillén apenas aporta novedades esenciales en temas, formas y tonos. La base de la intertextualidad guilleniana hasta *Final,* por lo tanto, la constituye la dialéctica entre los elementos diversos de ambas series, algunos de los cuales ya se integraban en la edición de *Cántico* de 1945. La estética de Guillén no llega a su complejidad definitiva hasta los libros de *Clamor,* que, como señala muy certeramente I. Prat,[12] plantea y resuelve el problema de la integración de lo elegíaco y lo histórico en el universo ordenado, básico en la estética guilleniana, que se establece en *Cántico.*

En palabras de Octavio Paz, para Guillén, *«la Historia es el mal».*[13] Por eso, en cuanto la presión de la realidad histórica y sus males concretos obliga al poeta a apartar en ocasiones la imaginación de las «maravillas concretas» del primer libro, irrumpe en la poesía guilleniana la constatación airada del desorden, el mal y la muerte, que adopta las formas de la elegía y la sátira en cuanto éstas tienen de distanciamiento —apenas presente en *Cántico*— y, en suma, de reconocimiento de que «*a la totalidad de las esencias sólo es posible llegar desde los accidentes del existir o, al menos, desde su implacable conciencia*», como apunta J. Olivio Jiménez.[14]

Clamor, así, complementa la ontología guilleniana planteada en *Cántico* («Ser, nada más. Y basta») en el sentido de que el «ser» y el «estar» han de plantearse en los términos más existenciales de «vivir» y de «ser solidario». O, en palabras de Darmangeat: «*Clamor es una revelación del hombre como artesano de su propio destino, creador de un ser nunca acabado y cada vez más hombre en su «señorío de piel».*[15]

Estas cuestiones generales y muchas otras de tipo estructural, temático y formal no han sido, hasta el momento, objeto de estudios de conjunto, y sólo algunos de los artículos citados dan cuenta de ellos. Particular interés ofrecen los libros de Debicki, Macrí e I. Prat, sobre todo el de éste último por lo que respecta a la organización general de los textos, las secciones y las partes de las cuatro primeras series.[16] Fue Prat quien destacó, entre muchas otras cosas, la cerrada organización formal de los tres libros de *Clamor* como mundo poético ordenado y armónico que Guillén oponía a los temas del tiempo destructor y de lo que Navarro Tomás llama «*los constantes desajustes y obstáculos de la convivencia humana*»,[17] que son los principales de la segunda serie.

Es en esa misma línea en la que las páginas que siguen pretenden analizar la función y el significado de los sonetos que se incluyen, con organización simétrica perfecta, en los tres libros de *Clamor* y que, a mi juicio, significan la recurrencia, en un terreno formal, del ideal poético que se expresaba jubilosamente en *Cántico.* Constituyen los principales soportes formales de la arquitectura del universo armónico al que Guillén se refiere en «Beato sillón», de la primera serie de *Aire nuestro,* como «mundo bien hecho». El soneto clásico, cuya estructura utiliza en todos los de *Cántico* y *Clamor,* refleja el mito edénico contemporáneo de Guillén. Los modelos barrocos se evidencian y también la distribución simétrica es clasicista.

La métrica es uno de los elementos de la poesía de Guillén menos estudiados. Exceptuando los ya clásicos trabajos de Tomás Navarro,[18] Robert Havard,[19] Pedro Salinas,[20] Raimundo Lida,[21] Ignacio Prat[22] o Fernando Lázaro,[23] no encontramos en la amplísima bibliografía de Guillén[24] más que breves referencias, análisis de poemas individuales en estudios generales o comentarios a las influencias métricas que recibe, en ocasiones reiterativos.

Entre las estrofas tradicionales utilizadas por Guillén en *Aire nuestro* son las décimas las que más han llamado la atención por su gran calidad poética y por lo que tienen, a la vez, de renovación de una estrofa prácticamente en desuso desde el siglo anterior, y de innovación, tanto en su uso de estrofa independiente no epigramática ni de circunstancias, como en la nueva estructura de rimas abbaccdeed, de influencia francesa —particularmente de Valéry—, que combina con la tradicional hispánica abbaccddc.[25] También la forma característica de los romances y de las silvas fue destacada tempranamente por Pedro Salinas y otros críticos, como expresión personal de una manera rigurosa de entender la métrica.

Una estrofa poco estudiada hasta la fecha en la poesía de Jorge Guillén es el soneto, y menos aún el soneto despues de *Cántico.* Sobre los sonetos de esta primera serie algunos críticos analizan individualmente varios ejemplos, y se insiste en el papel estructurador («diversidad en la unidad», dice Casalduero[26]) que juegan los veintidós sonetos agrupados en la parte III de «El pájaro en la mano», sección central y eje de significaciones de *Cántico* (tal vez el más estudiado sea «Muerte a lo lejos», una de las grandes creaciones del poeta). Sobre el resto de los sonetos de *Aire nuestro* no hay más que comentarios breves y aislados[27] y las referencias generales a la composición métrica de *Aire nuestro* que proporciona Ignacio Prat.[28]

Como en *Cántico,* los sonetos cumplen en *Clamor* una función estructuradora. En aquél, se reunen en su parte central y recogen todos sus temas en una síntesis que es muy significativa al estar incluída en la parte del libro en que con mayor equilibrio y amplitud se desarrolla el tema de la instalación del protagonista único en el disfrute de la naturaleza concreta, en el ritmo vital del universo.[29] Los catorce sonetos de *Clamor* se reparten simétricamente a lo largo de las tres partes («Maremágnum», «Que van a dar en la mar» y «A la altura de las circunstancias»). En una serie como ésta en la que el poeta expresa principalmente[30] su compromiso humanista frente a la guerra, la muerte, la opresión y la injusticia históricas, los sonetos son las principales estrofas que, en el terreno formal, mantienen el ideal de perfección y de armonía del mundo natural que da lugar a la exaltación y al cántico a partir de los primeros poemas de *Cántico.*[31]

Ignacio Prat mostró detalladamente en su libro cómo *Clamor,* que introduce decisivamente el desorden y el desconcierto en el orbe guilleniano era, por ello mismo, su libro más rígidamente estructurado en lo formal,[32] corrigiendo así con un matiz la apreciación de Palley a este respecto.[33] Hay, en efecto, un sistema casi obsesivo de simetrías que no puede sorprender al lector si recuerda la afirmación de «Hacia el poema», soneto —precisamente—, de *Cántico:* «La forma se me vuelve salvavidas». En *Clamor* hallamos otras formas estróficas tradionales, como el romance y la décima, pero su uso es más ambiguo desde el punto de vista estructural porque sus tonos y temas, como los de las series de «tréboles», son muy variados. Si en *Cántico* y *Clamor* es evidente la importancia estructural de los sonetos, en el resto de las series de *Aire nuestro* resulta considerablemente menor, sobre todo en las dos últimas, *Y otros poemas* y *Final.*[34]

Respecto a su repartición simétrica y a su esquema de rimas y de estructura, muy clasicista, no creo que pueda interpretarse como un manierismo del poeta. Ya Juan M. Rozas señaló —y ha sido repetido por los críticos— que tanto la coherencia y honestidad de Guillén a lo largo de toda una vida como la profunda integración de su poesía en la tradición literaria *«justifican las semejanzas con otras estructuras simbólicas que van de Berceo y Dante a Calderón y Gracián e indican que Guillén no es un mero escritor de poesías, sino el creador de un mundo poético cerrado, completo, clásico, que sólo consiguien algunos poetas en toda la historia de la literatura».*[35]

Los catorce sonetos se disponen simétricamente: cuatro de ellos inician y finalizan una sección, la V de «Maremágnum» y la I de «A la altura de las circunstancias».[36] Los restantes se distribuyen de manera casi idéntica y simétrica en las secciones en que se integran, como muestra el esquema:

M.,	I:	1 2 3 4 5 6 7 8 ⑨ 10 11 12 ⑬ 14 15 16 17 18 19 20 21
M.,	V:	① 2 3 4 5 6 7 8 9 10 11 12 13 14 15 16 17 18 19 20 21 22 23 ㉔
Q.,	II:	1 2 ③ 4 5 6 7 8 9 10 11 12 13 14 15 16 17 18 ⑲ 20 21
Q.,	IV:	1 2 3 4 5 6 ⑦ 8 9 10 11 12 13 14 ⑮ 16 17 18 19 20 21
Q.,	VI:	1 2 3 4 5 6 ⑦ 8 9 10 11 12 13 ⑭ 15 16 17 18 19 20
A.,	I:	① 2 3 4 5 6 7 8 9 10 11 12 13 14 15 16 17 18 19 20 21 ㉒
A.,	V:	1 2 3 4 5 6 ⑦ 8 9 10 11 12 13 ⑭ 15 16 17 18 19 20

Los sonetos se agrupan organizando *Clamor* en un conjunto de correspondencias formales —ya Prat mostró la fuerte simetría de todas las formas estróficas— temáticas y tonales. Es de destacar que en las secciones en que hay sonetos no hay décimas (las otras formas cerradas que usa Guillén en la serie) y además abundan las formas más abiertas, los textos en prosa y las formas libres. Otro detalle es que sólo en la sección IV de «Que van a dar en la mar», el centro de *Clamor,* los sonetos se combinan con los tréboles, que son otras formas cerradas (y que, en las secciones donde aparecen, se combinan siempre, menos aquí, con las décimas). Desde el punto de vista de la repartición de los sonetos, por lo tanto, la organización es totalmente simétrica como muestra el gráfico:

Parte	Maremágnum			Que van a dar en la mar							A la altura de ...				
Sección	I	II III IV	V	I	II	III	IV	V	VI	VII	I	II	III	IV	V
lugar que ocupa	9-13		1-24		3-19		7-15		7-14		1-22				7-14
nº de poemas	21		24		21		21		20		22				20

Todos los sonetos tienen el mismo esquema de rimas, lo que dota de unidad a los textos: ABBA: ABBA: CDE: CDE. La de los cuartetos es la básica usada desde Garcilaso (el Marqués de Santillana sólo la usa en el soneto XVI) hasta el Modernismo, que multiplicó sus combinaciones. La rima de los tercetos, preferida de Garcilaso, Herrera y Góngora, es también la preferida de Guillén, aunque en los demás libros la combina con otras.[37] Guillén muestra desde *Cántico* un admirable dominio de las diversas estrofas, y el soneto y la décima son las más destacadas. Un aspecto del conjunto, que puede destacarse ahora, es la riqueza y variedad de las rimas, sobre las que ironiza en el soneto «Sólo por juego, nunca», de *Homenaje:*

A Violante

Al principio diré... ¿quizá «montaña»?
Columbro una montaña mientras siento
La conversión del aire en elemento
Que afirma la eminencia como hazaña.

71

Por el eco viene un «...aña» casi «braña»,
Y aquel aire me infunde nuevo aliento.
¿No veré así la braña bajo el viento
Removedor de la suprema España?

Libre respiro. ¿Qué propone alarde
Tan soberbio de tanta cumbre? Tarde
Muy pura se me ofrece sin promesa.

De misterioso resto acaso en ronda.
¿La captaré si digo «luz redonda»?
Juego tras juego, realidad ilesa.[38]

Riqueza y variedad de las rimas son valores de toda la poesía rimada de Guillén y no sólo de los sonetos, como es obvio. Pero no está de más insistir en la precisión con que el poeta elige la palabra adecuada, creando momentos de sorpresa al final de algún verso[39] con una palabra inesperada o con un encabalgamiento que deja el sentido del verso en la ambigüedad, y rematando espléndidamente la serie de rimas o el poema entero, en ocasiones con lapidarios versos bi o trimembres. Alvar[40] y Blecua[41] han mostrado cómo Guillén anota cuidadosamente las posibilidades de un verso o una rima, sin despreciar ninguna, hasta que la propia lógica del poema guía su instinto hacia la elección más afortunada. También en este aspecto cada palabra de Guillén posee un valor propio en el texto poético. Respecto a la riqueza de las rimas, el análisis de las de los sonetos de *Clamor* corrobora la observación de Lázaro Carreter[42] sobre la variedad categorial característica. La proporción de sustantivos, adjetivos y verbos en el total de las rimas es considerablemente mayor en el caso de los sustantivos (53'22%) que en el de los adjetivos (23'65%) y verbos (23'11%). El predominio de los sustantivos evita la rima pobre que suelen producir adjetivos y verbos e introduce variedad en las series de rimas. Además, si la palabra final de cada verso se realza por su papel en la rima, la abundancia de sustantivos en éstas contribuye a destacar considerablemente seres, objetos y realidades, presentes con gran profusión en la imaginación poética guilleniana.

A veces el poeta juega con las rimas, como ya hemos visto, utilizando, por ejemplo, «muda» en su significado como forma verbal y como adjetivo, o no evitando el parecido entre dos vocablos que hubiesen podido rimar fácilmente con muchos otros, como «advino» y «adivino». Es patente también el cuidado del poeta por evitar la repetición de terminaciones en el conjunto de los sonetos. Sólo se repite tres veces una misma rima en ellos (-ía), y sólo siete se repiten dos veces (iva, -ales, -ada, -ente, -ino, -ora, -uma). En todas las rimas (196 palabras), sólo se repiten tres: «espuma», «arriba» y «muda». Usa, además, casi toda la gama de posibilidades combinatorias de vocales en terminaciones paroxítonas, prefiriendo «i-a», «e-o», «a-o», «e-a» y «e-e», todas ellas más de cinco veces. Destaca el uso exclusivo de palabras paroxítonas, excepto en el soneto «A pique», donde, en relación estrecha con el contenido, como veremos, combina en los tercetos proparoxítonas y oxítonas. Esas combinaciones mantienen una gran variedad dentro de una organización acentual unitaria de las rimas y, aunque la lectura de cada soneto debe hacerse en el lugar que ocupa y en relación con los textos cercanos y el conjunto de la sección correspondiente, la recurrencia de los sonetos a lo largo del libro con una organización unitaria puede interpretarse como la recurrencia simbólica de un arquetipo edénico renacentista, que marca un ritmo en la lectura del libro y, en todo caso, tiene un valor estético importante dentro del conjunto formal fuertemente trabajado que es *Clamor.*

MAREMAGNUM

El primer libro de *Clamor,* publicado en Buenos Aires en 1957, representa, como es sabido, un cambio muy brusco respecto de la última edición de *Cántico,* de 1950. En él, como contaba el poeta a Claude Couffon, se alude «de una manera particular a la confusión y al desorden social en que vivimos».[43] Sin haber rupturas en el mundo poético de «Maremágnum» respecto del de *Cántico,* una de las novedades, aparte de las temáticas, es el uso de una multiplicidad de perspectivas, que sustituye a la voz unitaria del protagonista del primer libro. Pero un somero repaso de «Maremágnum» revela que esa voz personal no sólo se mantiene, sino que es constante y que es la que expresa los contenidos de los cuatro sonetos del libro.

Los sonetos de la sección I, que contiene 21 textos, están colocados simétricamente muy cerca del centro. Rodean tres textos centrales, el (10) y el (12), que son prosas, y el largo y variado poema «Potencia de Pérez», una de sus primeras denuncias de la sociedad española de la postguerra. Los sonetos son las únicas formas estróficas cerradas de toda la sección. El resto son seis prosas, cinco composiciones libres, dos composiciones en pareados, dos más en alejandrinos blancos, dos romances y dos composiciones de eneasílabos y pentasílabos. Abunda, por lo tanto, la anisometría, y de las pocas composiciones isométricas, dos de ellas son sonetos.

«Maremágnum» se inicia con una cita de Juan Ruiz, cuya colocación puede interpretarse como la sustitución del mundo idílico de corte renacentista que constituía el modelo básico de *Cántico* por un molde medieval y realista, que sostiene una visión pesimista o irónica del presente histórico. El soneto primero, «Europa», sin embargo, introduce el tema mitológico y el arquetipo idealista, y contrarresta así, en parte, la acumulación de motivos bélicos, sociales e históricos, y los tonos oscuros que caracterizan todos los textos anteriores. Sólo uno de éstos, «Adoración de la criatura», destaca el valor de la ingenuidad humana e introduce ya la alusión a su tratamiento mítico:

> «*Y el baile se desaliña:*
> *Isabel, si diosa, niña.*
> *Un paraíso está ileso.*
> *Adoración, embeleso*».[44]

El soneto desarrolla el tema de la naturaleza mitificada a través de la alusión al mito de Europa y el Toro, en un plano, por lo tanto, diferente al de los textos que proceden y fuertemente cargado de afirmación del mundo natural frente a la introspección pesimista o la descripción urbana de los textos anteriores. El mundo que se nos presenta, sin embargo, no es el jardín edénico del *Cántico* de 1928 y 1936, sino el amenazado por la intrusión de los males históricos, y eso crea una especial tensión simbólica en la descripción de la naturaleza, como, por ejemplo, la oposición «oleaje/roca», que recuerda la becqueriana «huracán/roca» de la Rima XLI.

EUROPA

(CALA MEDITERRANEA)

> *La orillas no llegan a la espuma*
> *Por transición de playas amarillas*
> *Sino por esos grises en que brillas,*
> *Sol de las doce, para que resuma*

> La permanente roca tanta suma
> De ilustres siglos y de maravillas
> Alzadas hacia el sol en las orillas
> Donde Europa se yergue y se consuma.
>
> Es más fino el azul del oleaje
> Cuando más espumoso el choque embiste
> Contra la roca al tiempo indiferente.
>
> No hay cataclismo que por fin descuaje
> Tierra tan embestida y nada triste.
> De nuevo Europa y Toro frente a frente.[45]

Un primer acercamiento al soneto nos muestra el uso intertextual interno de los elementos descriptivos característicos de este tipo de poema en *Cántico,* transfigurando la realidad inmediata (cala mediterránea). Ese uso, que se mantiene e incrementa a lo largo de todo *Aire nuestro,* es manifestación importante de lo que constituye lo que Guillén llama «lenguaje de poema».[46] En efecto, el «sol de las doce», el tratamiento de la luz y de los brillos, la «suma de ilustres siglos», etc., reorganizan el espacio observado en una imagen intemporal («tiempo indiferente») y arquetípica, en la que la voluntad de afirmación del valor ético lleva a la utilización del mito erótico de la naturaleza. Frente al tiempo histórico de los textos anteriores, entreverado del simbolismo del ciclo diurno («Despertar: renacer»[47] «Tanta creación proclama/Divino el eje de la luz»[48]), se sitúa la luz del mediodía exacto, sin sombras, que conduce al mito: Europa es el continente y es la ninfa y es, a la vez, la bañista en la cala.

El léxico se organiza para construir ese conjunto mítico intemporal. La mayor parte la constituye la descripción de la naturaleza: una costa al sol («orillas», «espuma», «playas», «brillas», «sol», «roca», «orillas», «oleaje», «espumoso», «roca», «tierra»). La adjetivación plasma un tratamiento postimpresionista de la representación: «azul», «amarillo», «grises», y la perspectiva intemporal necesaria para la sugerencia final del mito: «sol de las doce», «permanente roca», «suma de ilustres siglos y de maravillas», «tiempo indiferente». Un mito que se sugiere sólo en el verso 14, muy sencillamente: «De nuevo Europa y Toro frente a frente», con el único indicio del verso 10: «embiste».

El poema tiene dos partes diferenciadas: los dos cuartetos constituyen una sola frase que, como la imagen de las olas, avanza y retrocede: (no llegan... por... sino por... para que... de... y de... hacia... en .. donde se... y se...). En los cuartetos se fija toda la complejidad del cuadro mítico y la alusión final a Europa. Los tercetos introducen el léxico de la violencia y la tensión: «choque», «embiste», «cataclismo», «descuaje», «embestida». El primer terceto estiliza la descripción de las olas («es más fino el azul del oleaje») y el espumoso romper de éstas contra las rocas. Esa estilización añade una nueva posibilidad de lectura simbólica del soneto. Estamos aún en el terreno del paisaje mítico en el que la oposición espuma/roca no representa necesariamente una trasposición ética o histórica. Es en el segundo terceto en el que, paradójicamente, al mencionar el mito de Europa y el Toro, éste, modelo clásico, se sobrepone a la alusión a la historia como «cataclismo». Así, los dos planos que conjuga Guillén se presentan en oposición, al final del soneto y tras la larga descripción del panorama con bañista, afirmándose la supremacía de lo mítico al contraponerlo a la alusión histórica: «No hay cataclismo que por fin descuaje/Tierra tan embestida y nada triste/. De nuevo Europa y Toro frente a frente».

El lento avance de la expresión, que incluye toda clase de complementos en los cuartetos, evoca la expresión barroca, con lo que se presenta en el texto la doble serie mitológica y estilística del gongorismo. El recurso de la identificación bañista-ninfa, como en el soneto siguiente, es claramente renacentista. La descripción se construye con sencillez centrada en tres sensaciones cromáticas básicas: amarillo y gris (playa y roca) y azul (mediterráneo). La experiencia del observador transmuta la realidad en ese mundo arcádico que es el de las raíces de la poesía guilleniana y que, ya desde el poema introductorio de *Clamor,* «El acorde», el lector de *Aire nuestro* conoce como alternativa válida y victoriosa por encima de la erosión del tiempo y de los ejemplos históricos.

Los textos que siguen son los más duros de la sección, enmarcados como están por dos sonetos de afirmación del mundo natural y de expresión de la sensualidad más ingenua: «Tácito clamor», una prosa, evoca la impresión de ahogo del observador ante la miseria y el dolor de los campesinos andaluces. «Potencia de Pérez», dividido en nueve partes polimétricas, centro de la sección, es un alegato sin atenuantes contra la dictadura, y «Ruinas con miedo», otra prosa, describe la destrucción física y moral resultante de la guerra y de la violencia humana en general. El soneto siguiente, «Mediterráneo», es simétrico con el anterior, por el lugar que ocupa encerrando los textos centrales y contrastando con ellos, y por la identidad temática y hasta léxica (playa, mediodía, oleaje, sol):

MEDITERRANEO

(Versilia)

Sobre la playa de este mediodía,
Arena o luz con oleaje denso,
Al sol que es ya cruel un indefenso
Casi-desnudo busca y se confía.

La dama ofrece entonces su armonía
De salud y hermosura en un incienso
De culto al dios solar (Y mientras, pienso
Cómo yo a tanta fe respondería).

Siempre feliz, el cuerpo da señales
De la atención muy tensa que los rayos
Desde el cénit consagran a la hermosa.

Inmóvil, ella acepta las brutales
Caricias de este cielo como ensayos
De un amor mitológico a una diosa.[49]

Los dos sonetos rodean los textos-eje de la sección I, sobre la miseria, la opresión y la guerra y separan, de manera muy acorde con la realidad del poeta Guillén inmerso en la perspectiva histórica, lo que es reflexión social y comprometida[50] de lo que es efusión lírica de aceptación y cántico a la belleza del cuerpo femenino y de la naturaleza. El ritmo del soneto está adaptado a las divisiones métricas: cada secuencia es una unidad sintáctica. El primer cuarteto progresa con lentitud semejante a la de la primera secuencia del soneto anterior, retrasando la descripción de un cuerpo femenino tendido al sol en la playa. A partir del segundo cuarteto la descripción es más rápida: la bañista se reelabora en el poema como la imagen de un ofrecimiento erótico al dios solar. En el centro del poema, Guillén introduce una acotación en primera persona que expresa un saludable humorismo, en contraste con los contenidos de los tres textos anteriores. Los tercetos se centran en la doble relación imaginaria del cuerpo *casi*-desnudo (restricción que limita la fabulación mítica) hacia la divinidad solar y de ésta hacia la mujer tendida («al sol que es ya cruel»). El verso final, como en «Europa», alude directa-

mente a lo mítico, aunque en los versos anteriores este nivel
ya se había explicitado y, además, el grado de elevación a lo
mítico es inferior: «... como *ensayos*/ De un amor mitológico
a una diosa».

Contrastando mucho con el tono de los poemas anteriores, e incluso del soneto, Guillén se permite introducir un tono
de humor erótico al expresar entre paréntesis, justo en el centro, lo que su propio deseo erótico ante la contemplación real
le lleva a imaginar: «Y mientras, pienso/ Cómo yo a tanta fe
respondería». El soneto completa el sentido y el alcance del
anterior. Si en «Europa» la escena descrita remite el arquetipo
renacentista, en el que la figura femenina encarna una depurada proyección mítica, en «Mediterráneo», menos estático, más
barroquista, el tiempo es vivencial: se sigue tratando del momento diurno preferido de Guillén, el mediodía, pero su formulación se determina con el uso del demostrativo («este mediodía»). Hay un proceso de mitificación, pero complementado
—y rebajado— por el deseo y atracción que manifiesta, central, el hablante poético hacia una bañista que, siéndolo, «juega un papel» seudomitológico. En este sentido tiene razón O.
Macrí: «*La mujer de* **Clamor** *queda separada, inaccesible
como las demás mujeres de* **Cántico***, más suspirada y contem-
plada, objeto de madrigal, disolviéndose la forma plástica en la
palabra poética, bastante potenciada en este sentido*».[51] Las ba-
ñistas son muy frecuentes en la poesía de Guillén, desde *Cántico* a *Final,* pero creo que el sentido del poema no se agota
en la anécdota narrada sino que estriba en la actitud del escritor que describe así un lugar evocado o contemplado. Es en
ese sentido en el que podríamos hallar mayor conexión entre
los dos sonetos, pues lo que importa más es la comunicación
poética de una vivencia amorosa y placentera, mitificada también, del espacio mediterráneo. Reafirma esta visión la glosa
que hace del soneto «Mediterráneo» en un poema actualizador
de la sección «Al margen», de *Y otros poemas,* el n.º 19.

MEDITERRANEO

Viendo este mar cada mañana
Se me remueve mi placer
Más espontáneo.
Hasta del propio nombre mana
Claridad de hoy y de ayer.
Mediterráneo.

A su oleaje entre unas rocas
Va retirando la marea.
Gruta ya mía.

¿Siempre en fábula desembocas,
Mar de Odiseo? Os recrea
Real armonía.[52]

Con la ayuda de este poema se advierte que la fabulación es un proceso casi inevitable de la contemplación de ese mar, suministrada por el placer de contemplarlo, de estar allí. Por lo demás, hay que destacar el carácter masculino que se atribuye al sol, el cual, además de ser presentado por Guillén como dios, señor y padre en múltiples poemas, aparece aquí como el amante, además de dios mitológico, como se desprende de la doble alusión al calor intenso y al Toro, que vehicula la adjetivación: «Ella acepta las brutales / Caricias de ese cielo».

Los restantes poemas de la sección son muy diferentes, volviéndose, en tono y tema, a los anteriores a «Europa»: ironía social en «Los intranquilos», animalización y subsiguiente humorismo sarcástico en «El gorila», intimismo que a veces lleva a la sugerencia mitológica («Mis cabellos se mueven con susurros de hojas. / Mi brazo vegetal concluye en mano humana»), en «Dafne a medias», o al voluntarismo social, en «Pueblo soberano».

En la sección V de «Maremágnum», los sonetos «Vida entera y «Sueño común» abren y cierran, respectivamente, la sección, sirviendo de marco a los demás poemas, que son formas libres y prosas, excepto varios poemas en cuartetas octosílabas, dos romances y un poema en pareados octosílabos. Como en la sección primera, en esta última los dos sonetos son complementarios: ambos marcan los polos del ciclo diurno («Vida entera», el amanecer, y «Sueño común» la rendición nocturna al sueño[53]). En el primero, dos pájaros son los protagonistas y en el segundo se integran todos los seres («—humanos, animales, vegetales—») en un sueño común. En ambos casos se trata de la integración en la armonía del cosmos. Los dos poemas mantienen una perspectiva externa, sin interiorizaciones en primera persona, objetivando así la visión de la realidad, una visión, por lo demás, homogénea en los dos sonetos, en la que el espacio, complementario (natural-edénico en «Vida entera» y urbano en «Sueño común», no se detalla, sino que se presenta muy en abstracto. En el primero, las referencias son: «espacio», «destellos», «alba muda», «distancias». En el segundo: «enormes las casas».

«Vida entera», a diferencia de los amaneceres de los que «Más allá» es el paradigma, y de los otros, cargados de presagios negativos, del tipo de «Los balcones del Oriente», también de *Cántico,* presenta un espacio al amanecer sin referencia al yo. De los amaneceres guillenianos podría decirse que éste pertenece al tercer tipo, el de la descripción objetiva cargada de simbolismo:

VIDA ENTERA

Se contestan dos pájaros. Son ellos
Solos quienes presiden el espacio,
Profundo de un silencio aún reacio
Desde su sombra a los propicios cuellos,

Propicios a enlazar con los destellos
Del sol, señor de tierra que es palacio,
—«Carpe diem», así lo entiende Horacio—
Sus murmullos, por bien unidos bellos.

Las aves enmudecen. Es más honda
Como una espera nuestra el alba muda
Bajo su libertad no decidida.

Tránsito corto. Va a sonar la onda
Que a las distancias en conjunto muda.
Pesará al sol de hoy la entera vida.[54]

El poeta no describe las «maravillas concretas» iluminadas por la aurora sino que establece una correspondencia muy estilizada entre la imagen visual del amanecer y la forma armoniosa de los pájaros: «... los propicios cuellos, // Propicios a enlazar con los destellos / Del sol».

El texto se organiza en torno al centro, como en el caso anterior. Los cuartetos desarrollan la descripción, con imágenes auditivas y visuales, del diálogo de los pájaros al amanecer. Los tercetos, con predominio de la sensibilidad auditiva, se centran en la solemnidad del silencio previo al sonido superior de la «onda / Que a las distancias en conjunto muda». En esa organización en dos partes las frases mantienen un ritmo paralelo. Los cuartetos comienzan con una breve oración: «Se contestan dos pájaros». Luego sigue una frase que abarca hasta el verso ocho, que desarrolla la descripción muy vaga del amanecer. El primer terceto, paralelamente, arranca con una oración simple: «Las aves enmudecen», amplificada en los versos 9-11. El segundo terceto es aun más sintético. Tras una breve frase, «tránsito corto», una corta amplificación. El verso final resume y concreta el sentido del poema, concretándose la temporalidad: «Pesará el sol *de hoy* la entera vida». Observamos que se repiten al final las dos palabras del título en orden inverso, como en el ejemplo estudiado por Lázaro Carreter.[55] Los núcleos de las imágenes los constituyen esas tres frases simples que, destacadas del resto, podrían leerse como un hai-kú:

> *«Se contestan dos pájaros.*
> *Las aves enmudecen.*
> *Tránsito corto».*

El desarrollo de esos núcleos, sin embargo, es mucho más elaborado, con momentos barrocos como el segundo cuarteto, donde el desajuste del orden sintáctico resalta el hipérbaton culterano. En esos versos, al final del segundo cuarteto, Guillén introduce una acotación entre guiones, en un segundo nivel discursivo, que es también de carácter culto, y alude al clasicismo y a la expansión de algunos tópicos en el Siglo de Oro: «—«Carpe diem», así lo entiende Horacio—». Esa acotación central es estructuralmente coincidente con otras de varios sonetos de *Clamor* («Mediterráneo», «Sueño común»; «A pique», «Ars vivendi», «Hombre volador») y frecuente en los de *Cántico,* así como, en general, en muchos romances, décimas y poemas cortos de *Aire nuestro,* dividiendo el poema en dos partes simétricas. Con la acotación de «Vida entera» Guillén establece un nivel explícito de relaciones del texto poético con la época literaria a la que me estoy refiriendo, como modelo permanente de su mundo ideal. Podría decirse, por lo tanto, que se dan aquí unos niveles de intertextualidad complejos: los internos, todos los elementos estilísticos de la descripción, frecuentes en *Cántico,* y los externos (la alusión a Horacio, y, por ende, al clasicismo), que aquí son explícitos (—«Carpe diem», así lo entiende Horacio—») e implícitos (el uso del soneto clásico, el hipérbaton, el «locus amoenus»).

En la disposición bipartita del soneto hay un proceso afirmativo en dos tiempos, del tipo «A, sí; B, más aún». El primer tiempo lo constituye la detallada descripción del canto de los pájaros, seres elementales, acordes a su murmullo primero con las primeras luces del alba. En esa armonización se sugiere un proceso sinestésico que es el que, en el terreno de la expresión, produce el efecto que se expresa en las imágenes: en la sinécdoque («propicios cuellos»), se destaca del canto de los pájaros, como cualidad esencial de los cuellos (uso del epíteto), la de ser «propicios a enlazar con los destellos del sol». El segundo momento, que se inicia con la imagen del silencio repentino de las aves, da lugar a la manifestación, a la vez, de la esperanza («espera *nuestra*», en la del plural de la primera persona ya compromete la voz del poeta, haciéndola colectiva) y de la superior y mística armonía de todos los seres («nuestra») bajo el efecto de la luz solar: «la onda que a las distancias en conjunto muda». Tras esa afirmación de una armonía superior a la del hermoso murmullo de los pájaros, el verso final actualiza y concreta en la vivencia realista, existencial, la descripción ambigua, clasicista e intemporal de los versos anteriores: «Pesará al sol de hoy la entera vida».

Los poemas que integran el resto de la sección V, la final de «Maremágnum», significan una superación temática del mal, en esa última jornada del libro, gracias a la actitud de obstinación voluntarista del poeta. Hay un mayor y mucho más claro equilibrio entre las dos fuerzas opuestas. Incluso poemas tan desolados en su inicio como «Guerra en la paz», culminan en la afirmación de la posibilidad de otras formas de convivencia superiores a la constatable por la experiencia histórica: «Feroz, feroz la vida / Tras su esperanza siempre».[56] En esa afirmación, por precaria que sea, se supera la ambigüedad de textos anteriores y desaparece la distancia irónica de muchos poemas. Abundan textos de afirmación vitalista: «Nadadoras», «Mar que está ahí», «Tiempo de volar», «Subida» («Respirar, respirar, la mayor aventura»), «El viento, el viento», «Mirar y admirar» o «La partida de baile».

«Sueño común» cierra la sección V y «Maremágnum» concentrando en el marco del soneto una realidad humana más abierta a una difícil esperanza en la convivencia armónica, menos abstracta y general que en «Vida entera», pero, por ello, más honda y abarcadora:

SUEÑO COMUN

Aunque enormes las casas, de más bulto
Son los sueños a coro en esta hora
De tanta paz que a coro se demora
Sobre la sien del niño y del adulto.

No hay cólera que sienta ya el insulto
Justificando frente a quien implora
Con semblante de paz serenadora
—El dormido no es vil— nocturno indulto.

Este sueño común de muchos seres
—Humanos, vegetales, animales—
Crea, por fin, la paz tan deseada.

Cuerpo tendido: todo en paz te mueres
Negando con tu noche tantos males,
Rumbo provisional hacia la nada.[57]

Dentro de la línea evolutiva de la poesía guilleniana desde *Cántico,* donde, como señala Casalduero, *«el sueño no se presenta, como aquí, equiparado a la muerte»,*[58] el soñar pasa por distintos enfoques, desde la pesadilla amenazante hasta el sueño en armonía acorde con la realidad, sea ésta diurna y de vigilia, o nocturna e imprecisa. González Muela abunda en este aspecto[59] y diversos críticos, al comentar el soneto, insisten en la caracterización del sueño, aquí, como una vía expresiva de la difícil esperanza de salvación histórica. Macrí señala que en algunos poemas de «Maremágnum», *«los elementos negativos quedan acolchados en una zona metapoética donde el poeta, siguiendo la huella de* **Cántico***, se abandona, con breve y fugaz hedonismo en contrapunto con el abismo, a la descripción de la metrópolis americana, de su terrible vida anónima, que fluye, colectiva, racional, especialmente nocturna. Es impresionante, por ejemplo, el sueño común de todos los cuerpos de Nueva York con el mismo sentido de deslizamiento camino hacia algo».*[60] Más allá de este comentario llega Prat, quien destaca que, en este caso, *«es un auténtico soñar —y dormir— a secas y en soledad. Es cierto que distingue la comunidad de los sueños «de muchos seres / Humanos, animales, vegetales», pero de nuevo la historicidad de este sueño pone como condición de la paz individual la paz colectiva. La conciencia no descansa, a pesar del «nocturno indulto» y de que, en la noche, «el dormido no es vil» (habría que formular esto último, prudentemente, como interrogación). No se parece el sueño a la muerte, es muerte. «Maremágnum» finaliza con un soneto quevedesco y una tregua brevísima entre dos luces que en el lenguaje abominable, quieren decir dos sombras».*[61]

A mi ver, el soneto busca expresar la única posible vía de salida a la crisis contemporánea a través del uso bivalente de sueño como acción de dormir y como deseo. La única alternativa es la aspiración a la paz, vocablo que se repite cuantro veces a lo largo del poema, una por estrofa. El escenario elegido es el adecuado, puesto que la metrópoli norteamericana es un inmenso microcosmos en cuyo interior una multitud se agita durante el día simbólico en medio de las fuerzas representadas en el poema por los conceptos «cólera», «vil», «mal». El poema plantea una cierta ambigüedad resultado de la concisión de la estrofa y de la abstracción de los conceptos que domina en todo el texto. Ni siquiera se alude a la ciudad, sólo una referencia a las «casas enormes». Todo el resto se mueve en un nivel semántico de imprecisión, que aumenta en el último verso, donde, como dice Prat, el sueño *es* muerte. El uso del hipértabon y de la anfibología complican aún más el sentido del poema que, como recuerda Casalduero, cierra el libro. En esa aparente dificultad radica la poética del texto, uno de los más hondamente barrocos de Guillén. El ritmo sintáctico se adecúa a las unidades estróficas, contenido durante todo el poema, solemne en el último verso. El primer cuarteto se inicia, con un registro de «voz hablada»[62] brusco: *«Aunque enormes las casas»*, que nos remite, saltando por encima del alegre y afirmativo poema anterior, «La partida de baile», al caos urbano de «Dolor tras dolor», en el que, de día, en medio del «gentío», de la «masa» urbana, una sirena se abre paso acercándonos a un accidente particular que se expresa como simbólico y universal sentimiento de dolor: «A toda la ciudad / Recorre por la entraña / De cimientos, olvidos, / Tinieblas, / Algo que escalofría, / *Común».*[63] Las casas de «Sueño común» tienen como referente más cercano la ciudad de este poema. El verso inicial del soneto alude a una ciudad de rascacielos como imagen de lo concreto, frente a la cual abultan más los sueños colectivos de la noche. Es la noche la que en principio infunde paz física a los durmientes: descanso, olvido, relajamiento muscular. El segundo cuarteto introduce otro elemento común a «Dolor tras dolor», el mal, que Guillén presenta precariamente alejado de quienes duermen —«el dormido no es vil»—. El dormir exige «nocturno indulto». Aquí, nocturno, en función de epíteto, limita el alcance del indulto a que se refiere, como tregua. Los tercetos se inician, desde el ritmo retardado al final del segundo cuarteto por la acotación, con una nueva acotación generalizadora.

Tras el verso once, que resume lo anterior, el poeta se dirige en segunda persona al conjunto unitario de los dormidos en una lenta y solemne imprecación en la que la aliteración completa el sentido de la reflexión final del poema y del libro: «Cuerpo tendido: todo en paz te mueres / Negando con tu noche tantos males, / Rumbo provisional hacia la nada». Al mismo tiempo, los tercetos introducen un sentido distinto de «sueño» y de «paz», abiertos ahora hacia la ambigüedad. Por un lado, podría pensarse que es la integración en el ritmo del planeta, en este caso el ritmo nocturno, la única que restituye «la paz tan deseada» a todos los seres, del vegetal al humano. Sin embargo, el último terceto añade una nota más grave, una oscura referencia quevedesca: el cuerpo tendido (la ciudad) descansa en la paz provisional del sueño que se representa, más que como «imagen» (Argensola) de la muerte, como «muerte» verdadera.

QUE VAN A DAR EN LA MAR

«Que van a dar en la mar», centro de *Clamor* y del primer *Aire nuestro,* es un libro elegíaco, de poesía contenida, reflexiva e introspectiva, aunque sigan presentes los temas de «Maremágnum» como fondo. En su aspecto principal de libro subjetivo y autobiográfico, nos presenta un modelo humano que es el protagonista de *Cántico.* No se da aquí la multiplicidad de voces de «Maremágnum» y, en menor medida, la de «A la altura de las circunstacias», excepto en las secciones alegóricas I y VII, ocupadas por los largos poemas «Lugar de Lázaro» y «Huerto de Melibea», con cuyo protagonista se identifica Guillén, a diferencia de lo que ocurre en el caso de los poemas extensos de «Maremágnum»: «Potencia de Pérez», «Luzbel desconcertado», «La hermosa y los excéntricos» y en el de los de «A la altura de las circunstancias», «Dimisión de Sancho» y «Las tentaciones de Antonio», aunque en éstos el narrador es también el de *Cántico.*

La única diferencia con el protagonista de *Cántico* estriba en que el de «Que van a dar en la mar» presenta más desarrollados los aspectos éticos de su personalidad biográfica, al insistir el poeta en el tema existencial.[64] El protagonista de «Maremágnum» se siente abrumado por agentes externos: la guerra, la opresión, el desorden. El de «Que van a dar en la mar», se siente limitado y derrotado por el tiempo y la muerte. La alternativa válida de «Maremágnum» a ese asedio de la Historia es la búsqueda del modelo natural de *Cántico.* La de «Que van a dar en la mar» se halla en la superación de lo puramente elegíaco, en la afirmación del amor frente a la muerte. Como dice Debicki *«Aunque aquí se acentúa la tragedia de la muerte, apunta a maneras de sobreponérsele. Amor y poesía surgen como modos de detener el tiempo y de preservar valores perecederos. La labor del artista creador ayuda a combatir el tiempo y a restablecer la afirmación que se había ofrecido en* **Cántico**.

Después de «Lugar de Lázaro», alegórico del acceso a una manriqueña «vida superior», la sección segunda introduce el tema central del libro, la propia existencia histórica y la ineludibilidad de la muerte. Destaca el punto de vista ético, sobre cuyos valores Guillén insiste en los poemas autobiográficos, que son la mayoría. En el conjunto de esta sección, los dos sonetos juegan también un papel de marco estructural, aunque vayan en tercer y en antepenúltimo lugar. Tanto los poemas (1) y (2), como el (20) y el (21), que quedan fuera de ese marco, sirven para marcar los momentos de comienzo y final de la jornada simbólica: el amanecer y la llegada de la noche, el ciclo diurno que divide cada sección —y, en los tréboles, cada subsección—. Tras el despertar, difícil y pesimista («Alba del cansado»), en que es necesario el esfuerzo reflexivo para que la maravilla del mundo del que participa el protagonista venza su sensación de cansancio y vejez aumentada por los malos sueños («Soñoliento despertar»), el poeta sintetiza en el primer soneto, «Del trascurso», lo que va a ser su reflexión existencial de la «jornada» segunda:

DEL TRASCURSO

Miro hacia atrás, hacia los años, lejos
Y se me ahonda tanta perspectiva
Que del confín apenas sigue viva
La vaga imagen sobre mis espejos.

Aun vuelan, sin embargo, los vencejos
En torno de unas torres, y allá arriba
Persiste mi niñez contemplativa.
Ya son buen vino mis viñedos viejos.

Fortuna adversa o próspera no auguro.
Por ahora me ahinco en mi presente,
Y aunque sé lo que sé, mi afán no taso.

Ante los ojos, mientras, el futuro
Se me adelgaza delicadamente,
Más difícil, más frágil, más escaso.[65]

86

El tono grave del poema, que se mantiene a lo largo de todos los que siguen, no impide la afirmación segura de la propia trayectoria vital. La vida va madurando y da sus frutos mejores en un presente al que el protagonista se aferra obstinadamente, sin cálculos de futuro. La línea que une todos los poemas de la sección es la del recuerdo del pasado y la contemplación del presente a la luz, ambos, de los valores personales, que han ido salvándose a lo largo de esa trayectoria hacia una vida «superior», de la que tomaba conciencia el simbólico Lázaro de la sección anterior:

> ... este Lázaro
> De esperanzas y de esfuerzos
> Que entre suspiro y suspiro
> Respira con un aliento
> Forzosamente apegado
> Sin opción al aire, dentro
> De una atmósfera con ríos,
> Y con montes y con brezos
> Y, —pareciéndose a mí—
> Con muchachos y con viejos
> Que saben resucitar
> Cada mañana (...)».[66]

Guillén reune en el poema la observación del pasado, del presente y del futuro. Al reunir las tres perspectivas lo que consigue es una reafirmación del hoy superando las nostalgias, huyendo de la melancolía y fortaleciéndose frente al incierto porvenir. Para expresar esa idea poética, elige el molde renacentista, más directamente petrarquista («Quand'io mi volgo indieto a mirar gli anni») que garcilasiano («Cuando me paro a contemplar mi estado»). El ritmo de las frases se adapta al lento avance de las estrofas. La primera de ellas sugiere la longevidad al señalar la profunda perspectiva del recuerdo. El segundo cuarteto concentra, en la valoración del presente a la luz de la continuidad del pasado, las únicas imágenes concretas (vencejos, torres, vino, viñedos) del soneto, también muy abstracto en su conjunto, y muy directo. Se concentra el tema en torno a la plenitud y al dominio guilleniano de su propio presente, y se organiza en el texto en forma de gradación (aún... perduran... ya son)[67] que cierra la primera mitad del soneto.

Así como hay una suave transición del pasado al presente, la transición del presente al futuro, que comienza en el verso 9, con léxico clasicista, se delimita mejor con el cambio de estrofa, y se trata con un ritmo más cortado. El hablante renuncia a estar a la expectativa, e insiste, en cambio, sobre la profundización en el presente: «me ahínco». El futuro, por lo demás, sólo puede producir temor y tristeza, que se expresan muy contenidamente, reforzando la organización sintáctica del segundo terceto, rematado por un magnífico endecasílabo trimembre, que nos vuelve a remitir a la sobriedad clasicista y se enlaza, por ello, con la alusión literaria del primer verso:

> «Ante los ojos, mientras, el futuro
> Se me adelgaza delicadamente,
> Más difícil, más frágil, más escaso».

Aunque todavía no estamos ante la elegía (*Q., IV*), ya se nos presenta el enfrentamiento a la muerte con pena pero con orgullo,[68] dentro de la línea iniciada en el *Cántico* de 1945 con la versión definitiva del soneto «Muerte a lo lejos»:

> ... Lo urgente es el maduro
> Fruto. La mano ya lo descorteza. (...)

> ... Y acatando el inminente
> Poder, diré sin lágrimas: embiste,
> Justa fatalidad. El muro cano
> Va a imponerme su ley, no su accidente»[69]

Este soneto es el germen de toda la variada poesía guilleniana de la existencia, que no se desprende nunca de los ideales horacianos de *Cántico* y que se modula con matices muy diversos a lo largo de todo *Aire nuestro*. Eso es lo que apreciamos en un libro tan grave como éste. La afirmación de la vida subyace en todos los poemas existenciales de la sección, en «Muerte y juventud», «A todo correr», «Muerte de la rosa», «Mar-Olvido», o «La tarde en la cima», cuyos versos finales están en estrecha relación con los de «Ya se alargan las tardes», de *Cántico*, (y que alcanzan hasta el poema «Ya se acortan las tardes», de *Final*):

> Los días,
> No acordes a esta luz de panorama,
> Se acortan
> Frente a mí. ¿No se ajustan
> Los latidos del mundo a mis latidos.
> Que en esta cima de la edad yo siento
> Cada vez más mortales, tras los años
> De esperanzas sin límites?[70]

«El descaminado», simétrico de «Del trascurso», es uno de los poemas característicos del insomnio en *Clamor*. En este soneto, de 1954, alude Guillén al soneto gongorino de 1594:

> *Descaminado, enfermo, peregrino*
> *en tenebrosa noche, con pie incierto*
> *la confusión pisando del desierto*
> *voces en vano dio, pasos sin tino.*[71]

En el insomnio, descrito a lo largo de los cuartetos, se le acude a la mente la imagen sonoro-visual del soneto de Góngora, que provoca, en los tercetos, la definición de su propio ideal de virtud y orden espiritual. El mal (histórico), la «parte», lo que le lleva, en el único terceto, a enunciar el deseo de plenitud, la coherencia y el ajuste de cuerpo y alma. Su «gran arte» es, también, el equilibrio ordinario, la luz humilde, menos altanera que la del maestro don Luis, pero más propia:

EL DESCAMINADO

> *¡Si pudiese dormir! Aún me extravío*
> *Por ese insomnio que se me rebela.*
> *No sé lo que detrás de la cancela*
> *Me ocurre en mi interior aun más sombrío.*
>
> *Dentro, confuso y torpe, me desvío*
> *De lo que el alma sobre todo anhela:*
> *Mantener encendida esa candela*
> *Propia sin cuya luz yo no soy mío.*
>
> *¡«Descaminado enfermo»! Peregrina*
> *Tras mi norma hacia un orden, tras mi polo*
> *De virtud va esta voz. El mal me parte.*
>
> *Quiero la luz humilde que ilumina*
> *Cuerpo y alma en un ser, en uno solo.*
> *Mi equilibrio ordinario es mi gran arte.*[72]

Sin duda, lo más importante del soneto —la referencia a Góngora me parece anecdótica— es la afirmación del último verso: «Mi equilibrio ordinario es mi gran arte». El protagonista se presenta como artista, estableciendo un paralelo con Góngora. Pero lo que le interesa destacar es que lo que para éste era «gran arte» tiene poco que ver con los ideales vitales y literarios de Jorge Guillén. Dejando aparte que el arte guilleniano sea de los mayores de la literatura española de todos los tiempos, lo que hay que advertir aquí en la palabra de Guillén es, no ya la humildad, bien conocida, sino la voluntad de contrastar literatura y vida. Se trata de buscar permanentemente la «luz humilde que ilumina cuerpo y alma en un ser»: el equilibrio ordinario. Ordinario en su sentido de orden, de cotidiano, de no excepcional. Así, el contraste «ordinario / gran arte» que crean los adjetivos, es el mejor logro expresivo del soneto, cuyo estilo busca el contraste entre el grandilocuente de inspiración gongorina y el corriente y cotidiano propio de esa etapa de la poesía guilleniana:[73] la «cancela», la «candela propia». La lucha entre la conciencia y las fuerzas desconocidas de la angustia en el inconsciente («Dentro, confuso y torpe, me desvío»; introversión, opuesta a la «salida al camino» de Góngora) da relevancia al valor existencial de su objetivo ético: la personal «norma hacia un orden».

Hay constancia del esfuerzo cotidiano en este poema de las postrimerías de la sección. A lo largo de los poemas enmarcados por los dos sonetos se nos ha dado a conocer una gran parte de los motivos concretos de esa inquietud y angustia (paso del tiempo, cansancio, vecindad de la muerte, caducidad de los seres, olvido) a que se alude vagamente en ese estado de insomnio que se salva con la evocación concreta de un poema de Góngora y que, como ya demostró Dámaso Alonso[74] contiene una dimensión, un sentido general, sobre el valor salvador del individuo que puede tener el arte. El soneto cierra, así, en tensión y relación estructural con el soneto anterior y concentrando, como aquel, todos los contenidos de la sección, esta parte de «Que van a dar en la mar», y desarrolla con amplitud y por primera vez en la obra guilleniana, con variedad de incidentes y motivos anecdóticos (muerte de la rosa, la Venus de Itálica...), el tema global del paso del tiempo. Los dos sonetos de esta sección están en primera persona, y en un tono reflexivo, como hemos visto. En ambos casos, como era frecuente también en los sonetos de «Maremágnum», hay escasez de imágenes concretas y un nivel de abstracción simbólica e intelectual muy elevado. El soneto «El descaminado», que se inicia con una exclamación emotiva, desarrolla el movimiento del espíritu desde el desorden del desaliento al progresivo redescubrimiento, a la vez emotivo y racional de la norma propia, del objeto de la poesía: el segundo terceto, tras el relativo desorden anterior, establece en síntesis equilibrada los objetivos vitales y artísticos de Guillén.

La sección IV de «Que van a dar en la mar», es un «cancionero amoroso a la memoria»[75] de su primera mujer, muerta en 1947 y, como se ha visto, constituye el centro de «Que van a dar en la mar», de *Clamor* y del *Aire nuestro* de 1968. Los poemas de esta sección son un impresionante conjunto en el que el poeta alcanza la «salvación de la primavera» de la felicidad pasada. Impresionante, sobre todo, por la serenidad, la sencillez y la hondura con que el presente, solitario, («¡Ah! / Me afecta al despertar / El vacío de blancura / Que se extiende en tu lugar»[76]) se manifiesta enriquecido por la presencia viva y vivificadora del pasado:

> *El alba sobre la almohada.*
> *Así empieza el nuevo día*
> *Para que tu amor me invada»*[77]

La estructura de esta sección fue analizada en sus aspectos principales por Ignacio Prat, quien señalaba que Guillén consigue en ella superar los límites impuestos por la estructura temporal de la perspectiva elegíaca de conflictiva integración en la «filosofía» guilleniana del tiempo, «*exigencia del autor de* **Cántico** *de permanecer a toda costa en el «aire nuestro», en la realidad común a los seres vivos y de no mezclar arbitrariamente, en ningún momento, vida con muerte bajo totalizadores tan reales como la luz del sol y la atmósfera iluminada y visible».*[78] Mostraba también cómo hay en la sección un eje central, constituído por los tréboles (11) centrales y flanqueado por dos poemas de idéntico título («El amor y la música») y ciertas diferencias en las leves alusiones que los relacionan con el tema principal. Estos poemas pueden considerarse «interiores» de la misma forma que los poemas extremos pueden considerarse «exteriores», particularmente los últimos, de tipo resolutivo, donde se consigue superar los límites de la elegía e integrar la presencia enriquecedora del pasado junto a la amada en el presente inmediato al que remiten. Si, como mantiene Prat, la sección tiene una organización argumental, con un principio («Hacia...») y un final («Conmigo»), que son los narrados por los poemas exteriores, yo creo que los sonetos, «Rosa estrellada» y «Entonces», circundan la parte interior sirviendo de puerta entre la sección central (poemas 8-14) y los poemas más alusivos al principio y al final de la historia de amor. En efecto, los primeros seis textos aluden, con los verbos de los núcleos en pasado, a los días del encuentro. En algún caso se dan tiempos verbales en presente para marcar la distancia cronológica y la actitud elegíaca:

«Hoy que nuestra doble vida
Ya es un sólo río impar.
No hay poder que lo divida
Antes de rendirse al mar».[79]

Los textos 5 y 6, compuestos por nueve tréboles cada uno, abarcan dos ciclos diurnos en los que desde el presente se evocan vivencias del pasado y se afirma la plenitud lograda y definitiva. «Rosa estrellada» resume, en los moldes del soneto, los contenidos anteriores, como hemos visto en otros casos:

ROSA ESTRELLADA

Mi libertad buscaba su destino
Por el caos peor del mal artista,
Y creyendo entrever mi propia pista
Vagaba aún sin inventar camino.

De pronto, suerte, sin milagro advino
Como una aparición, y fue prevista
Sin ningún titubeo la conquista
De un orbe tan oculto al adivino.

La suerte nos trabó con tanta fuerza
Que nuestras vidas, libres siempre y juntas,
Siguieron rumbo cada vez más claro.

Sólo destino al fin. No hay quien lo tuerza.
La rosa de los vientos da las puntas
De mi estrella contigo: nuestro faro

Es uno de los mejores ejemplos de elaboración artística y de elevación a experiencia humana y estética general de una historia particular, de un acontecimiento privado de Guillén, como ha mostrado Debicki.[80] Es una síntesis muy trabajada, con perfecta gradación de los aspectos temporales, de los motivos de todos los poemas anteriores. La elevación artística se consigue, además de con el uso de símbolos arquetípicos (estrella, rosa de los vientos, faro), mediante la selección cuidadosa del resto de las palabras. El mismo título ya es una bella imagen de la amada. Con la sola excepción de «artista», todos los conceptos son abstractos y remiten a una esfera semántica de creación superior excepcional y azarosa, de hallazgo definitivo y orientador de toda una trayectoria vital. La historia que se narra, personalizada en el narrador y en la amada («Mi libertad», «mi propia pista», «nos trabó», «nuestras vidas», «mi estrella *contigo*», «*nuestro* faro»; obsérvese el paso al plural a partir del segundo tiempo representado por los tercetos), se expresa con conceptos generales que lo que comunican es una experiencia amorosa y creativa idealizada y generalizada, enfocada destacando los aspectos artísticos. La estructura del poema es cerrada y se consigue mediante la repetición en los versos 1 y 12 de la palabra «destino». Pese a la estructura cerrada, sin embargo, el poeta consigue mostrar el paso del desorden al orden, o el acceso a una vía firme y segura. Como vemos, en un homenaje a la esposa como es esta sección, el primero de los sonetos sitúa el primero de los polos de la reflexión sobre la historia de la relación amorosa terminada por la muerte. Se repiten a lo largo del poema los conceptos de camino y búsqueda, diseminados: «buscar», «pista», «camino», «orbe», «rumbo», «rosa de los vientos», «estrella» [guía y fortuna], «faro». Se simboliza durante el tiempo del discurso, por medio de estas imágenes, un destino humano particular pero universalizado. Resume, pues, sirviendo de pórtico a los siete poemas centrales, los textos anteriores de los que se han recogido los conceptos fundamentales de «juventud descaminada» y de «destino»:

> *Fue por aquí mi juventud*
> *Ignorante de su destino,*
> *A encontrar la nueva salud (...)*
> *(...) Musa tú que fuiste mi hazaña,*
> *Mi sempiterna realidad.*[81]

> *«Mi destino es mi elemento.*
> *¿Lo quisieron las estrellas.*
> *Lo armonizaba algún dios?»*[82]

> *... El esbozo*
> *De un ser en juventud, en malestar;*
> *En un avance torpísimo*
> *De anhelos*
> *Todavía sin meta».*[83]

Así, situado al final del primer tercio de la sección, el soneto confronta definitivamente los dos tiempos: el recuerdo del encuentro y la afirmación del presente, enriquecido por una larga trayectoria de unión, con rumbo definitivo:

> *«La rosa de los vientos da las puntas*
> *De mi estrella contigo: nuestro faro»*

Se acumulan hacia el final del poema los conceptos simbólicos, reforzándose así la carga generalizadora.

Los textos «interiores» se sitúan entre los dos sonetos. Todos ellos plantean el tema de la muerte de la amada («Más acá») en una paradójica utilización inversa del «Más allá» de *Cántico*. El recuerdo redime al protagonista de la «existencia miserable y turbia» y le conduce «hasta cimas / De comunicación conmovedora / Donde soy residente enamorado».[84] En todos los textos el recuerdo del pasado pleno de la relación amorosa se transfigura en vivencia plena —humana y artística— del solitario presente. Son los dos poemas simétricos «El amor y la música», los más elaborados del conjunto,[85] los que recogen leves alusiones a vivencias concretas, de la mano de piezas musicales, tan importantes siempre en la inspiración de Guillén. La lectura de los textos nos sitúa en la clave simbólica del poeta, en la que la música de Debussy y de Bach sirve de vehículo para transmitir una visión de la armonía existencial que, aun ajena a «nuestro mundo de ruido», «los corazones hiende».[86]

El soneto «Entonces», al que no se refiere Prat al desarrollar su interpretación de la estructura de la elegía, es el poema que mejor muestra la superación del pasado por el presente gracias a la superación de la actitud nostálgica por la superposición del sentimiento de continuidad de los efectos de ese amor. En la organización que establece Prat yo veo este soneto como el límite que separa la anécdota biográfica, lo elegíaco, de la alternativa vitalista y luminosa de resonancias universales:

ENTONCES

Fue real, y por eso amor supremo,
Entonces, plena luz, no sólo ahora
Gracias a infiel y purificadora
Visión. Verdad exhumo. No la temo.

Entonces sí llegamos al extremo
De primaveras fértiles de flora
Que nos doraba el sol. Sin fin la dora.
Permanece el ardor. En él me quemo.

Ardimos. Nuestro fuego, cotidiano,
Duraba humildemente como brasa
De hogar sin presunción de gallardía.

Evidencia de espíritu en la mano:
Sólo reinaba lo que nunca pasa,
La Creación a luz nos sometía.[87]

Sólidamente instalado en un presente que es más el de
Cántico que el de *Clamor,* Guillén muestra desde la afirmación que abre el primer verso del poema que es consciente
del conflicto, señalado luego por Prat, entre la elegía canónica
y el principio estético esencial de su poesía, cuya temporalidad preferida es el presente, a la vez exponente de vivencias
inmediatas y arquetipo constante, alternativo a la Historia que
provoca los claroscuros de *Cántico* y de *Clamor.* Niega Guillén
que sea la añoranza y el recuerdo de la felicidad pasada y aca-
bada por la muerte de la amada lo que trae, falsificada, la expresión de la plenitud. El título mismo del soneto delimita el
tiempo pasado, acotándolo y distinguiéndolo del presente en
que se escribe el soneto. En su estructura la atención la ocupa
preferentemente la evocación: los dos cuartetos se organizan
paralelamente respecto a los tiempos verbales. Se inician evocando los máximos logros de la relación amorosa de la pareja
(VV. 1-2 y 5-7) y se confrontan a la valoración presente. El
primer cuarteto niega que la actitud elegíaca falsifique el recuerdo, sublimándolo, y a la vez afirma que si eso es posible
se debe precisamente a que «fue real». Aquí la palabra «real»
remite a la compleja significación que Guillén ha ido elaborando desde los primeros poemas de *Cántico,* una realidad que,
como dice en el verso 2, es «plena luz».[88] La preocupación
central del poeta en el poema es la de que se le imponga en
la expresión una imagen falsa. Por ello, el primer paso que
da al elaborar el soneto es el de expresar la negación de cualquier posibilidad de manipulación del recuerdo. Una vez afir-
mada la vivencia plena de un amor real, puede volver a em-
pezar el poema. Lo hace, en el segundo cuarteto, utilizando
la palabra «entonces», que es la que figura en el título. Una
vez resuelto el conflicto teórico dentro del poema, ya es posible describir con las imágenes adecuadas (primavera, que remite a «Salvación de la primavera», de *Cántico*») la esencia
de aquel amor. El segundo cuarteto desarrolla su continuidad.
Destaca, además, la gradación de los conceptos que se utilizan. Aquella realidad fue extrema primavera fértil, dorada por
el sol, que preside, como siempre, el universo poético. Lo que
en el pasado se describe como acción de «dorar», se repite en
presente: «Sin fin la dora». A continuación Guillén insiste en

la continuidad, aumentando un grado aquella acción de dorar: «Permanece el ardor». Finalmente, con mayor concisión aún, que favorece la intensidad, se insiste en la duración de aquel ardor, manifestado con resonancias místicas. En efecto, se trata de una llama de amor viva, a lo profano: «En él me quemo». La concisión de las oraciones finales de cada cuarteto tiende a evitar toda complicación ornamental, creando un ritmo más marcado y consiguiendo, con ello, mayor profundidad.

Los dos tercetos vuelven de nuevo hacia el pasado. Una vez marcados los deslindes del sentido elegíaco de la sección, ya no hay más que afirmar la presencia, en un tiempo abstracto («Sólo reinaba lo que nunca pasa»), de una pasión humana, perecedera pero integrada en el ritmo del universo: «La Creación a luz nos sometía». Pasada la confrontación de aquella realidad con el presente, el tiempo de los tercetos tiene un aspecto durativo, acorde con la delectación del hablante al rememorar aquel entonces, un «más allá» familiar.[89] Andrew Debicki captó el sentido del soneto en el conjunto de «Que van a dar en la mar», y señaló la integración de la historia amorosa particular en la armonía esencial del mundo, elevándose con ello los amantes por encima de las limitaciones de su tiempo histórico,[90] proceso que sólo puede ser evocado y descrito mediante imágenes espiritualizadoras, como decía más arriba, que no son contradictorias con el realismo guilleniano («Fue real»), pues se trata, como apuntan Debicki y MacCurdy, de una generalización de lo individual para destacar el valor de la convivencia real del «entonces», y también de la inspiración vital que se extiende, por encima del tiempo, en un presente continuo.[91]

Los poemas restantes de la sección constituyen, como dice Prat, «una superación optimista»: «El ser amado vive en formas propias que continúan actuando en el presente del protagonista vivo (con cuerpo), en su sentir».[92] El segundo soneto ha servido de pórtico a la elegía original y definitiva, y su función estructural, junto con la de «Rosa estrellada» es decisiva en la configuración del conjunto de la sección. Ya desde los tréboles del grupo (16) nos hallamos en una fase distinta, no exenta de dolor y de nostalgia (tréboles centrales: 3, 4 y 5) pero en la que la vivencia pasada de la presencia de Germaine se trasciende y dura: «Me encumbra toda nuestra historia».[93] Poemas como «Aquel instante», «Culminación» o «Conmigo», recogen las experiencias y el valor del pasado, que se dinamizan en un presente pleno. El poeta deja hablar al héroe:

«Sobre el desierto confuso
De este vivir se levanta
La torre que amor dispuso
De la veleta a la planta».[94]

Después de la unidad elegíaca de la sección IV, la sección siguiente integra temas diversos (experiencia cotidiana, afirmación frente al paso del tiempo, integración en el cosmos, familia, sátira política, naturaleza, fauna y flora) y, al mismo tiempo, se reduce la variedad del repertorio métrico: tres series de tréboles, inicial, central y final, y décimas varias (libres, clásicas, asonantes de 8 y 9 sílabas). La sección VI presenta, en igual medida que la II, una reflexión existencial ambivalente frente a la labor destructora del tiempo. En efecto, de los veinte poemas de que consta, una parte («Cumpleaños», «La memoria quisiera», «Cualquier día», «Sobrevivir», «Mar en brega», «Por de pronto», «Figuraciones», «Hotel de ambos mundos») tratan en claroscuro el tema de la propia muerte, de la misma forma que se había planteado, por ejemplo, en el poema «Muerte a lo lejos». Otros poemas de esta sección, entre los que destacan «Ciervos sobre una pared», «Patio de San Gregorio», «La Venus de Itálica» y «Perspectivas con fuentes», contribuyen a dar al libro un tono de existencialismo positivo a través de la afirmación de la naturaleza y la supremacía de su ritmo, al que se subordina el del conjunto de los seres.

Los sonetos no tienen aquí una función estructuradora clara, aparte de su papel de distribuir los poemas en tres partes iguales. Sí hay que destacar que en ambos sonetos se recogen y se sintetizan los dos temas principales de la sección y de «Que van a dar en la mar»: la consideración del paso del tiempo y de la condición precaria del recuerdo, y la lucha cotidiana por el vivir, contra todo desaliento, por el mismo valor de la vida, tema éste que se repite en otros textos de «A la altura de las circunstancias», como el soneto «Ars vivendi».

«La memoria quisiera», de larga elaboración, como muchos poemas guillenianos,[95] adopta el punto de vista colectivo, y por ello generalizador, y constituye una lucubración acerca de la dialéctica memoria-olvido, de la que muy pocos restos del pasado se salvan y permanecen, aunque sea precariamente y en los límites de lo humano:

LA MEMORIA QUISIERA...

La memoria quisiera con sus redes
Salvarnos eso que se nos escapa,
Casi deshecho por continua zapa,
Abismo abajo, pútridas paredes.

Todo se descompone. Tú no puedes,
Memoria infiel, guardar tras esa capa
De mendigo tus joyas, y en un mapa
De remiendos concluyen tus mercedes.

Algo flota, por fin, contra el olvido
Que sin cesar rehace su marea
Con su reiteración de rollo lento.

En la orilla se yergue un conmovido
Náufrago de alta mar. Dice, jadea,
Algo evoca su voz. Si fue, ya es cuento.[96]

Los cuartetos avanzan con ritmo creciente intensificando la expresión de un quevedesco pesimismo. La humanización, tan característica de la metáfora en Guillén,[97] sirve de base al patetismo del soneto en este comienzo: la memoria, como un pescador con redes inútiles, no puede retener lo que la vida ha ido otorgando al hombre de más valioso, lo que se metaforiza en «sus joyas», que «se escapa / Casi deshecho por continua zapa, / Abismo abajo, pútridas paredes». En los tercetos se particulariza, como leve pero positiva manifestación de la esperanza, el salvamento de unos pocos recuerdos de vivencias, que se humanizan también en la metáfora de «un conmovido / náufrago de alta mar», que puede relacionarse con el poema anterior, en el que se desarrolla la evocación de la propia infancia («Patio de San Gregorio»), cuando, «Visible, apenas, la Historia»,[98] el tiempo no existía y del «mundo noble» se podía presentir que era «¡Posible su advenimiento!».

La imagen manriqueña del mar, elemento simbólico recurrente en el libro desde su mismo título, sirve para identificar, por un lado, «muerte» con «olvido», y, por otro, para desarrollar el tema de la constante destrucción del tiempo y del olvido, «que sin cesar rehace su marea / Con su reiteración de rollo lento». Lo mismo sucede en el siguiente soneto, como veremos.

El conjunto de léxico utilizado por Guillén en el poema hace pensar, por su variedad, que busca reflejar el caótico mar de la memoria, que va sumiendo en el abismo del olvido un cúmulo diverso de recuerdos de seres, cosas, hechos y vivencias. En efecto, a lo largo del soneto aparecen imágenes muy diversas: las redes, la zapa, el abismo, las pútridas paredes, capa de mendigo, joyas, mapa de remiendos. Es en los cuartetos donde se da esa acumulación de referencias variadas, sin más alusión al mar que la que subyace indirectamente en la metáfora de la memoria como «[pescador] — redes». Con tal variedad se alude implícitamente al abigarrado conjunto de lo que el pasado borra de nuestra memoria. La rima juega un papel importante en la creación de estas imágenes de la diversidad: «zapa», «capa», «mapa», con lo que se hace patente una vez más el uso enriquecedor del verso rimado en Guillén.

La humanización de la memoria en los cuartetos se consigue mediante el uso metafórico de «querer», reiterado en el título y en el primer verso, en subjuntivo, y también mediante el uso, en el segundo cuarteto, de la apóstrofe. La segunda persona intensifica el efecto de humanización de la memoria, cuyo tratamiento ahora es de escepticismo y crítica: «tú no puedes», «memoria infiel», «capa de mendigo».

Los tercetos cambian la dirección del poema. Se introduce directamente la imagen del mar, continuada ahora durante los seis versos con léxico abundante: «flotar», «marea», «orilla», «náufrago», «alta mar». El primer terceto presenta ambiguamente («algo flota») la posibilidad de rescatar una parte de los recuerdos. El olvido se describe con una larga imagen redundante en la idea de repetición: «sin cesar», «rehace», «marea», «reiteración», «rollo lento». Todas las palabras del terceto abundan en la idea de repetición lenta. El olvido, que, en última instancia, es negación, destrucción, ausencia, vacío, es presentado, así, en negativo, como construcción, presencia reiterada, sin fin, aumentando el efecto obsesivo. El segundo terceto desarrolla la idea primera del anterior: ese «algo» se concreta simbólicamete como un «conmovido náufrago», imagen — veneciana— de una realidad antigua, particular pero generalizada, evocada por el espacio concreto que contempla el poeta y que, al ser rescatada, comunica una idea general y se comunica a sí misma, objetiva. De ahí los verbos de dicción, que son los únicos de los versos finales: dice, jadea, su voz evoca. No hay mayor explicitación en este soneto cuya anécdota de base se mantiene oculta, como sucede a menudo en los poemas de Jorge Guillén, explicitándose una ambigüedad simbólica verbal y temática. El primer verso de los tercetos y el último empiezan con una expresión indefinida: «Algo flota», «Algo evoca».

Entre «La memoria quisiera» y «Mar en brega» encontramos una serie de poemas en los que el tema de la muerte y el paso del tiempo se tratan con tono arrogante y optimismo, pese a la certeza del final humano. En «Cualquier día» el poeta expresa la imagen de la muerte irrumpiendo en la cotidianidad de un día, frente a cuya eventualidad no presenta ni resistencia ni pugna: «*Todo queda sin misterioso / Con profundidad tan remota / Que ni aguardo como un acoso - Tal incógnita. No hay derrota*».[99] *Tan sólo, como en otros textos, pena por dejar su centro propio de luz y de vida: «Lástima que se nos prohiba / La luz desde un día cualquiera*».[100]

Los poemas de la sección se relacionan simétricamente, en métrica y extensión aproximada, y se corresponden sobre todo los que encierran los dos sonetos. A «Cualquier día» corresponde «Sobrevivir», el anterior a «Mar en brega». En él Guillén vuelve a expresar la cercanía de la muerte, con mayor amargura. «*Nos es de mi sol la luz actual / Ni me penetran sus destellos. / A la vida le falta sal. / Voy muriéndome ya con ellos*».[101] Entre estos poemas se disponen cuatro más, temáticamente simétricos: el (9) y el (12) se centran en dos animales, uno aéreo y otro de las profundidades marinas. En «Vuelo», el poeta describe, con imágenes que trascienden la visión concreta de la gaviota, su vuelo dominando el éter luminoso y el espacio, como metáfora de la vida[102] en su manifestación más depurada: «*Las alas se abandonan / A claridad, a fondo transparente / Por donde el vuelo, sin acción las alas, Subsiste, / Se entrega a su placer, a su caer, / Se sume en su pasar, / Puro instante de vida*».[103] «Estrella de mar» es también una contemplación trascendente del animal, cuya forma sirve al poeta para recuperar las imágenes geométricas de la perfección, metáforas también de la vida, que se elevan a la categoría de lo general: «*Una oruga / Que fuese planta ya animal o estrella / De océanos, de cielos, de boscajes, / Mínima estrella donde se entrelazan / Los hilos / De creaciones y de creaciones / Flexibles / En trama universal*».[104]

Los dos poemas centrales, más extensos, son «La Venus de Itálica» y «Perspectivas con fuentes». En el primero, sobre la reciente recuperación de la Venus, Guillén rinde homenaje a la belleza antigua, de la que es signo la estatua, y a su permanencia en el tiempo, a su transgresión de la historia, que permite una contemplación afirmativa frente al paso del tiempo. «Perspectivas con fuentes» es un canto a la naturaleza, que prevalece sobre el hombre y las obras de los hombres: esos bellos jardines de pasadas épocas *(«Recinto / Del varón victo-rioso / Entre sus invenciones / Que van creando Tierra / Y nun-ca Paraiso. / Nada más este ensayo / De concierto presente»).* El jardín, en definitiva, es fugaz como la mano de sus creado-res: *«... su término / Fugaz / Con las hojas, los días, el jar-dín, / Con nosotros, atónitos / Amantes».*[105]

En «Mar en brega», el poeta vuelve al paso destructor del tiempo a través de la imagen del movimiento marino. El pun-to de partida es —de nuevo la intertextualidad— la observa-ción del perpetuo cambio del mar («la mer, la mer toujours recommencée») que alcanza dimensiones simbólicas con el re-curso de la humanización:

MAR EN BREGA

Otra vez te contemplo, mar en brega
Sin pausa de oleaje ni de espuma,
Y otra vez tu espectáculo me abruma
Con esa valentía siempre ciega.

Bramas, y tu sentido se me niega,
Y ya ante el horizonte se me esfuma
Tu inmensidad, y en una paz o suma
De forma no termina tu refriega.

Corren los años, y tu azul, tu verde
Sucesivos persisten siempre mozos
A través de su innúmera mudanza.

Soy yo quien con el tiempo juega y pierde,
Náufrago casi entre los alborozos
De este oleaje en que mi vida avanza.[106]

El barroco náufrago[107] no aparece hasta el último terce-to, elaboración final que juega con la ventaja de los once ver-sos descriptivos anteriores. El yo que inicia el discurso con una claúsula iterativa, como es también frecuente en Guillén, con-juga su cúmulo de experiencias anteriores con la constatación de la juventud que perdura en el mar y del gozo natural que el observador experimenta ante su espectáculo siempre reno-vado y siempre fiel a sí mismo. Todos los predicados referen-tes al mar repiten, igual que en «La memoria quisiera», pero con otro dinamismo y otro sentido, la idea de movimiento perpetuo: «mar en brega», «sin pausa de oleaje ni de espuma«, «valentía siempre ciega», «bramas», «en paz o suma de forma no termina su refriega», «innúmera mudanza», «este oleaje». El discurso también se vuelve agitado, en armonía imitativa, al introducir esas «y» que, en número de seis, se distribuyen por el poema, concentrándose cuatro de ellas en los cuartetos. Esa descripción es rica en sensaciones visuales y auditivas: «te contemplo», «espuma», «se me esfuma», «suma de forma», «azul», «verde», «bramas».

Los cuartetos avanzan con ritmo lento (una frase cada uno) y modulan una descripción del movimiento marino que va cobrando carácter simbólico al llegar a los tercetos: ese movimiento simbólico del mar se compara a la variedad de la vida, en que el hablante se imagina como «naúfrago casi». Los tercetos, sin embargo, destacan lo que permanece a pesar del movimiento: «Corren los años, y tu azul, tu verde / Sucesivos, persisten siempre mozos / A través de su innúmera mudanza». El verso central, «Sucesivos persisten siempre mozos» concentra el sentido positivo básico de la imagen y de la reflexión vital del poeta. En los cuartetos la fuerza del mar se impone al hablante como espectáculo («tu espectáculo me abruma»). El último terceto introduce la reflexión sobre el propio hablante, que da las dimensiones exactas del poema: los «alborozos de este oleaje en que mi vida avanza» limitan y reducen el dramatismo del verso 12: «Soy yo quien con el tiempo juega y pierde». La aposición «naúfrago casi» también permite captar que el sentimiento de derrota es inevitable, pero menos terrible de lo que resulta para otros poetas, como el Quevedo al que se remite a menudo la intertextualidad de *Aire Nuestro*:

> *Me moriré, lo se, Quevedo insoportable,*
> *No me tiendas eléctrico tu cable.*
> *Amé, gocé, sufrí, compuse. Más no pido.*
> *En suma: que me quiten lo vivido».*[108]

A diferencia del soneto anterior, el mar no se utiliza en «Mar en brega» como metáfora del olvido, ni sigue el simbolismo manriqueño mar-muerte, sino que se individualiza como sinécdoque de la naturaleza, en medio de la cual el hablante se siente gozoso de estar vivo. Tema reiterado en múltiples modulaciones a lo largo de toda la obra poética, la afirmación del vivir no desaparece ni en los momentos más oscuros de «Maremágnum» y, como puede verse, forma parte esencial de la médula de *Clamor,* reiterado periódicamente en cada sección de cada libro, con facetas distintas.

En el conjunto de «Que van a dar en la mar», los sonetos de las secciones II y VI tienen una relación estilística muy estrecha, basada en su clasicismo de fondo. «Del trascurso» y «El descaminado», enlazando con Petrarca y Góngora, y «la memoria quisiera» y «Mar en brega», con la imagen clasicista del náufrago (que se repite en «A pique»). Desde el punto de vista del vitalismo, aparecen los motivos del olvido, la muerte y la destrucción implacable del tiempo, temas centrales del libro que, junto con el amoroso que da forma a la elegía de la sección IV, se resuelven en una elaborada y profunda reafirmación de la naturaleza, el amor y el presente («le bel aujourd'hui»), enlazando ya, en el terreno de lo individual, con la actitud afirmativa del último *Cántico.* El libro siguiente aborda, para una transformación semejante, los temas del mundo externo, de la sociedad y de la historia.

A LA ALTURA DE LAS CIRCUNSTANCIAS

A la altura de las circunstancias reintroduce en *Clamor* la variedad de voces y de temas de *Maremágnum,* y lo que Casalduero llama la «agitación» del ritmo poético.[109] Se equilibra, así, el conjunto y se da solución estética y humana a los problemas planteados en el primer libro. Si *Maremágnum* significaba la entrada en su poesía del desorden y del caos humano, en *A la altura de la circunstancias* Guillén insiste en su proyecto de asunción de la esencia humana, de estar «a la altura de las circunstancias», aceptando la vida y su elevado precio, y propone una forma personal de salvación[110] que consiste en «ser varón generoso», estar, ser, respirar, integrarse en la naturaleza. En los dos primeros libros de *Clamor* Guillén analiza su propia realidad vital y la realidad histórica y social, con un espíritu y una actividad que son las del hombre ingenuo de *Cántico,* lo que provoca un choque brutal con esa realidad propia y ajena, el asombro, el dolor, la denuncia, la sátira y la consideración existencialista de la vida. En el tercer libro nos encontramos, como superación provisional de la crisis, con la insistencia en la «altura humana», como señala Debicki.[111] El poeta reconstruye principios auténticos e historia auténtica, ampliando, por lo tanto, los márgenes del universo de *Cántico,* no en extensión, sino en profundidad humana. Cada individuo puede a partir de entonces tener cabida en ese mundo como parte integrante de la naturaleza y, como dice MacCurdy, debe aceptar y cultivar la relación existencial con el mundo.[112]

Cuando Guillén comentaba el libro, todavía inédito,[113] sus intenciones estaban muy claramente establecidas: *«Es signo de una posición muy afirmativa, y debe entenderse como una especie de imperativo ético. Hay que estar «a la altura de las circunstancias». No es posible abandonarse al apocalipsis, al derrotismo, a una final anulación. La vida, la continuidad de la vida tiene que afirmarse a través de todas esas experiencias y dificultades. Por eso, aquí, en este libro, se presenta más bien la condición general del hombre, porque la realización del hombre es la meta a la que todos nuestros esfuerzos deben tender. Nosotros no somos más que una tentativa hacia una plenitud propiamente humana. No se propone aquí ninguna otra trascendencia. El horizonte de esta poesía antes y ahora es un modesto horizonte siempre terrestre y siempre humano».*

Ese valor ético primordial lo advertimos en la variedad de temas del libro: personajes y seres diversos, vivencias, paisajes, obras humanas, referencias a textos clásicos, etc. El poeta los utiliza como materiales básicos para la reconstrucción de su mundo poético y humanista. Ese es, además, el mensaje de los dos impresionantes poemas extensos del libro. «Dimisión de Sancho», que constituye la sección II, y «Las tentaciones de Antonio», que constituye la IV. En el primero, Guillén propone como apólogo de la autenticidad que restaura el *orden* moral, la cervantina dimisión de Sancho como gobernador:

> *«El universo entonces,*
> *O la divinidad,*
> *Traza en torno el gran círculo perenne.*
> *Conmovedor instante.*
> *La criatura acepta:*
> *Humilde criatura.*
> *Maravilla rarísima*
> *De la humildad. ¡Oh Sancho!».[114]*

«Las tentaciones de Antonio», por otra parte, reinterpretan la biografía del varón ejemplar, colocándose lo humano a igual distancia de las tentaciones de lo animal y de la «desencarnación», como señala Ivask.[115]

> ... *resumen de una tentativa*
> *No acabada jamás: el casi logro*
> *De esa persona que ese bulto anuncia.*
> *La vocación no alude a descarríos*
> *Diabólicos ni angélicos, Antonio*
> *Sueña a diario con su fin: el hombre».*[116]

Como libro abierto a la realidad histórica, *A la altura de las circunstancias* no plantea la afirmación esencialmente ética del hombre mirando sólo hacia el pasado y utilizando tópicos culturales, sino que además se abre, como se abría *Maremágnum*, a la realidad presente, de la que aporta, además de referencias negativas (la amenaza atómica, el desorden social, el asesinato político, su propio alejamiento de la patria), observaciones concretas de las que se concluye una y otra vez la afirmación existencial y el deseo de llegar a ser más hombre: la afirmación de la lengua española y de la patria en «Despertar español» («Queremos un paisaje con historia»[117]); la naturaleza observada y meditada en «Forma en torno», «Los iris»; referencias familiares en «Más creación»; la afirmación humana de Anna Franck; el diálogo con el lector en «Nada más», etc.[118]

La simetría en la distribución de los sonetos, como hemos visto, se mantiene en los cuatro de este libro, y se relaciona con la disposición de los cuatro de *Maremágnum*, cerrando armónicamente *Clamor*. La sección I se abre y cierra con sonetos, como en la sección V de *Maremágnum*. El primero, «A pique», introduce cierto apartamiento de la forma regular de los demás sonetos de *Clamor* y de *Cántico*,[119] al rimar los tercetos con palabras agudas y esdrújulas. El alcance del fenómeno no excede a la adecuación de forma expresiva y contenido. En este aspecto cabe interpretar también la patente hipermetría que abunda en los cuartetos y reproduce el movimiento desordenado del naufragio que se describe:

A PIQUE

Ratas son, ratas del perdido barco,
Todavía vivientes en deshechos
Mástiles y tablones. Ya los pechos
De la tripulación no son el arco

Que flecha impulsos hacia el día (Zarco
Fue también con la espuma por los techos

Del Tiépolo estival). ¡Ya tan estrechos
Los alientos que otorga aquel gran marco!

Contra las ratas más y más el agua
Lanza sus rabias, su oleaje indómito.
Amanece entre blancos de terror

La luz de un mal que tanta muerte fragua:
Ratas a un sol de cólera y de vómito.
¡Ay, ni clamar podrán a su Señor!.[120]

La ambigüedad del poema ha llevado a un crítico de la categoría de Macrí a establecer una interpretación simbolista, relacionada con la poesía de Rimbaud, que se opone a la lectura que le explicaba el poeta en una carta: «*Las ratas son ratas, no hombres. Es tragedia objetiva. No hay desesperación, ni propia ni aprendida en Rimbaud*»,[121] decía Guillén. Macrí, por su parte, veía el poema como la persistencia de sensaciones angustiadas y pensamientos sombríos de *Que van a dar en la mar*: «*Figuras de tal repulsión y deshecho son las ratas del barco roto en el soneto «A pique», animales solos, sin punto de comparación, como en un soneto manierista de Rioja, posibles hombres-ratas, porque ni siquiera pueden «clamar... a su señor» en el amanecer espectral. Estamos a nivel cero del negativo objetivo y total que se debe superar en A la altura de las circunstancias; es evidente la lección de Rimbaud*».

El texto, con todo, está escrito y es él mismo quien nos limita a la hora de cualquier interpretación. El poeta es todo lo explícito que desea serlo, y sólo comunica aquellos datos referentes a la composición de sus poemas (lugares, fechas, nombres) cuando la comprensión del texto lo exige para una lectura correcta. Las limitaciones de este soneto son lo bastante explícitas, a mi entender, para no permitir una lectura simbolista en última instancia. En primer lugar, en la descripción realista del poema, las ratas se distinguen de los hombres («los pechos de la tripulación»), creando así una diferencia de género. Además, en la descripción del barco naufragado se presentan estos dos elementos en oposición: los «pechos de la tripulación», que ya no son «el arco / Que fecha impulsos hacia el día», es decir, desaparecidos, muertos, y las ratas, «todavía vivientes en deshechos / Mástiles y tablones». En tercer lugar, hay que destacar la reflexión o comentario que sucede, entre paréntesis, a la tan esquemática descripción: la referencia a la pintura («techos», «Tiépolo estival», «marco») que sucede a una descripción sumaria como la del primer cuarteto. A la imagen que abre el soneto, Guillén añade una alusión a un techo pintado. No hallo en el catálogo de obras de Tiépolo ninguna con el motivo de las ratas. El «Naufragio de San Saturio», único del pintor, es de tema distinto y dominan la escena dos ángeles simbólicos. Las alusiones de todo el segundo cuarteto hacen dudar acerca de si hay una obra artística concreta en esa referencia. Sin embargo, la ausencia de información deja la alusión en mero elemento cultural que separa dos escenas básicas. La primera es estática, como observada en una pintura. Contrastando con el estatismo de lo descrito, la descripción es tan dinámica que fuerza los límites de los versos con encabalgamientos continuos. Su lectura, pues, debe ajustarse —lo hemos visto en «Europa», «Mediterráneo», «Vida entera», «Del trascurso», «El descaminado» y lo hemos de ver en «Castillo de Elsinor» —a la inmediata alusión, distanciadora, a un *continuum* cultural, ante el que se sitúa Guillén como espectador y comentarista, y como creador. Es la actitud que otras veces se manifiesta en citas y epígrafes y que, a partir de *Homenaje,* da lugar a los poemas «al margen» y a las «variaciones». Así, nos vemos obligados por el texto, que con sus desajustes imita una estética concreta, a ver la escena como lo que Guillén describe: «tragedia objetiva».

En los tercetos el cuadro estático cobra vida. Las ratas siguen aferradas a flotantes mástiles y tablones, y el agua, la «espuma», «lanza sus rabias y su oleaje indómito contra los animales». Inicialmente el poeta adopta su perspectiva, y desde ella ve el amanecer terrible que «fragua» tanta muerte. En los dos versos finales recobra su altura y su ángulo de visión y resuelve el poema con una frase exclamativa que le acerca de pronto, solidario en el dolor: «¡Ay, ni clamar podrán a su señor!». Como señala Casalduero, «*Menos el dolor, la injusticia, el sufrimiento, todo es impersonal*».[122]

En muchos de sus poemas de la fauna Guillén objetiviza los animales y los describe resaltando sus caracteres más habituales y característicos, y pocas veces dejan de ser ellos mismos. Las ratas son las mismas ratas verdaderas del soneto que cierra la sección, «Castillo de Elsinor».[123] Destaca la repetición de la palabra «rata», cuatro veces en «A pique» y tres en éste. La presencia real de las ratas se hace patente con la repetición simple del nombre:

CASTILLO DE ELSINOR
(INSOMNIO)

Yo no veía ningún alma en pena
Vagar ante los muros del castillo.
De pronto percibí desliz de brillo:
Rata alumbrada se asoció a mi escena.

La luna prefería cierta almena,
Y un rayo era ya el dedo en el anillo
Del amor tan audaz y tan sencillo
Que a un oro del futuro se encadena.

Sin historia la rata, primitiva
Me condujo a un pasado con sus duendes,
Sus príncipes errantes sin consuelo.

Y la rata cruzó por la luz de arriba,
De tragedia, de rey. Tú sí me entiendes,
Luna. Todo convive en mi desvelo.[124]

El poeta nos orienta hacia la lectura adecuada: «*Recuerdos de Italia y de Hamlet se funden en este insomnio. Aquel castillo —italiano, danés—, hacía pensar en historias elevadas, en el amor. El rayo de luna sobre una almena era como el anillo amoroso. Y de repente —otro recuerdo— aparecía una rata. Y de esa oposición nace el sentido del poema. Todo va junto: los «príncipes errantes sin consuelo», la «luz de arriba»con tragedia, con rey. «Y la rata cruzó por luz de arriba». En el insomnio, en la conciencia despierta de ofrecer todo a la vez y su contraste*».[125] El autor ha organizado ese contraste y esa síntesis, casi surrealista, en tres planos temporales: un pasado en el que el protagonista visita el castillo, un pasado anterior, cultural, que se evoca en una experiencia realista con rata incluída, y que es el de una historia de amor, central en el soneto (vv. 5-8), expresada en un presente intemporal, generalizado, por lo tanto. En tercer lugar un tiempo cercano a la escritura, también en pasado, en el cual el hablante, evocando la escena, apostrofa a la luna, a la misma luna de los distintos pasados: la que iluminó un fantasma en *Hamlet,* cultural, la que iluminó una almena en el recuerdo del hablante, iluminando también el paso de la rata, y la que se contempla en el tiempo del insomnio.

Como en algunos poemas anteriores, la experiencia personal genera el motivo poético, aliado desde el inicio con la referencia cultural, clasicista, trágica, pero que el hablante presenta con un distanciamiento que es esencial en el poema. La emoción poética estriba en el contraste, como dice Guillén, pero también en la reflexión propiciada por el desvelo. El insomne es, en última instancia, el objeto de su propia reflexión, como reflujo de una evocación objetiva, tal como sucede en mucha de la poesía culturalista posterior a Guillén, desde Guillermo Carnero a Luis Antonio de Villena. No hay nostalgia en la evocación del pasado «con sus duendes, sus príncipes errantes sin consuelo», y sí hay delectación esteticista, casi modernista, en la elaboración de unas imágenes que, como en el soneto anterior, pretenden recuperar el equilibrio humanista —cultural, en este caso— más que elevarse a la generalización: aquí sería demasiada distancia, desde una vivencia personal no muy explícita y de duermevela.

Entre ambos sonetos hay una relación muy estrecha: ambos plantean una cierta «tragedia objetiva», descrita, una, y sugerida la segunda, que no es la del hablante, sino cultural, pasada, que mueve levemente la sensibilidad desde una actitud clasicista más que clásica, en poemas que son, en el fondo, metapoéticos: lo que plantea Guillén en ambos, como en «Pietà», «Ardiente» o «Forma en torno» es reunir una diversidad de referencias al mundo de la cultura clásica y clasicista (Grecia, Miguel Angel, Tiépolo, Shakespeare) que sirve a su vez de metáfora (o sinécdoque) de la riqueza y variedad del mundo histórico positivo, el mundo de *Cántico* temporalizado. Es, como decía al principio, la búsqueda de un molde y un marco clasicista que en este caso coopera en la salida a la luz del universo mental guilleniano, ensombrecido considerablemente a lo largo de la segunda serie.

Ocurre algo parecido con los sonetos de la sección V: «Ars vivendi» se titula, con un latinismo, el primero, que lleva como epígrafe un famoso verso de Quevedo: «Presentes sucesiones de difunto(s)». El segundo y último, «Hombre volador», remite parcialmente al mito clásico de Icaro y alude a Cristóbal Colón en el centro del soneto, como sucede con otras alusiones en muchos de los poemas anteriores.

La última parte de *A la altura de las circunstancias*, tras la afirmación humanista de la parte IV («Las tentaciones de Antonio»), recoge una serie de poemas en los que se concentran los aspectos afirmativos del voluntarismo humanista y vitalista de Guillén al culminar el *Tiempo de historia*. Afirmación difícil, en ocasiones, pero siempre firme. Incluso en los poemas en que el mundo del hombre aparece dominado por la brutalidad y el miedo a la destrucción, la voz del poeta se alza en profesión de fe (*«Creo en la voluntad / De este planeta humano»*) y de esperanza (*«Gloria la bestia convertida en hombre. / Entre apuros y angustias / Candidato a lo humano»*[126]). La naturaleza, la vida cotidiana, la lectura de la poesía («Como tú, lector»), la mirada hacia arriba, hacia las estrellas, más allá del alcance de los hombres. Todo esto esfuerza la comunicación de un sentimiento de esperanza en el hombre y de un mensaje ético hacia la autenticidad.

«Ars vivendi» es un soneto de reflexión sobre la propia edad, el presente y el futuro. «Hombre volador», una apuesta por el ansia de infinito del hombre, a pesar de sus límites mortales. A propósito del primero parece oportuno citar unas palabras de Guillén referentes a un soneto anterior, «Del trascurso»: *«Llegamos al tema del tiempo. (...)* **Clamor,** *segunda serie de* **Aire nuestro,** *lleva como subtítulo* **Tiempo de historia.** *Tiempo con fechas, historia colectiva y pública. Hay también un tiempo privado, sin fechas, íntimo... Un soneto de* **Cántico** *se titula «Muerte a lo lejos». Después se tiene más conciencia de «cómo se viene la muerte / tan callando». Pero más se confunde la vida con la muerte. Por de pronto la vida constituye un valor en la tierra. Y sin cesar el tiempo... Habrá siempre vida mientras haya vitalidad».*[127] La línea que une la reflexión guilleniana sobre la propia vida se extiende por todo *Aire nuestro* de *Cántico* a *Final* animada por esa misma vitalidad. La diferencia entre «Muerte a lo lejos» y los restantes poemas de tema semejante estriba tan sólo en la distancia temporal con que percibe el acontecimiento, pero no en la actitud hacia éste ni en el programa horaciano de *«carpe diem»*. En los sonetos de *Clamor* advertimos la misma vitalista afirmación del presente al que se aferra el protagonista de esta poesía con toda la fuerza de sentirse vivo. En «Del trascurso» observábamos la disposición temporal pasado-presente-futuro-presente. En «Ars vivendi» el tema único es la perspectiva desde el presente:

ARS VIVENDI

Presentes sucesiones de difuntos.
QUEVEDO

Pasa el tiempo y suspiro porque paso,
Aunque yo quede en mí, que sabe y cuenta,
Y no con el reloj, en marcha lenta
—Nunca es la mía— bajo el cielo raso.

Calculo, sé, suspiro —no soy caso
De excepción— y a esta altura, los setenta,
Mi afán del día no se desalienta,
A pesar de ser frágil lo que amaso.

Ay, Dios mío, me sé mortal de veras.
Pero mortalidad no es el instante
Que al fin me privará de mi corriente.

Estas horas no son las postrimeras,
Y mientras haya vida por delante,
Serán mis sucesiones de viviente.[128]

El gran dinamismo de este texto lo consiguen las dieciocho formas verbales de que consta y la aliteración permanente de los sonidos (s) y (n), presentes, además, en todas las rimas. De la misma manera que una imagen de la naturaleza, una referencia clásica o una palabra sirven al poeta de motivo de elaboración formal, en este texto la aliteración sirve de base a la armonía de la expresión y de adorno a la exposición vitalista de un programa vital reiterado por el poeta en modulaciones muy diferentes a lo largo de toda su obra. La densidad de formas verbales, por otra parte, imita la expresión del soneto de Quevedo aludido —que juega con los tiempos de «ser», con efecto menos dinámico—, invierte el sentido de ese juego de tiempos y lo transforma en una variada expresión de la vida y de su voluntad de vida pese a la inexorable ley de la naturaleza.

Los verbos se refieren, en su mayor parte, a acciones relacionadas con la respuesta a la idea de la propia muerte: calcular el tiempo y suspirar son dos inevitables consecuencias de ser humano («No soy caso de excepción»), pero el voluntarismo es el resultado del concepto de la vida («Mi afán del día no se desalienta / A pesar de ser frágil lo que amaso»). Con esa afirmación se cierran los cuartetos. La segunda parte del poema recorre un camino semejante: se inicia con una expresión de tristeza y de miedo («Ay, Dios mío, me sé mortal de veras») para luego formular una de sus más rotundas afirmaciones vitalistas: «Mortalidad no es el instante / Que al fin me privará de mi corriente», que dan lugar el enunciado — ¡todavía!— de un proyecto vital basado —unidad de contenido y expresión— en una antífrasis de Quevedo: «Mientras haya vida por delante / Serán mis sucesiones de viviente». Con ese final a la altura del poeta barroco, el soneto formula y da res-

puesta cumplida a las vacilaciones sobre la propia muerte enun-
ciadas —ya con alternativa, como «Del trascurso» —en la segunda parte de *Clamor*.

En «Hombre volador», que cierra la serie de sonetos de
Clamor, no se desarrolla exactamente la estructura del mito
de Icaro, sino que, dentro de su paradigma, se concreta en la
plasmación de la aventura magnífica y sobrecogedora, siempre fuera del alcance humano de lanzarse al espacio para con-
quistar nuevos mundos. Lo que Guillén recrea aquí es el impulso; no le interesan en este texto las posibles lecturas políticas
de la conquista del espacio, como tampoco las mismas connotaciones en la imagen del descubrimiento de América. Se centra, únicamente, en el valor positivo del impulso humano hacia la interminable aventura del cosmos e, inevitablemente, en
las humanas limitaciones del tiempo y el espacio.

HOMBRE VOLADOR

Américas aguardan todavía
—Resplandecientes vírgenes ignotas,
O nada más para los ojos gotas
De un trémulo rocío en una umbría,

Ya inhumano el espacio —la alegría
De no siempre sentirse tan remotas
De alguno, de un Colón, por fin no idiotas
Ante la mente que a su luz se alía.

El hombre por el cosmos se aventura,
Supera con su espíritu el espanto
De tanta inmensidad jamás hallada,

Y hasta cree salir de la clausura
De sus postreros límites. ¡Y cuánto
Mundo a ciegas, sin luz de tal mirada!.[129]

Desde el mismo título el poema escenifica una ensoñación
aérea del deseo ascendente de los impulsos humanos. Guillén
proyecta su mitología poética en este destino luminoso del héroe humano, arquetipo del creador y, por inclusión, del artista.
No hay freno a la expansión siempre ávida del héroe guilleniano que en este poema trasciende la limitación terrestre habitual del poblador de la naturaleza armónica y compacta en
su variedad vital.

La inspiración poética es ya en sí misma impulso y el lenguaje del poema busca la forma expresiva que le es más naturalmente propia, inserto como se halla en el sistema cultural del occidente. La metáfora americana, sin actualización y plural amplifica la resonancia del mito proyectado hacia el universo. El estilo clasicista se concreta en un léxico culto —«ignotas»— que hace alardes de sentido etimológico en el concepto «idiotas», privadas, ajenas, desconocidas estrellas. Reordenamiento sintáctico en función de este lenguaje del soneto, con la inclusión de una larga digresión de cuatro versos, amplificando la metáfora primera. Cada línea poética de esa acotación es una faceta estimativa del misterio lejano de las luces nocturnas en el cielo: «resplandecientes vírgenes ignotas», «para los ojos gotas / De un trémulo rocío en una umbría, // Ya inhumano el espacio». Cada concepto es una imagen, ya sensorial, ya abstracta e intelectual, que resume la enorme problemática del observador más ingenuo de la noche estrellada.

La sugestión de tantas incitaciones léxicas aumenta si entendemos el poema como celebración de la partida real hacia esos mundos, evocada desde el principio —«Américas», «un Colón»—implícitamente. De la misma manera que el horror atómico encuentra su formulación en imágenes expresionistas y lenguaje vulgar y terrible, la aventura ya empezada por los hombres contemporáneos empuja al poeta hacia la expresión más depurada y clásica. Y la servidumbre de ese clasicismo es la advertencia velada de la clepsidra: la potencia del impulso es rebeldía cegadora, como en Icaro, y no hay límites postreros que detengan la transgresión heróica. Si en la primera parte del soneto lo esencial es el elaborado homenaje al misterio estelar, hacia el que cualquier intento es ya magnífica aventura, en los tercetos al poeta serena el discurso y lo encamina, con mayor dinamismo, por la vía de la reflexión realista. Los límites humanos, sin embargo, no frenan la arriesgada tentativa del espíritu, como explicita el terceto primero. La reflexión exclamativa final identifica más aún al poeta con su mito a la vez que multiplica la inmensidad interminable de nuevas metas del ansia humana, ni siquiera columbradas todavía.

La resonancia del soneto es ya, de nuevo, la del espíritu de *Cántico,* que se desarrolla en los últimos textos de esta sección final de *Clamor,* entre los que destaca, «Clamor estrellado», donde, enlazando con «Hombre volador», el poeta amplifica de una manera más realista la relación tierra-cosmos, proyectando hacia éste último la esperanza telúrica. Se contra-

113

pone la oscuridad poblada de seres sobre la tierra, alejada, como en «Sueño común», por unas horas, del desorden, el mal y la injusticia («La luz se retrae y la batahola se refugia atenuándose en la menor realidad de lo oscuro, que ampara a todos, amantes, dolientes, esforzados en plenitud en crisis, en espera»), a la oscuridad inmensa y silenciosa del cosmos poblado de mundos inabarcables para el hombre, en una distanciada imagen que permite, luego, la reafirmación del ser humano integral: «*Arriba, las luces tan remotas no saben del hombre que las contempla confortado por la paz en que se resuelven esos procesos violentísimos, esas llamas de creación*».[130]

Al organizar *Clamor* en sus tres entregas sucesivas Guillén dispuso estos catorce sonetos en una perfecta estructura formal, muy importante para el sentido de la arquitectura del conjunto. Tras el análisis de los principales aspectos de cada uno de los sonetos se hace patente su identidad formal y temática, tanto por la idéntica fórmula estrófica adoptada en todos ellos como por su sentido constante de reafirmación de los valores vitales del individuo y de su consiguiente integración en un mundo bien hecho y capaz de albergarle en plenitud y en armonía.

No son, sin duda, los sonetos los únicos que sirven a este propósito en el libro puesto que bastantes poemas —de los que se han citado aquí algunas muestras— manifiestan distintos matices de esa misma significación. Pero es indudable también que la exigente estructura cerrada del soneto, el significado clasicista de su uso para el lector contemporáneo, que se refuerza con las alusiones y citas clásicas, y la aparición simétrica, sucesiva en la lectura, de unas mismas formas con unos contenidos semejantes, les otorgan relevancia única para cumplir este cometido y esta función en *Clamor,* ayudados, diversamente según los casos, por los demás poemas. Esto es particularmente importante en el caso de «Maremágnum», donde la afirmación vital y cultural de «Europa», «Mediterráneo», «Vida entera» e, incluso, de «Sueño común», crea un fuerte contraste con los demás textos, de tonos sombríos, formas anisométricas predominantes, distancia del hablante y temática negativa. En los dos libros siguientes se advierte una tendencia progresiva a recuperar los puntos de vista, tonos y temas de *Cántico,* enriquecidos ahora, y es menor por ello el contraste de los sonetos, cuya misión era la misma desde el principio del *Tiempo de Historia:* mantener en lo posible la perspectiva y el ideal poético que se expresaban jubilosamente en *Cántico,* del cual son ellos, sobre todo, esa parte que Guillén decía que había puesto en *Clamor.*

La pespectiva de *Cántico,* además, se enriquece en estos textos y es tan representativa de las búsquedas estéticas —en su sentido más profundo— del autor, que los libros siguientes, de *Homenaje* a *Final,* no las abandonan en ningún momento, y textos como «Guirnalda civil» y el resto de las «Sátiras» de *Y otros poemas* o los de «Dramatis personae» y «Tiempo de espera», de *Final* son dialécticas presencias de lo histórico que potencian, como en *Clamor,* la alternativa vital que Guillén ofrece al lector.

El enriquecimiento a que me refiero es «interno» y «externo». El que llamo «interno» corresponde a la adopción definitiva de un sentido histórico y humanista por parte del hablante, sin renunciar en absoluto a los objetivos de *Cántico,* enaltecedores de una realidad global, y a la consiguiente elaboración de propuestas éticas. El enriquecimiento «externo» lo representa la presencia cada vez mayor y más asumida —más crítica también— de la tradición cultural, muy patente en *Homenaje* y que obra, dialécticamente, en sentido inverso al histórico, esto es, ofreciendo al poeta motivo de reflexión y de creación poética en unas dimensiones sólo culturales —no historicistas—, de la misma manera que la naturaleza permite seguir siendo admirada y cantada «fuera», o al menos no necesariamente «dentro», de la Historia. Esto es patente, además, en todos los libros restantes.[131]

Esas nuevas dimensiones, en ambos sentidos, se aprecian en los textos analizados aquí: su actitud vitalista es exponente y producto de una ética en elaboración, y se integra en una tradición clásica. Ambos aspectos se suceden soneto a soneto, encontrando su contrapunto y su realce en los otros poemas, en los que se conjugan distintas perspectivas y temas. Podría decirse, pues, que una de las principales bases de la poesía posterior y, en particular, de todo *Homenaje,* son los sonetos de *Clamor.*

NOTAS

[1] García de la Concha, Víctor, en «Poesía de la generación de 1927: Pedro Salinas, Jorge Guillén». *Historia y crítica de la literatura española,* vol. 7 Ed. Crítica. Barcelona, 1984, pág. 303.

[2] Macrí, Oreste. *La obra poética de Jorge Guillén,* Ed. Ariel, Barcelona, 1976.

[3] Prat, Ignacio. *«Aire nuestro», de Jorge Guillén.* Ed. Planeta, Barcelona, 1974.

[4] Debicki, Andrew P. *La poesía de Jorge Guillén.* Ed. Gredos, Madrid, 1973.

[5] MacCurdy. G. Grant. *Jorge Guillén.* Twayne Publishers, Boston, 1982.

[6] Casalduero, Joaquín. «Lugar de Lázaro», en *A symposium on Jorge Guillén at 75. Books abroad, vol, 42, n.º 1, 1968.* Rep en *Estudios de literatura española,* Ed. Gredos, Madrid, 1973, Y en *«Cántico», de Jorge Guillén, y «Aire nuestro»,* Ed. Gredos, Madrid, 1974. «La voz del poeta: *Aire nuestro»,* en *Estudios, cit.* Jorge Guillén, cit.

[7] Darmangeat, Pierre. «De Cántico à Clamor ou la continuité d'un poète», en *Mélanges à la memoire de Jean Sarrailh.* Centre de Recherches d'Etudes Hispaniques. Paris, 1966. «Jorge Guillén ante el tiempo de historia», en *Revista de Occidente,* Homenaje a Jorge Guillén. Madrid, 1974.

[8] Palley, Julian. «Jorge Guillén and the poetry of Commitment». *Hispania,* 45, 1962. Rep. en Ciplijauskaité, Biruté. *Jorge Guillén.* Ed. Taurus. Madrid, 1975.

[9] Zardoya, Concha. *«Maremágnum:* peculiaridades estilísticas», en Ivask, I. y Marichal, J., *Luminous reality. The poetry of Jorge Guillén.* Univ. of Oklahoma Press, Norman, 1969. Rep. en Zardoya, Concha. *Poesía española del siglo XX,* Ed. Gredos, Madrid, 1974.

[10] Palabras de Jorge Guillén en Couffon, Claude, *Dos encuentros con Jorge Guillén.* Centre de Recherches de l'Institut d'Etudes Hispaniques, Paris, Sin fecha. Vid. pág. 17.

[11] Ibidem. «En *Clamor* quisiera desarrollar esos temas, pero no ya en su forma general, como en *Cántico,* sino de una manera concreta, vinculada a la vida contemporánea y a la historia. Esto no implica por mi parte un cambio de actitud, sino sencillamente que ha llegado para mí el momento de evocar estas fuerzas».

[12] Prat, Ignacio. Op. Cit., pág. 146 y ss.

[13] Paz, Octavio. «Horas situadas de Jorge Guillén», en *Puertas al Campo,* Joaquín Mortiz, Universidad Autónoma de México, 1966, pp. 75-85.

[14] Jiménez, José Olivio, *Diez años de poesía española.* Insula, Madrid, 1972, pág. 88.

[15] Darmangeat, Pierre, «Jorge Guillén ante el tiempo de historia», cit., pág. 75.

[16] Prat, Ignacio. *«Aire nuestro»,* de Jorge Guillén, cit. Analiza las tres primeras series. Para *Y otros poemas,* vid. «Estructura de *Y otros poemas,* de Jorge Guillén», en *Prohemio,* VI, 2-3, 1975, Pp. 237-256. Rep.

en Prat, Ignacio, *Estudios sobre poesía contemporánea.* Ed. Taurus, Madrid, 1982.

[17] Navarro Tomás, Tomás. «Maestría de Jorge Guillén», en *Los poetas en sus versos: desde Jorge Manrique a García Lorca,* Ed. Ariel, Barcelona, 1973.

[18] Ibid.

[19] Havard, Robert G., «The early "décimas" of Jorge Guillén», *Bulletin of Hispanic Studies,* 48, 1971. Traducción del autor para Ciplijauskaité, Biruté, *Jorge Guillén,* cit.

[20] Salinas, Pedro. «El romance y Jorge Guillén», en *Ensayos de literatura hispánica,* Ed. Aguilar, Madrid, 1958.

[21] Lida, Raimundo. «Sobre las décimas de Jorge Guillén», en *Cuadernos Americanos,* México, n.º 100, 1958. Apud. Ciplijauskaité, Biruté, *Jorge Guillén,* cit.

[22] Aparte de los títulos citados en las notas 3 y 16, vid. «C1-C2» en *Homanaje a Jorge Guillén,* Insula, Madrid, 1978.

[23] Lázaro Carreter, Fernando, «Una décima y la poética de Jorge Guillén», en *Homenaje a Jorge Guillén,* Ed. Insula, Madrid, 1978.

[24] Hay estudio de conjunto en Francisco Javier Díez de Revenga. *La métrica de los poetas del 27,* Universidad de Murcia, 1973, págs. 352-353.

[25] Vid. Havard, Robert, artículo citado. Para una síntesis de las opiniones sobre las hipotéticas influencias de Paul Valéry en Jorge Guillén, Véase Zardoya, Concha, «Jorge Guillén y Paul Valéry», en *Comparative Literature Studies, Special Advance Number,* University of Maryland, 1963. Incluído en *Poesía española del siglo XX,* cit. Págs. 168-219. También analiza con detenimiento la cuestión Blanch, Antonio, en *La poesía pura española. Conexiones con la cultura francesa.* Ed. Gredos, Madrid, 1976.

[26] Casalduero, Joaquín. *«Cántico», de Jorge Guillén y «Aire nuestro»,* cit. «Como si fueran pétalos, los versos de *Cántico* forman esa corola que en su centro encierra al amor. En la reconcentrada parte de los sonetos, el mundo y la palabra se tejen y entretejen, colocando en su centro al ser fruto del amor, amor que se opone a la nada, amor en el que se compondia el sentido de la vida como círculo de Guillén». Pág. 190.

[27] Recojo en las notas a los sonetos de *Clamor* aquellos comentarios que me han parecido más certeros o sugestivos.

[28] Prat, Ignacio. Vid. referencias anteriores. Hay que destacar el laboriosísimo trabajo del crítico tempranamente desaparecido cuyos estudios sobre Guillén destacan por lo riguroso de las síntesis y por las simetrías y pecularidades esenciales de la poesía guilleniana, que nadie antes había puesto de relieve con tanta exactitud.

[29] Vid. Casalduero, (1974).

[30] Cuevas, Cristóbal, «El compromiso en la poesía de Jorge Guillén» en *Analecta Malacitana,* Universidad de Málaga, Vol. VI, 2 1983, pp. 319-338. «La historia, como apunta gráficamente el propio poeta, «chirría» en su penoso devenir, y consecuentemente en los versos que la reflejan En *Cántico* lo hace como un germen de desarmonía, voces desafinadas que rompen la pureza melódica de un coro en general bien entonado, y nos hace sentirnos extrañamente inquietos. Pero las terribles experiencias

117

que conmueven a España de 1936 a 1939, y al mundo de 1939 a 1945, encrespan lo inarmónico y plantean al poeta nuevas y radicales cuestiones. Sus versos se arremolinan entonces, convirtiéndose en voces de angustia, que, si cantan, lo hacen uniéndose a la elegía y al treno para dar a luz un *clamor*. Este clamor brota de un indescriptible *maremágnum*, de esas heridas lorquianas en las que la muerte gusta de poner sus huevos, de circunstancias en que la historia alumbra «ratas a un sol de cólera y de vómito». Es el clamor que, ya en 1611, definía Covarrubias como «voz lamentable; voces amonestando y previniendo; otras, pidiendo venganza; toque de campana o campanas cuando tañen a finados» - «voz de dolor y canto de gemido (las llamó el sevillano Herrera), y espíritu de miedo envuelto en ira», que tiene como fondo un doblar de campanas funerales» (págs. 323-324).

[31] Las décimas de *Clamor* no pueden interpretarse en el mismo sentido, porque dan cabida a temas muy diversos, y son frecuentes los tonos irónicos o sarcásticos.

[32] «En la poesía de Guillén, al desequilibrio (sea exterior o interior), sucede siempre la lucha por restaurar el equilibrio. Guillén toma partido, junto con las excepciones, en favor del verdadero Orden, del verdadero lenguaje. De acuerdo con esto, la segunda serie se construye multiplicando formalmente el mensaje positivo y armónico de la primera. Las medidas más cerradas significan la mayor exaltación: las estructuras más perfectas y complejas suponen la actitud más pugnaz». Prat, Ignacio. «*Aire nuestro*», de Jorge Guillén, cit. pág. 191.

[33] «En *Maremágnum* la forma de los poemas tiende a ser mucho más libre que las décimas y sonetos de *Cántico*». Palley, op. cit., en Ciplijauskaité, Biruté, *Jorge Guillén*, cit. pág. 145.

[34] En las restantes series de *Aire nuestro*, Jorge Guillén utiliza esta estrofa de manera desigual. *Homenaje* reúne un total de 33 sonetos, casi la misma cantidad de los publicados en los dos primeros libros (22 en *Cántico* y 14 en *Clamor*). A diferencia de éstos, los sonetos de *Homenaje* son de una gran variedad de medidas y rimas, no cumplen una función estructuradora en lo formal, se reparten desigualmente en las distintas partes del libro (4 en 1. «Al margen», 2 en 2. «Atenciones», 8 en 4. «Alrededor», 15 en 5. «Variaciones» y 4 en 6. «Fin»), se alternan sonetos en alejandrinos con sonetos en endecasílabos, aunque predominando éstos (24 frente a 9.). El molde clásico del soneto se desborda aquí en aras de una expresión no siempre tan tensa como en los sonetos de las primeras series. Sucede lo mismo con los esquemas de las rimas. En 10 de los sonetos se mantiene la forma clásica predominante (ABBA: ABBA: CDE: CDE) y tres usan la variante de Cántico (ABBA: ABBA: CDC: EDE). Otras modalidades: 2 en ABBA: ABBA: CCD: EED: 1 en ABBA: ABBA: CDC: DCD. En 1 usa tres rimas en los cuartetos (ABBA: CBBC: DDE: FFE) y en 8 cuatro rimas en los cuartetos (ABBA: CDDC, o ABBA; CDCD, o ABAB: CCDD, o ABAB: CDDC, con variedad en los tercetos. Hay 10 sonetos en versos blancos y alguno en que los catorce versos se agrupan diversamente. Quince de los sonetos son traducciones de diversos autores (Shakespeare, Quental, Santayana, Valéry, Carner y Cassou). Si algún tema

se repite en los sonetos originales (y en alguna de las «variaciones») es el tema del paso del tiempo, que encuentra en el soneto, desde *Cántico*, un molde especialmente adecuado para Guillén.

Contrastando con la relativa abundancia de sonetos en *Homenaje* (también respecto de las series anteriores), destaca la escasez de ellos en las series restantes: sólo 4 en *Y otros poemas*, todos ellos traducciones (de Cavalcanti, en endecasílabos, dos variaciones sobre el soneto «Night and Death», de Blanco White, ambos en alejandrinos (unos blancos y los otros en ABBA: CDDC: EFE: GFG), y una composición de 14 versos alejandrinos blancos, traducida de Victor Hugo. En *Final* sólo una composición de 14 versos (3+3+4+4) en endecasílabos blancos. La importante reducción de la estrofa en las dos últimas series (también pasa, aunque en menor medida, con las décimas «clásicas» de Guillén) hace pensar que el relajamiento de la tensión estrófica es una característica de ese «estilo de la vejez» de que se viene hablando. En cualquier caso, los sonetos quedan como estrofas características del primer *Aire nuestro*.

[35] Rozas, Juan Manuel, «Jorge Guillén»: «Que sean tres los libros e uno el dictado», en *El 27 como generación*. La isla de los ratones, Santander, 1978, Págs. 68-69.

[36] Las citas de los poemas son de *Aire nuestro*, All'insegna del pesce d'oro. Milano, MCMLXVIII, para *Cántico, Clamor y Homenaje*. De Barral editores, para *Y otros poemas* (1979) y *Final* (1981).

[37] En *Cántico* es la más frecuente, pero no la única: 4 de los 22 sonetos usan la rima CDC: EDE en los tercetos, manteniendo las rimas abrazadas de los cuartetos.

[38] *Aire nuestro*, p. 1592.

[39] La poesía de Guillén está escrita para ser leída en mucha mayor medida que para ser escuchada. Desde la cuidada disposición de los poemas en cada página, hasta recursos como espacios en blanco, márgenes diversos, escalonamiento de un verso (Vid. «Apéndices» de Prat en *«Aire nuestro», de Jorge Guillén*, cit.) y, desde luego, los juegos con las rimas, que muy a menudo producen efectos de sorpresa o humor, resulta imposible percibir toda la riqueza de los poemas sin pasar por la lectura de todos los elementos de la página. Gil de Biedma dice: «Guillén es un poeta que pierde leído en voz alta (...), porque su poesía no está pensada y escrita para ser leída en voz alta (...). Él componía sus poemas como un mosaico; un mosaico cuya tesera era la concepción poética, la idea formal del poema, sobre la cual iba colocando las piezas una a una. Probablemente por eso, el ritmo de sus poemas es menos auditivo que mental y una parte importante de la satisfacción rítmica que produce un poema de Guillén es visual. La estrofa vista sobre la página tiene un ritmo que no es sólo el de una fluencia verbal, sino que es sobre todo gráfico, y que incluso parece manifestarse en los espacios, en las distancias que separan las palabras-clave». En «Lean ustedes a Jorge Guillén», en *Poetes del segle XX*, faig, col·lecció literària. Eds. Intercomarcales, S.A. Ediciones del Mall, S.A., 1984, pp. 69-84. Pág. 73.

[40] Alvar, Manuel, «Texto y pre-textos en un poema de Jorge Guillén», en *Visión en claridad. Estudios sobre «Cántico»*, Ed. Gredos, 1976, págs.

99-189, 44 facsímiles del manuscrito guilleniano de «Doble amanecer».

[41] Blecua, José Manuel, «Introducción» a *Cántico*, Labor, 1970, Págs. 7-68. En pp. 14-23 se reproducen las fases y variantes consideradas por Guillén en el poema «Plaza Mayor». En todo el libro hay distintas versiones de los poemas de *Cántico*, aunque no todas, como muestra K.M. Sibbad en «Some early versions of the poems of *Cántico* (1919-1928): progress towards «Claridad». *Bulletin of Hispanic Studies*, L. 1973, págs. 23-44.

[42] Esa voluntad de liberación del material lingüístico que venimos proponiendo como característica del poeta (...) alcanza una de sus manifestaciones más notables en el tratamiento de las rimas (...) Sus rimas son (...) acategoriales o aparadigmáticas. Y ello sigue rompiendo las condiciones normales en que el idioma se ordena en la mente, y produciendo a la vez nuevas y extrañas relaciones; respeta y burla a la vez los tenaces obstáculos de la rima, para procurar al lenguaje la libertad en que parece consistir buena parte del misterio que llamamos poesía» Lázaro, op. cit., pág. 321-322.

[43] Couffon, Claude. *Dos encuentros...* cit. Pág. 17.

[44] «Adoración de la criatura», *Aire nuestro*, pág. 564.

[45] *Aire nuestro*, pág. 570.

[46] Guillén, Jorge, *Lenguaje y poesía*, Revista de Occidente, Madrid, 1969, pág. 252.

[47] «Mañana no será otro día», *Aire nuestro*, pág. 557.

[48] «La «ú» maléfica», *Aire nuestro*, pág. 568.

[49] *Aire nuestro*, pág. 587.

[50] Conviene precisar que lo que llamo aquí «reflexión social y comprometida» no lo distingo genéricamente de lo que llamo «efusión lírica», en el sentido de que aquéllo sea poco poético, sino que me refiero, obviamente, a diferencias de tipo temático dentro del habla poética con diversos registros que se da en *Maremágnum*. El mismo Guillén precisó: «a mí me gustaría que antes que todo mi libro fuera considerado como lo que es: un libro de poesía. Su contenido es a veces social, e incluso político, pero se trata siempre de poemas. Hay lectores que consideran estos textos de inspiración social como si estuviesen escritos en prosa y sólo fuesen un documento y no obra lírica. Se equivocan los que buscan en *Maremágnum* sólo un manifiesto de protesta, como se equivocan los que lo rechazan por no ser «poesía pura». Yo quisiera que en mis poemas se consideraran como indisolubles contenido y forma, sentimiento y lenguaje». *Dos encuentros...* pág. 24.

[51] Macrí, Oreste, *La obra poética de Jorge Guillén*, cit. Pág. 320.

[52] *Y otros poemas*, pág. 351.

[53] «En *Maremágnum* dura el ritmo solar-diurno de *Cántico* en cada serie poemática (...). De los dos pájaros del alba en «Vida entera» a la Nueva York adormecida de «Sueño común». Macrí, op. cit. Pág. 164.

[54] *Aire nuestro*, pág. 690.

[55] Estudia la décima «Verde hacia el río», que se inicia con «Pasa cerca» y termina con «¡Cerca pasa!». Comenta Lázaro: «El carácter de unidad clausurada por un cierre previsto que un poema posee, se refuerza en éste por la repetición simétrica de la primera oración (Pasa cerca) al

final (¡Cerca pasa!). Esa reiteración actúa a modo de marco que aprieta el contenido y lo deslinda como mensaje de pretensión literal». Lázaro, op, cit., pág. 323.

[56] *Aire nuestro*, pág. 698.

[57] *Aire nuestro*, pág. 729.

[58] Casalduero, Joaquín, «La voz del poeta: *Aire nuestro*», en «*Cántico*», de Jorge Guillén, y «*Aire nuestro*», cit. Pág. 255.

[59] González Muela, Joaquín, *La realidad y Jorge Guillén*, Ed. Insula, Madrid, 1962, pág. 71 y ss.

[60] Macrí, Oreste, op. cit. Pág. 312.

[61] Prat, Ignacio, «*Aire nuestro*», de Jorge Guillén, cit. Págs. 144-45.

[62] Casalduero, Joaquín, «*Cántico*», de Jorge Guillén... Cit. Págs. 122-125 y ss.

[63] «Dolor tras dolor», *Aire nuestro*, pág. 723.

[64] En *Que van a dar en la mar* hay una cierta recuperación de los planteamientos del protagonista de *Cántico* desde la elegía y con técnicas diferentes, que el mismo Guillén enumeraba: «... Es un libro elegíaco, aunque no precisamente triste ni monótono. Encierra meditaciones sobre el pasado, la memoria, la juventud perdida, el acercamiento a la vejez, a los muertos (...) (La) utilización de fábulas tradicionales (Manrique, Lázaro, La Celestina) no se había hecho en *Cántico*. Por otra parte, hay en «*Que van a dar en la mar*» elementos dramáticos en monólogos y diálogos que tampoco existían en aquel libro. Desde el punto de vista formal se puede constatar que en los dos volúmenes de *Clamor* publicados hasta hoy existen géneros y estilos que no figuraban en el primer ciclo. Por ejemplo, esta poesía gnómica, de carácter muy apretado, en la cual la moraleja se expresa en forma muy concisa, un poco como la concebía Sem Tob o, en nuestra época, Antonio Machado, con sus proverbios y cantares». *Dos encuentros*... Cit., págs. 25-26.

[65] *Aire nuestro*, plág. 757.

[66] *Aire nuestro*, págs. 749-750.

[67] Cf. el análisis de Biruté Ciplijauskaité en «Tensión adverbial *aún-ya* en la perfección del círculo guilleniano», *Homenaje a Jorge Guillén*, Insula, 1978, Págs. 103-120: «La tensión adverbial «aún-ya» que abarca toda la obra poética de Jorge Guillén parece presentarse sobre todo desde tres enfoques esenciales, conservando en los tres la misma actitud básica: describe la trayectoria completa del proceso de *llegar a ser más*. Esto se revela posible bajo tres modalidades distintas que se complementan (...): 1) a través del contacto con la realidad, con el mundo: el factor dominante aquí es la luz del alba; 2) por medio de la unión amorosa: iluminación-revelación de un ser nuevo; 3) al encontrar la expresión exacta: no hay posible «del todo vivir» sin «decir de todo». En los tres casos, la búsqueda del contacto fecundante que lleva a la plenitud no es arbitraria: se entiende como destino y, por consiguiente, deber de cumplirlo». Pág. 106. Resulta difícil encajar el soneto en una de las tres categorías, y puede establecerse alguna otra, pero es indudable el sentido de «destino» que alienta en el poema con gran fuerza.

[68] Vid. Gil de Biedma, Jaime, «*Cántico*», cit. Pág. 126: «Para Guillén,

121

la muerte no da sentido a la vida: es nada más el precio de ella y su obligado final. En cierto sentido, el hombre no muere: algo ajeno y brutal le da muerte. Pero, ya que nos es dada, no queda otro remedio que aceptarla y que apropiárnosla muriendo dignamente, para que ella sea la mejor demostración de que merecimos la vida. Le sale al poeta una seriedad de ajusticiado que es profundamente española, y se prepara a morir con más orgullo que don Rodrigo en la horca».

[69] *Aire nuestro,* pág. 291.

[70] *Aire nuestro,* pág. 774.

[71] Luis de Góngora, *Sonetos completos,* Ed. Castalia, 197.

[72] *Aire nuestro,* pág. 784.

[73] El empleo frecuente de un lenguaje prosaico en Clamor ha llevado a Debicki a defender que no hay una evolución de Guillén desde la «poesía pura» a la «poesía social», o hacia el «realismo»: «Los elementos comunes, el lenguaje cotidiano, el tono anecdótico y a veces hasta irónico, se utilizan para crear obras a la vez concretas y universales. Una y otra vez sirven para indicar dramáticamente cómo dentro de la realidad más ordinaria de nuestro mundo se pueden hallar los asuntos y los temas más esenciales de la vida humana». «Lo particular y lo universal: *Cántico, Clamor y Homenaje*», en *La poesía de Jorge Guillén,* cit. Pág. 33. En el soneto, el contraste con lo gongorino expresa un deseo de tocar con las palabras de la vida corriente la humilde y magnífica realidad cotidiana de quien, sintiéndose poeta, se siente hombre corriente, «trozo humano».

[74] Alonso, Dámaso, «Pasión elemental en la poesía de Jorge Guillén», *Insula,* 26, 1948, págs. 1-2. Refundido en «Los impulsos elementales en la poesía de Jorge Guillén», en *Poetas españoles contemporáneos,* págs. 201-232. Los valores de claridad última que destaca en la poesía de Guillén —comparándolo, en cuanto a la dificultad de sus primeros poemas, con Góngora— son distintos, en parte, a los que yo destaco en la nota anterior, pues Alonso se centra en *Cántico.*

[75] «El centro de la segunda serie es un poema de amor en forma de elegía, en relación simétrica con los centros de *Cántico* y de *Homenaje,* que contienen también textos amorosos (...) La realidad se inflama hasta el extremo de llamar vida a la muerte y aurora eterna a la noche. En los poemas de la sección elegíaca IV, *In memoriam,* la muerte del cuerpo no impide la continuidad —y el progreso— del idilio, ni las sombras entenebrecen una mañana espiritual constante». Prat, Ignacio. *«Aire nuestro»,* de Jorge Guillén, cit. Pág. 12. Vid. sobre esta sección las págs. 146-172. Esa disposición de los centros a que alude Prat no se mantiene ni en *Y otros poemas* ni en *Final,* cuyos centros están compuestos por poemas cortos de tema variado *(YOP)* o epigramático *(Final).*

[76] *Aire nuestro,* pág. 814.

[77] *Aire nuestro,* pág. 832.

[78] Prat, Ignacio. *«Aire nuestro»,* de Jorge Guillén, cit. Pág. 152 y ss. Cito algunas líneas más en las que argumenta su análisis de la estructura de esta sección IV a partir de los títulos de los poemas: «Los poemas señalan pasos cruciales de la historia amorosa y su trabazón en una continuidad temporal, con un comienzo y un final. El poeta actúa sobre el re-

cuerdo, reconstruyéndolo en su linealidad, pero es consciente de su peligro máximo, la confusión y la despersonalización de los planos temporales (lo que equivale a perder la conciencia de la actualidad). En los poemas posteriores al eje es el pasado, sin otro pormenor cronológico, el que se impone al poeta. La explicitación del alejamiento en los títulos («Entonces», «Aquel...») salvaguarda también de la mezcla irreal de los tiempos. La historia reconstruída y la actividad del recuerdo coinciden con los rasgos del primer presente elegíaco. Sin embargo, títulos y poemas finales de la sección («Culminación», «Conmigo») parecen referirse a una continuación de la historia en el presente mismo del poema (y del poeta). Tras la reconstrucción y la evocación, de nuevo el suceso vivido viene a completarse y a tener su fin «conmigo», es decir, con el yo actual. ¿Es el segundo presente de la elegía canónica, la pervivencia irreal de la esposa muerta? Veremos que no. El artificio de que se sirve Guillén para respetar sus supuestos de la elegía y la presencia —ineludible— del ser querido consiste en aplicar aquí, simplemente, la práctica de la realidad tal y como viene expuesta desde el primer poema de la primera serie». Págs. 152-153.

[79] «Encuentro». *Aire nuestro*, pág. 808.

[80] Debicki, Andrew, op, cit. «Los episodios del pasado vienen a ser ejemplos de un amor visto en su totalidad, desde una perspectiva ya completa. Así resultan especialmente valiosos para dar concrección a una visión amplia del amor como manera de elevar y universalizar la vida. Enfoca desde el principio el significado trascendente del hecho. Lo hace convirtiendo en símbolos o estilizando varios aspectos del momento. El camino representa el propósito de la vida del protagonista, se relaciona con la imagen de la suerte que liga a los amantes en un rumbo común. El destino anhelado por ellos se representa por el orbe conquistado (v. 8) y por la estrella (v. 14), su ruta por la rosa de los vientos (v. 13). El anhelo del protagonista se estiliza al presentarse como la búsqueda del destino por parte de una libertad personificada. La amada, cuando aparece, no se particulariza. La índole geométrica del camino y del orbe apoya la impresión de esencialidad creada por el poema. Todo, en suma, sirve para elevar el episodio». Págs. 117-118. Por lo demás, «destino» y «fatal»son importantes desde *Cántico* (1928)

[81] «Hacia», *Aire nuestro*, pág. 806.

[82] «Encuentro», *Aire nuestro*, pág. 808.

[83] «Una iluminación», *Aire nuestro*, pág. 810.

[84] «Más acá», *Aire nuestro*, pág. 819.

[85] Vid. el análisis de Prat en «*Aire nuestro*»... cit. págs. 153-156.

[86] *Aire nuestro*, pág. 827.

[87] *Aire nuestro*, pág. 831.

[88] Me remito al análisis de Elsa Dehenin en «*Cántico*» de Jorge Guillén: une poésie de la clarté. Presses Universitaires de Bruxelles, Bruxelles, 1969.

[89] Macrí, Oreste, op. cit. «Humildad del heroismo cotidiano en la construcción del «más allá» familiar que se da en *Cántico* y se acentúa en *Clamor y Homenaje*». Pág. 359.

[90] «El triunfo del amor sobre la muerte aparece en «Huerto de Meli-

bea», y se expresa con más intensidad en el soneto «Entonces». Las imágenes de la luz y del ardor subrayan la esencialidad del amor y lo convierten en un proceso natural básico. La pasión amorosa, natural e ideal a la vez, le permite al protagonista elevarse más allá de sus limitaciones y del caos que le rodea. Así, aun en esta parte de su obra, más centrada en la desagradable realidad moderna y en la muerte, Guillén logra afirmar una visión superior, el amor es su vehículo para llegar al «acorde». Debicki, Andrew, op. cit., págs. 115-116.

[91] Ibidem, pág. 254. Por su parte, MacCurdy señala: «Despite the stylistic embellishments of this poems, the pronounced emphasis on *realism* between the lovers is reminiscent of the prevailing attitude in *Cántico*. Repeatedly throughout the sonnet, the poet disclaims any notions of exaggerated (and therefore unreal) romanticism by affirming the daily reality of the relationship between the partners. The concrete reality which they created trough daily effort —«it was real then»— led to spiritual completion for both symbolized here by the extended metaphors of flora and especially fire. Normally leading to fulfillement is a distinct characteristic of Guillen's love poetry in general, and the idea is dominant in this poem despite the present circumstances off the speaker. Given the medieval derivation of the title and part of the content of *Que van a dar en la mar*, it is interesting to note that the above sonnet contains an element of courtly love. The lover is «unavailable» to the poet in any literal sense, and yet her image continues to exert a vital inspiration in the present. On the other hand the poem is very contemporary and singularly representative of Guillén in the insistence on ordinary reality that leads to universal significance». G. Grant MacCurdy, *Jorge Guillén*, Twayne, 1982, pp. 136-137.

[92] Prat, Ignacio, «*Aire nuestro*»..., cit. Pág. 157.

[93] *Aire nuestro*, pág. 833.

[94] *Aire nuestro*, pág. 841.

[95] O. Macrí, en op. cit. da las fechas de 1954 (Ronchi y Wellesley) y 1955 (Venecia).

[96] *Aire nuestro*, pág. 873.

[97] Concha Zardoya, «*Maremágnum*: Peculiaridades estilísticas», en *Poesía española del siglo XX*, II, Gredos, 1974.

[98] «Patio de San Gregorio», *Aire nuestro*, pág. 872.

[99] *Aire nuestro*, pág. 874.

[100] Ibid.

[101] *Aire nuestro*, pág. 885.

[102] Dice Guillén sobre el poema: «El hombre se adhiere en acto de admiración al vuelo de una gaviota, instante de pura vitalidad (Sutton Island, Maine)... El último verso concentra la intención que ha movido a la pluma: hace sentir un «instante de vida». En A.L. Geist, y R. Gibbons, *Jorge Guillén. El poeta ante su obra*. Poesía Hiperión, n.º 30 Ed. Peralta, 1979. Págs. 55 y 57.

[103] *Aire nuestro*, pág. 875.

[104] *Aire nuestro*, pág. 884.

[105] *Aire nuestro*, pág. 883.

[106] *Aire nuestro*, pág. 886.

[107] O. Macrí, op. cit., pág. 348.

[108] «Resumen», *Homenaje, Aire nuestro,* pág. 1666.

[109] «El tiempo de *Clamor* es de una gran agitación primero («Mare-mágnum»). Luego el adagio se hace apasionado («Que van a dar en la mar») y, por último, se sale del ritmo elegíaco y nostálgico para volver a la agitación primera, tratando de no naufragar». J. Casalduero, «La voz del poeta. *Aire nuestro*», en *«Cántico», de Jorge Guillén,* y *«Aire nuestro»,* cit. Pág. 253.

[110] P. Darmangeat, «Jorge Guillén ante el tiempo de historia», cit.

[111] «Si bien «Maremágnum» representa los sufrimientos del hombre de nuestra época, «Que van a dar en la mar» destaca el terror del tiempo y de la muerte en conflicto con las fuerzas positivas del amor y de la vida. «A la altura de las circunstancias» recoge lo anterior y ante ello desarrolla el anhelo del hombre en afirmar su valor y dignidad... Ofrece una solución a muchas de las tensiones de «Maremágnum»: el don artístico y creador del hombre surge ahora como una de las cualidades que le permiten ampliar los confines de la vida. Al nombrar y poetizar la realidad, el ser humano trasciende el animalismo». A. Debicki, *La poesía de Jorge Guillén,* cit. Pág. 32.

[112] «Also in *To Rise to the Occasion,* Guillén begins to return to the salient idea of *Cántico* that each individual is an integral part of nature, and should accept and cultivate an existential relationship with the outside world». MacCurdy, *Jorge Guillén,* cit. Pág. 143.

[113] Couffon, Cl., *Dos encuentros...* cit. Pág. 27.

[114] *Aire nuestro,* pág. 997.

[115] Ivar Ivask, «A la altura de las circunstancias», *Books Abroad,* 38, 3, 1963. Pág. 296: «For Guillén *both* are temptations to abandon the complex fate of being intensely man, neither angel or beast (to quote Pascal)».

[116] *Aire nuestro,* pág. 1037.

[117] *Aire nuestro,* pág. 927.

[118] «En esta última fase del tercer libro de *Clamor,* si los positivos emergen más límpidos y puros de la polémica con los negativos, el tono, digamos, moral-sentimental es el mismo del último *Cántico,* del límite y de la humildad, acrecentado, casi pleno, en figuras reales y perennes». Macrí, op. cit., pág. 400.

[119] Sólo tres sonetos de *Cántico* contienen rimas agudas, y los tres en dos versos de los tercetos: «El bienaventurado», «La noche de más luna» y «Sueño abajo».

[120] *Aire nuestro,* pág. 922.

[121] «(De una carta del poeta). No estoy conforme», O. Macrí, op. cit., pág. 383.

[122] J. Casalduero, «La voz del poeta. *Aire Nuestro*», en *«Cántico»,* de *Jorge Guillén* y *«Aire nuestro»,* cit. Pág. 259.

[123] «La primera parte de *«A la altura de las circunstancias»* está circundada de ratas, las del barco que se va a pique y la rata de la pesadilla del insomne, nuevo Hamlet que ve su fantasma». Ibid.

[124] *Aire nuestro,* pág. 963.

[125] A.L. Geist y R. Gibbons, *Jorge Guillén. El poeta ante su obra,* cit. Pág. 37.

[126] «Historia extraordinaria», *Aire nuestro,* pág. 1042-3.

[127] A.L. Geist y R. Gibbons, *Jorge Guillén,* Cit., págs. 90 y 92.

[128] *Aire nuestro,* pág. 1048.

[129] *Aire nuestro,* pág. 1071.

[130] *Aire nuestro,* pág. 1079.

[131] Resulta muy sugestivo pensar en la relación, que tal vez sea más que casual, entre esa visión de la cultura al margen de la diacronía que aparece en Guillén y que teorizó años antes otro gran poeta, T.S. Eliot. Vid. *Lenguaje y poesía,* de J. Guillén, Alianza Ed., 1969 (2.ª cd. castellana).

CULTURALISMO, TRADUCCIÓN Y CREACIÓN POÉTICA EN JORGE GUILLÉN

La obra poética de Jorge Guillén.

En 1968 Jorge Guillén publicaba en Milán la edición de sus obras completas formando un conjunto unitario al que titulaba *Aire Nuestro*.[1] La decisión de organizar toda su poesía en un bloque cerrado corroboraba la definición del poeta, a la sazón reforzada por algunos estudios de diversos críticos, acerca de la unidad esencial de toda su poesía.[2] Sin apenas modificaciones, *Cántico, Clamor* y *Homenaje* pasaban a formar una compleja arquitectura poética, rica y variada en temas y formas y, a la vez, trabada en una espesa red de relaciones intertextuales. El poeta añadía tres poemas nuevos que sintetizaban el sentido de cada libro y servían de pórtico al conjunto y que, con los poemas de «Fin», cerrando *Homenaje* creaban un marco textual en cuyo interior los poemas de las tres series de *Aire Nuestro* se integraban nítidamente en un conjunto equilibrado, sin duda la «summa poetica», la obra unitaria más coherente y rica de nuestra historia literaria.

Cinco años más tarde, en 1973, la editorial Muchnik de Buenos Aires publicaba un nuevo libro de Jorge Guillén, *Y Otros Poemas,* que, por su título y por no llevar indicación alguna al respecto, no parecía formar parte de *Aire nuestro,* sino más bien constituir un complemento a la obra. Diversos análisis pusieron en claro poco después la estrecha relación existente entre el nuevo libro y los anteriores y, a la vez, el mayor desarrollo en él de ciertos temas como el *«de senectute»,* el metapoético y el de crítica político-social, revelando, por tanto, la autonomía y el carácter particular del libro, que hacían de él mucho más que una simple colección complementaria en la que Jorge Guillén recogiera su producción última.[3] En 1977, con la nueva libertad de prensa y desaparecidas las causas de la prohibición de *Aire Nuestro* en España, Barral Editores iniciaban la publicación de la obra completa de Jorge Guillén con la edición de *Cántico* y de *Clamor* ese mismo año, y la de *Homenaje* en 1978. Al año siguiente aparecía publicado *Y Otros Poemas* con una importante novedad en la portada: su inclusión en *Aire Nuestro* como cuarta serie de la obra completa. Con ello, se modificaba la estructura interna de la obra y su construcción global, y quedaba abierta a nuevas incorporaciones.

Por último, en 1981, *Final* aparecía como «quinta serie»de *Aire Nuestro*[4] con un claro designio de equilibrar la obra completa y de darla por concluida armónicamente. Tanto el título del libro como la dedicatoria y la temática de muchos de los poemas permiten apreciar desde la primera lectura la función que Guillén le asignaba en el conjunto de la obra definitiva. Como los libros anteriores, en efecto, *Final* representa mucho más que una mera recopilación de los poemas escritos entre 1973 y 1981: culminando la arquitectura de la obra completa, se nos presenta la quinta serie como una obra perfectamente estructurada de acuerdo con el conjunto, tanto en su distribución externa —partes, secciones, subsecciones— como en la organización temática y metafórica. Los poemas independientes se cargan de sentido al asociarse en una estructura superior que remite constantemente a la organización de *Aire Nuestro*. Y así, como ya he estudiado por extenso en otro lugar,[5] *Final* viene a completar, matizar y dejar cerradas y en equilibrio armónico muchas líneas abiertas en *Cántico* y en las series siguientes. *Final* es la pieza que faltaba en la distribución en cinco series que rige la organización de los distintos niveles de la obra completa.

Dividido a su vez en cinco partes, *Final* es una meditación guilleniana sobre su trayectoria poética desde una ancianidad que se nos presenta arrogantemente como «vida acumulada»y es también una nueva indagación variada, enérgica y vitalista en la realidad humana, natural e histórica más inmediata al autor como hombre y como poeta. Sin duda, una tonalidad ética y existencialista, propia de la perspectiva del hombre que ha escrito esos poemas a lo largo de la novena década de su vida, que se expresa nítidamente desde el mismo título, aporta a *Final* su sentido y su propósito: «*el propósito constante del poeta. Final: continuación y síntesis*».[6]

Cada parte del libro tiene un sentido propio y a la vez conectado con las distintas series anteriores: las partes primera, «Dentro del mundo», y última, «Fuera del mundo», forman un marco estructural que encierra a las tres centrales y que sitúa toda la creación poética contenida en ellas en un contexto de reflexión intimista sobre la integración del hombre en su planeta, en los ciclos de la naturaleza y sobre la limitación de la vida humana, aceptada con un epicureísmo cada vez más explícito en el autor.

Las tres partes centrales agrupan temáticamente los poemas de acuerdo con una ordenada correspondencia con los libros anteriores. Así, la parte central, «Dramatis personae» es un nuevo desarrollo de la poesía crítica y social de *Clamor,* de la misma forma que las partes segunda y cuarta, «En la vida» y «En tiempo fechado», rodeando la reflexión amarga y radicalmente ética sobre la historia humana —ese mundo «mal hecho»—, desarrollan con otros tonos el vitalismo sensorial e intelectual característico de *Cántico* y de *Homenaje.* Así, se tratan ampliamente los temas de la naturaleza, desde la elementalidad de la flora y de la fauna hasta su concreción en jardines, ciudades y vivencias personales. El placer de los sentidos y de la mente, el amor, la amistad, el panorama humano que rodea al poeta, en suma, y el homenaje literario a diversos autores y obras literarias, juntamente con una nueva suma de textos traducidos o «variaciones» configuran de nuevo el panorama de «maravillas concretas» con el que Jorge Guillén representa el «mundo bien hecho» que ha sido la constante y la vertiente luminosa de su escritura.

Integración de la tradición cultural: el culturalismo.

El ideal de vida que comunica la poesía de Jorge Guillén es, esencialmente, integrador. *Cántico,* con su exaltada afirmación, lo define ya en su propio título. *Clamor* introduce una distancia crítica originada en la reflexión sobre la sociedad humana y sobre la historia. *Homenaje* resitúa esa afirmación fundamental en la dimensión correcta del intelectual consciente, y vuelve a plantear el ideal integrador del hombre en el mundo natural y en el social, dialécticamente enfrentados. Y quien realiza la integración es el poeta, el hombre reflexivo en el acto de ejercer su inteligencia y su ética. Así, todo *Aire Nuestro* podría entenderse como la aspiración a un homenaje a la totalidad: la naturaleza y los seres, en su diversidad y con sus ritmos vitales, y también el mundo de los hombres —la sociedad, la Historia, con sus imperfecciones, en definitiva , las creaciones humanas.

El campo de referencias literarias de la poesía de Jorge

Guillén es amplísimo ya desde la primera edición de *Cántico*, y no deja de aumentar a lo largo de todo *Aire Nuestro*, haciéndose muy explícito en *Homenaje* y en las series restantes.[7] En esos libros el autor dedica un espacio amplio al homenaje literario y personal, a la glosa de textos y opiniones de otros autores y a sucesos de su experiencia biográfica. Son «atenciones» a autores y lecturas, comentarios y anécdotas con «tiempo fechado», que alcanzan el mismo rango de estímulo poético que tantos lugares, tantos elementos de la flora y de la fauna, tanta «realidad irresistible». Y que, en el caso de las referencias variadas a la literatura y al arte, introducen en su mundo poético una perspectiva culturalista viva y activa, mediante la cual el poeta abre su diálogo creador a la cultura en la que él mismo está inmerso. Basta proponer, entre tantos posibles, un sencillo ejemplo, tomado de *Y Otros Poemas*. El poeta mira el mar de Málaga desde su ventana del Paseo Marítimo. La descripción objetiva —luz, cielo, mar, horizonte— se va tornando emoción íntima, deleite de un instante. El proceso de apropiación de esa realidad exterior culmina con una referencia artística que se vuelve un signo más, culminación del acto creativo:

> (...) El centelleo no abrasa,
> Platea. Yo lo percibo
> Como un ondear, cautivo
> En una pared de casa.

> Mar azul, ahí delante,
> Contemplo entre los barrotes
> Del balcón. Matisse constante.

(Y.O.P., pág. 512)

Aire Nuestro está repleto de nombres propios: dedicatorias, alusiones, citas, personajes reales o literarios que dan a los poemas del libro mayor densidad de realidad e historia. **Desde el principio, y más explícitamente desde** *Homenaje,* Guillén no sólo poetiza la realidad común, la naturaleza, las cosas. Su poesía nos aporta relaciones concretas con la Historia, con la cultura, con los seres que integran su intimidad, con sus lectores y críticos. La presencia de personajes literarios, mitos, espacios concretos, enriquece los textos integrándolos, a la vez, en la cultura viva, clásica y moderna. Como señalaba Oreste Macrí en su detallado estudio de los nombres en *Homenaje,* en este libro «se concentra e irradia al máximo, y sobre todo explícitamente, la presencia real y *nominativa* del *otro,* la presencia del mundo humano que el yo necesita, y quizá más que el mundo natural, el cual también se fracciona y reconoce humanamente en *lugares nombrados,* visitados por la aventura y curiosidad del moderno Ulises peregrinante».[8]

Incluso el amplio conjunto de dedicatorias permite apreciar el aspecto «concreto» y literario del papel de la amistad en la poesía de Guillén, materializando la importancia filosófica, con Epicuro al fondo, que ese concepto cobra con el tiempo en las sucesivas series de la obra. Los nombres de quienes en algún momento han estado cerca del poeta pasan a formar parte de su poesía, dando relieve y rostro a muchos textos y configurando ese «paisaje con historia» que reclamaba Jorge Guillén en *Cántico.*

Los autores y las obras citadas, las referencias históricas, filosóficas o artísticas, los paisajes y las ciudades convocados por el poeta integran el tejido culturalista de esta poesía. Muchos poemas de Jorge Guillén están escritos desde dentro de una referencia cultural concreta, inserto el escritor en un género del pasado, en el mundo de la mitología clásica o de la Biblia, por ejemplo, y desarrollando de manera muy diversa su diálogo con ese momento de la cultura humana. Deben mencionarse creaciones importantes, como «Tiempo libre», de *Cántico,* «Lugar de Lázaro», de *Clamor,* «Amor a Silvia», de *Homenaje,* «Ariadna en Naxos» o «La Sibila», de *Y Otros Poemas.* Todos ellos muestran hasta qué punto el fenómeno del culturalismo en Jorge Guillén es todo lo contrario de una mera acumulación de citas eruditas, de menciones nominales huecas.

Por el contrario, la sola mención de un autor en el interior de un poema guilleniano está cargada de sentido y, con diversos tonos, sirve para convocar —y enriquecer con ello el texto— las connotaciones culturales que ese autor implica. Así, el poema «Resumen», de *Homenaje:*

> Me moriré, lo sé, Quevedo insoportable,
> No me tiendas eléctrico tu cable.

> Amé, gocé, sufrí, compuse. Más no pido.
> En suma: que me quiten lo vivido

o este otro, de *Final,* estrechamente relacionado con el anterior:

> Vejez de Calderón, vejez de Goethe,
> Apasionada ancianidad fecunda

Por la vía suprema del esfuerzo
Diario, competente,
Aunque inseguro en busca de otra cosa,
No lejos ya del último horizonte.

Mayor importancia tiene el gran número de citas o nombres de otros autores que Guillén coloca en sus poemas como títulos, como epígrafes o como citas intercaladas. Con todo ello toma del acervo cultural notas (tópicos, mitos, tendencias literarias, autores) que le dan pie para desarrollar su propia escritura, coincidente o no con el sentido de la referencia, de la que se saca, a menudo, su esencialidad metonímica. Los poemas que incorporan una cita a veces la glosan y otras veces se apartan de ella, pero se relacionan siempre con la trayectoria del poeta como lector. Así, el mundo «bien hecho» al que se vincula el entusiasmo de Guillén en sus poemas no es sólo el que integran la naturaleza y los seres, sino también las obras humanas, desde el ejercicio físico hasta la creación artística, muchos de cuyos más destacados monumentos están presentes en *Aire Nuestro.*

No hay duda de que todo el contingente de nombres propios mantiene en los poemas de Guillén el calor de lo biográfico, que pasa a ser material literario a tener muy en cuenta para caracterizar la personalidad estilística y poética del autor. La enorme cantidad de referencias artísticas, filosóficas o históricas, que Guillén maneja como signos propios incorporando cada vez nuevos nombres y remitiendo siempre a la constelación fija de sus escritores preferidos —Garcilaso y Fray Luis de León, Lope de Vega y Cervantes, Dante y Shakespeare, Antonio Machado y Pedro Salinas, etc., etc.[9]— permite apreciar el mantenimiento del poeta en un culturalismo vivo, que aporta explícitamente a su poesía un conjunto de referencias y alusiones que obligan al lector a tener presentes, en ese plano sincrónico en el que opera siempre en nosotros como lectores la literatura, los más variados textos de todas las épocas y latitudes. Muchas veces la intertextualidad sirve para establecer conexiones de carácter metapoético y formal con un autor del que Jorge Guillén admira unos versos, y cuya lectura es ya un punto de apoyo para la creación poética. Así, este poema de *Final:*

> *la cara que muestras a los del infierno*
> *faré que demuestres al cielo superno,*
> *tábida, lúrida y sin alabança.*
> JUAN DE MENA, «Laberinto», 250, 8

I

«Tábida, lúrida», dice el poeta,
Término oscuro difunde un encanto.
Rostro se esconde tras esa careta:
Un personaje con lustre de manto,
Lúcido audaz que a los númenes reta
Con una flor, un clavel, un acanto.

Todo conduce al umbral del misterio.

II

Por el río del ritmo las palabras
Trascienden su inmediato ser sonoro,
Proponen más riqueza de sentido,
Algo con fluidez de sentimiento
Que a lejanías llevan ciertos sabios
Signos, no extravagantes, misteriosos.

¡Córdoba! «Tábida, lúrida» ¡Córdoba!
(Final, pág. 62)

Otras veces, sin embargo, la referencia intertextual cumple una función temática concreta cuando Guillén se apoya en el molde expresivo de la cita, la paráfrasis o la antífrasis, para proponer a continuación su propio pensamiento. Como un ejemplo entre muchos, véase este diálogo textual con Goethe:

> *Man sehnt sich nach des Lebens Bächen,*
> *Ach! nach des Lebens Quelle hin.*
> «Faust», I, Studierzimmer.

Si dioses ya no esperan tras la tumba,
¿Nuestra muerte despoja de sentido
Final a nuestra vida y su torrente?

Que el esfuerzo domine tal balumba.
Lanzar me baste al curso del olvido
La intención de ser hombre dignamente.
(Homenaje, A.N., pág. 1149)

Así, lo más importante del uso de esas técnicas intertextuales es el diálogo profundo que el poeta establece con cada cita y su autor, en un esfuerzo creativo por captar lo esencial y proponiendo en cada caso una respuesta propia, acorde o desacorde. El lector que comenta su lectura suele devenir comentarista de sí mismo —a veces comentarista del comentario nada más— y, de esta forma, Guillén ejerce de crítico a la vez que crea poéticamente sobre la escritura de los otros, en el seno del más estricto clasicismo y, muchas veces, la cita, como la «variación», sirve para expresar con esa mezcla de palabras ajenas y propias los valores poéticos del poeta, que de la cita y la paráfrasis suele pasar a la reflexión abstracta y generalizadora, siguiendo la técnica descrita por Debicki.[10] Muchas veces, también, de la reflexión sobre textos del pasado, que tienen su valor histórico aun formando parte de un continuum intemporal, como decía T.S. Eliot, Guillén extrae datos para su estética y su ética propias, actuales y vividas.

Las «Variaciones»: traducción y creación poética.

Desde muy temprano, ya en los años pasados en Francia desde 1919, Jorge Guillén se interesó por la problemática de la traducción, como crítico y como poeta. Biruté Ciplijauskaité recordaba en un reciente y clarificador estudio el comentario del poeta en 1923 a propósito de una traducción al francés de *Belarmino y Apolonio,* de Ramón Pérez de Ayala: «Aventura peligrosísima, ciertamente, la del sumo estilista puesto en otro estilo —que eso es por fuerza la versión más fiel».[11] La aguda conciencia que Jorge Guillén tiene del valor particular y único de la palabra poética se pone, en efecto, de manifiesto en el carácter de su propio estilo como poeta de la precisión, en el que cada palabra crea un campo propio de sentidos que se mantiene y profundiza cada vez más a lo largo de la extensa creación de *Aire Nuestro* y que es, también, el principio esencial en las traducciones que Guillén realizó a lo largo de su vida. No es extraño, por ello, que en 1929 afirmase a propósito de una traducción de *España,* de Azorín, al francés, que «sólo un verdadero escritor puede traducir a otro».[12]

La experiencia de Jorge Guillén como traductor fue afortunada desde el principio, y no puede extrañarnos en un escritor que vive tan intensamente el lenguaje. Es famosa y celebrada la traducción guilleniana de uno de los grandes poemas del siglo XX, «Le Cimetière Marín», de Paul Valéry —«*Je m'adore en espagnol*», diría al respecto el poeta francés—, que treinta años más tarde se integró en *Homenaje*. Cuando organiza Guillén este libro, dispone como primera parte, con el título «Al margen», los poemas escritos como homenaje a una larga serie de autores de todos los tiempos. Para cerrar el libro, de manera simétrica, la parte quinta, con el título de «Variaciones», recoge una importante cantidad de textos de poetas de otras lenguas, recreados en español bajo ese nombre genérico y musical, fundamentalmente humilde, de «variaciones». Cada pieza muestra la maestría verbal de Guillén y, como testimonio del trabajo del traductor-poeta, se despliega en ocasiones hasta en tres o cuatro variaciones diferentes, como en el caso de «La Dormeuse», de Valéry. Una buena muestra de esa técnica, que, sin perder la fidelidad al texto original, se acerca más al mundo guilleniano a cada paso, como ha mostrado Ciplijauskaité, y que se mantuvo hasta los últimos años de su vida y de su obra, la constituye esta doble variación de *Final* sobre una octava de Poliziano:

I

Candida e ella, e candida la vesta,
Ma pur di rose e'fior dipinta e d'erba:
Lo inanellato crin dell'aurea testa
Scende in la fronte umilmente superba.
Ridegli attorno tutta la foresta,
E quanto può sue cure disacerba,
Nell'atto regalmente e mansueta;
E pur col ciglio le tempeste acqueta.

II

TRADUCCIÓN

Cándida es ella, cándido el vestido
Con pintura de rosas y de hierbas.
Y desciende el cabello rubio en bucles
Hasta la frente humilde con soberbia.
Ríele en torno y su aflicción alivia
—En lo posible— toda aquella selva.
Erguido el porte regiamente manso,
Con las pestañas la tormenta aquieta.

137

III

VARIACIÓN

Cándida es ella, cándido el vestido
Ornado por color de rosa y hierba.
Cabello alumbra, rubio a luz unido,
La humilde frente de soberbia sierva.
Sonríe en torno un mundo verdecido,
Y atenúa dolor que se reserva.
Con un aire de reina mansa avanza.
Tempestad, si la mira, ya es bonanza.

(Final, págs. 281-282)

En sus traducciones Jorge Guillén busca ofrecer al lector
sus propias vivencias profundas de la poesía ajena, que se materializan y aumentan en el acto de crear con palabras propias
y en su propio idioma sobre el «pie forzado» de un poema en
otra lengua. Traduciendo con esa dedicación es como el poeta
alcanza a penetrar hasta lo más profundo en los conceptos y
las vivencias que otros textos le trasmiten. Al tomar plena posesión de poemas ajenos consigue una nueva forma de mate-
rializar en su poesía ese continuo «contacto con presencias»que
es todo *Aire Nuestro.* Y no cabe olvidar el sentido expreso
de la inclusión de las traducciones en *Homenaje,* que el poeta
precisa en unos versos situados como epígrafe a la sección:

Me reuno con un amigo.
Entenderle es delicia extrema.
Se tornasola cuanto digo:
Variaciones en torno a un tema

(A.N., pág. 1458)

Oreste Macrí dice, a propósito de las variaciones de *Homenaje* que «se llega al máximo de la traducción-variación, con
que se definen figuras ejemplares de autores o personajes, en
los cuales se encarnan —verificados en la Musa de los otros—
los ideales, desprecios, gozos, execraciones, humores de don
Jorge; estamos en lo profundo de esta parte y del significado
de todo el libro, que se presenta como un ballet de una gentil-
mente personificada cultura de Europa, diríamos guillenizada
en sus grandes lugares comunes experimentales y reflejados
en una conciencia comprensiva de heredero que la filtra y la
trasmite».[13] Estas líneas expresan muy certeramente, en mi
opinión, el sentido y el papel que juegan las traducciones dis-

puestas entre los poemas originales en *Aire Nuestro:* extrema objetivación de la raigambre culta y clasicista de Jorge Guillén como poeta, que él mismo quiere exponer al estructurar el conjunto de su obra.

Me he referido antes a la variedad de manifestaciones del culturalismo en la poesía guilleniana, y es preciso recordar que Oreste Macrí e Ignacio Prat, entre otros, analizaron detenidamente la función estructuradora que cumplen en las primeras series de *Aire Nuestro* las citas clásicas, de Virgilio y de Dante, de Berceo y de Jorge Manrique, de Fray Luis de León y de San Juan de la Cruz. Por mi parte, he destacado el simbolismo clasicista de la disposición simétrica de los sonetos en las tres partes de *Clamor* y las referencias culturales situadas en los versos centrales de casi todos ellos.[14] Todo *Aire Nuestro,* en suma, está profundamente arraigado en la cultura clásica, antigua y moderna, por medio de muy diversos anclajes. Las variaciones, algunas de las cuales —como la traducción de «Le Cimetière Marin»— pertenecen a los años veinte, ocupan en la cronología literaria de Jorge Guillén tanto tiempo como la escritura de su obra poética y, si no se integran en el seno de *Aire Nuestro* hasta la publicación de *Homenaje* es precisamente porque con este libro se materializa la unificación de toda la obra en un conjunto trabado.

Por otra parte, las variaciones sirven para explicitar artísticamente y por extenso lo que en la poesía más propia de Jorge Guillén es un clasicismo profundamente asumido: siendo radicalmente actual —y su diálogo con los escritores del presente lo corrobora—, la visión del mundo roza muchas veces la formulación literaria de los siglos de oro hispánicos, y está vinculada por multitud de referencias y citas al clasicismo grecolatino. Por lo demás, el uso de los tópicos y motivos clásicos, a veces con sentidos diferentes —irónico, simbólico, gnómico, etc.— integra esta poesía en una tradición cultural compartida por otros poetas contemporáneos, como Juan Ramón Jiménez, y que, en el caso de Jorge Guillén, está siempre a flor de verso, entre tradición y originalidad, según la fórmula afortunada de Pedro Salinas: la sátira moral, el epigrama, la celebración de la primavera, el *carpe diem,* la rosa, y tantos otros. Véase, como ejemplo, el carácter clásico y moderno que connota el poeta en estos versos de *Y Otros Poemas:*

ESE PÉTALO

Ante Anita

Ese pétalo —rojo,
Suntuoso— de rosa,
Si llama y se dirige
Con su magnificencia
De color a tu vista,
También te ofrece al tacto
Casi una piel, textura
De un más que terciopelo.
No hay seña que lo anuncie.
Amante: palpa el pétalo

(Y.O.P., pág. 36)

El sentido preciso de la temporalidad que tiene Guillén a la hora de organizar sus libros en ciclos diurnos y estacionales se ve complementado por la estricta ordenación histórica de los poemas «al margen» y de las «variaciones». El más de medio centenar de variaciones incluidas en *Homenaje*, las veintiséis de *Y Otros Poemas* y las diez de *Final* se ordenan de acuerdo con este criterio, aportando un panorama extenso y ordenado. En *Homenaje* traduce textos preferentemente franceses e ingleses, si bien no faltan testimonios de otras lenguas. Así, se inicia la sección con una cantiga de amigo de Pero Meogo, y continúa con unas variaciones sobre textos japoneses, textos de Tasso, Shakespeare, Angelus Silesius, Wordsworth, Hölderlin, Leopardi, Antero de Quental, Rimbaud, Santayana, Yeats, Toulet, Claudel, Valéry, Rilke, Wallace Stevens, Supervielle, Pound, Carner, Pessoa, Saint-John Perse, Riba, Mac Leish, Cassou, Montale y Romano Bilenchi.

En *Y Otros Poemas* incluye sus variaciones sobre Tu-Mu, Cavalcanti, Basho, Théophile de Viau, Blanco White, Victor Hugo, Walt Whitman, Mallarmé, Ivar Ivask, Astrid Ivask, Wailim Yip y Ungaretti. *Final* recoge las variaciones sobre el *Pervigilium veneris*, un poema de Selomó Ibn Gabirol y la ya citada octava de Poliziano, así como variaciones sobre textos de Ronsard,[15] Cecilia Meireles, Yves Bonnefoi, Wai-lim Yip, Alberto de Lacerda, Elizabeth Bishop, Michael Hamburger y Claude Esteban.

En estas tres series y en particular en las dos últimas, el poeta une a textos de autores del pasado más o menos lejano poemas de autores contemporáneos y, en muchos casos, vinculados a él por lazos de amistad. Consigue así presentar el espacio del homenaje como una síntesis de vivencia literaria y vivencia histórica, en la que lo esencial es lo vivo del ejercicio de traducción y de homenaje, que no se trata de un adorno suplementario, sino que va formando parte de *Aire Nuestro* al hilo de la vida del poeta, a quien están dedicados, junto con Irene, su esposa, algunos de los poemas originales que traduce.

Quiero detenerme, para concluir, en una de las variaciones de *Final,* magnífica muestra de vitalidad artística y mental que nos entrega el poeta en su último libro: la realizada sobre el poema latino *Pervigilium veneris.* Según todas las fuentes,[16] este poema recoge el espíritu de las celebraciones romanas de las vísperas de la primavera: estación de Venus que evoca el origen del mundo y de la vida, el renacimiento de la naturaleza, el despertar genésico de las criaturas. El poeta eleva un cántico de gloria en honor de Venus que, precedida por las Ninfas, desplaza a Diana y ocupa el trono de la naturaleza.

El texto que ha llegado hasta nosotros consta de 93 versos y data del siglo II de nuestra era, según la mayoría de los eruditos (Citaré por la edición de Robert Schilling, Paris, Les Belles Lettres (1961). Descubierto en 1577 por Pierre Pithou, ya Erasmo había aludido a este poema, que titulaba «La Primavera» y atribuía a Catulo.[17] Atribuible con mayor seguridad a Floro, el poema es un sencillo pero cuidado canto, luminoso y sensual, al nacimiento de la primavera. Se halla a medio camino entre el canto ritual a la manera del «Carmen saeculare» de Horacio, cuyas huellas pueden detectarse, por otra parte, en el poema de *Final* «El Sol», y de la variación poética en torno al tema de las celebraciones civiles de la primavera, aunque no se desarrollan en él los elementos orgiásticos que caracterizan éstas últimas. En cualquier caso, el original latino tiene una serie de precisiones geográficas —«Iussit Hyblaeis tribunal stare diua floribus / (...) / Hybla, totos funde flores, quidquid annus adtulit! /Hybla florum sume uestem, quantus Aetnae campus est!»— e históricas —«Romuleas ipsa [Venus] fecit cum Sabinis nuptias, / Vnde Ramnes et Quirites proque prole posterum/ Romuli, patrem crearet et nepotem Caesarem»— que constituyen una motivación extraliteraria del poema y que le restan generalidad y resonancia.

Los versos se distribuyen en series irregulares entre las que se va intercalando a modo de letanía la invitación al amor: «Cras amet qui numquam amavit quique amavit cras amet!».

La primera secuencia (versos 1-8) anuncia la llegada de la primavera bajo los auspicios de Venus. La segunda (vv. 9-12) describe el nacimiento de la diosa, cuyo aniversario se celebra. La siguiente (vv. 13-27) la constituye la descripción del florecimiento primaveral. Se destaca la rosa, flor predilecta de Venus. Estas tres series de versos forman la primera parte del poema: la primavera es la estación de Venus.

La segunda parte abarca otras tres series que describen la preparación de la fiesta: en los versos 28-36 se representan las recomendaciones de Venus a las ninfas. A continuación (vv. 37-48) las ninfas explican su mensaje a Diana y describen la fiesta que se prepara. Por fin (vv. 49-57) se localiza la fiesta en Hybla.

La parte tercera está formada por las letanías de Venus, y consta de cuatro series. Los versos (58-68) sitúan a Venus como diosa cósmica de la procreación. Luego (vv. 69-76) es nombrada diosa titular de Roma, diosa del mundo vegetal (vv. 76-80) y soberana de los animales y de los pájaros (vv. 81-88). El poema concluye con cuatro versos en primera persona que constituyen la intervención melancólica del poeta:

Illa cantat, nos tacemus. Quando uer uenit meum?
Quando faciam uti chelidon, ut tacere desinam?
Perdidi Musam tacendo nec me Phoebus respicit.
Sic Amyclas, cum tacerent, perdidit silentium.

La traducción de Guillén no es completa sino selectiva, y esa selección es muy importante a la hora de valorar el porqué de la elección de este texto y de su colocación en *Final*. El poeta no está interesado en la recreación de la mitología por sí misma.[18] Por ello se desinteresa de los primeros versos:

Ver nouum, uer iam canorum; uere natus orbis est,
Vere concordant amores, uere nubunt alites...

La variación comienza a partir del verso 13, y Guilén elige el ritmo pausado del alejandrino —con algunas excepciones—para la traducción de los septenarios trocaicos originales. El poema se abre, pues, con una descripción sensorial de la naturaleza en su despertar, ese despertar guilleniano con que el hombre se reintegra en el mundo:

Ipsa gemmis purpurantem pingit annum floridis,
Ipsa surgentes papillas de Fauoni spiritu
Urget in nodos tumentes ipsa roris lucidi,
Noctis aura quem relinquit, spargit umentis aquas.

Et micant lacrimae trementes de caduco pondere:
Gutta praeceps orbe paruo sustinet casus suos.
En pudorem florulentae prodiderunt purpurae:
Vmor ille, quem serenis astra rorant noctibus,
Mane uirgineas papillas soluit umenti peplo.

Los vocablos que usa son estrictamente los mismos, respetando en algunos casos el original mediante el uso de cultismos y, al mismo tiempo, reescribe los versos con su estilo más propio, introduciendo incluso técnicas características, como la tensión adverbial «aún... ya» o la expresión concentrada — «ímpetu nudoso»— en hallazgo verbal que compite en belleza con la expresión original:

Venus ya pinta el año con púrpura de gemas,
Y apremia a florecer en ímpetu nudoso
Los capullos que brotan, Favonio, de tu aliento.
Venus esparce gotas de luciente rocío,
Resto aún de la noche y de su brisa.

Lágrimas lucen, tiemblan pendientes de su peso.
La gota en orbe parvo sostiene su caída.
Y su pudor revelan, purpúreas, las flores.
Rocíos estelares, en las noches serenas
Desciñen de aquel manto los pechos virginales.

Los versos del *Pervigilium* siguen a partir de este momento una extensa y ornamentada recreación mitológica del cortejo de Cupido y las Ninfas que se presentan a Diana y la exhortan a participar de la fiesta o a retirarse: durante tres noches, con la anuencia de Ceres y Baco, se celebrará el triunfo de Venus:

Detinenda tota nox est, peruiglanda canticis:
Regnet in siluis Dione! Tu recede, Delia!

La intención de Guillén es centrarse en lo que la primavera tiene de renacer de la fuerza vital, y ha preferido, en esta parte, eliminar lo anecdótico, renunciando a la hermosa narración mitológica. Por ello, su versión omite esta secuencia y salta también por encima de la siguiente, la ya mencionada descripción de las llanuras florecidas del Etna. Así partiendo del verso 21 —«Ipsa iussit mane ut udae uirgines nubant rosae:»—, continúa con los versos 59-67, en que Venus aparece como diosa de la procreación universal:

Cras erit quo primus Aether copulauit nuptias.
Ut Pater totum crearet uernis annum nubibus,
In sinum maritus imber fluxit almae coniugis
Vnde foetus mixtus omnis aleret magno corpore.
Ipsa uenas atque mentem permeanti spiritu
Intus occultis gubernat procreatrix uiribus.
Perque caelum perque terras perque pontum subditum,
Peruium sui tenorem seminali tramite
Inbuit iussitque mundum nosse nascendi uias.

La traducción de estos versos constituye el centro de la variación guilleniana. El poeta mantiene esencialmente su fidelidad al original, agilizando el ritmo expresivo, pero manteniendo como centro del poema una generalización que abarca todos los elementos del universo regido por esa representación de Venus. Fiel al original, como digo, el poeta imbrica el texto latino en una expresividad y una temática característica de su propia obra. El proceso de traducción es a la vez un proceso de reafirmación de un mundo poético propio:

Nupcias ordena Venus a las vírgenes rosas
En las mañanas húmedas de cada primavera.
Mañana es cuando el Éter acoplará sus nupcias
Y con nubes de Abril creará el año entero,
Padre que envía lluvias al consorte regazo:
Mezcladas al gran cuerpo crean todos los seres.
Venus infunde espíritu en las venas y en las mentes,
Rige procreadora con ímpetus ocultos,
En los cielos y tierras, en el mar sometido
Venus va penetrando por caminos fecundos,
Manda que el mundo acoja las vías del nacer.

Todavía elimina el poeta el breve pasaje en que Venus es nombrada diosa titular en Roma y las referencias concretas a los césares. Elemento referencial probablemente imprescindible en el original, dado su carácter, éste es el aspeco arqueológico que menos puede interesar a Guillén en su sistemática elección de los nucleos temáticos del poema latino. El poeta retoma el texto desde el verso 76. Una vez culminada la elevación cósmica de la fuerza genesíaca de la naturaleza, en su andadura ya hacia el final, el poeta castellano no evita la breve referencia mitológica, seguramente por lo que tiene de identificación de las deidades de la procreación con la fuerza creadora de la naturaleza:

Rura fecundat voluptas, rura Venerem sentiunt;
Ipse Amor, puer Dionae, rure natus dicitur.
Hunc, ager cum parturiet, ipsa suscepit sinu;
Ipsa florum delicatis educavit osculis.

Guillén traduce evitando en momentos precisos el artículo, con lo que el sustantivo remite a las esencias absolutas, como señala Alvar. Esa técnica, tan propia de nuestro poeta, ha servido fielmente al propósito de la traducción en los momentos precisos («Lágrimas lucen...», «Rocíos estelares...»). En este caso, junto con el descenso a la anécdota mitológica, es decir, el relajamiento de la exigencia generalizadora que ha regido el climax del poema, aparece el sustantivo sin determinante en la cláusula inicial: lo que sigue es tan sólo ejemplo acorde con la presencia del pensamiento mítico:

Sensualidad fecunda campos: a Venus sienten.
Nació en el campo, dicen, Amor hijo de Venus.
Tierra en labor lo hizo. Venus lo llevó al seno,
Y lo crió por entre los ósculos florales.

Esta breve secuencia, separada, como las anteriores, por la reiterada invitación al amor —«Ame mañana quien no ha amado nunca / Y quien ya ha amado ame aún mañana»—, sirve, también, de transición a la última parte del poema. Después de la elevación a un nivel cósmico del reino de la diosa, se pasa a la concreción en el mundo animal, cuyos ejemplos propician el «finale» de esa forma de sonata que Manuel Alvar ha visto en la versión de Guillén. El poeta latino ya organizó su texto de acuerdo con esa tensión decreciente, mostrando —«Ecce»— ejemplares de las distintas especies entregados al ritmo del amor:

Ecce iam subter genestas explicant tauri latus,
Quisque tutus quo tenetur coniugali foedere.
Subter umbras cum maritis ecce balantum greges.
Et canoras non tacere diua iussit alites.
Iam loquaces ore rauco stagna cygni perstrepunt.
Adsonat Terei puella subter umbram populi,
Ut putes motus amoris ore dici musico
Et neges queri sororem de marito barbaro.

Con leves cambios, pero respetando esencialmente la rica descripción sensorial —el *locus amoenus,* esos cantos instintivos de los seres—, el poema culmina con la alusión a un mito

145

que Guillén mantiene la variedad de animales entregados al amor termina en esa referencia mítica que abre la celebración de la primavera al mundo de una cultura viva:

Ved, bajo las retamas toros tienden sus flancos
Y se rinden, seguros, a los brazos nupciales.
Ved balando a la sombra carneros con ovejas.
Venus manda a las aves que en su canto persistan.
Roncos cisnes locuaces asordan los estanques
A la sombra del álamo la esposa de Tereo[19]
Como respuesta canta su pasión amorosa,
Sin lástima de hermana, víctima de su esposo.

Concluye el poema con la traducción de los versos finales, ya citados, que en el contexto de *Final* cobran un sentido de despedida concordante con el espíritu de todo el libro. Las alusiones mitológicas se mantienen porque dejan entre sombras la tristeza de la despedida:

Ella cantó, yo callo. ¿Vendrá mi primavera?
¿Pondré fin al silencio como la golondrina?
A fuerza de callarme yo he perdido mi Musa
Ya no me atiende Febo. Así se perdió Amicla.

Jorge Guillén no ha traducido como un latinista, sino como un poeta. Lo que le importa siempre en sus traducciones es dialogar con el texto, mantenerlo vivo en castellano y, además, poner su impronta en las palabras y en el sentido. La mejor comprensión de las traducciones guillenianas es la que se produce al integrarlas en la lectura de la obra global del poeta, porque para Guillén traducir es también menester poético, de creación. Por eso mismo el poeta selecciona a su antojo y con exactitud lo que quiere traducir. En última instancia, el destino de esas traducciones ha sido el de ser integradas en la Obra.

Con la traducción del *Pervigilium veneris* se ejemplifica bien lo que Ciplijauskaité llama «el arte de la variación» guilleniana: por un lado, el poeta da una versión personal y viva del texto, respetando con fidelidad los momentos que encajan con el espíritu de su propia poesía. El poeta respeta al máximo la literalidad de la traducción, hasta donde es posible, y al mismo tiempo da muestras de un excepcional dominio de los recursos léxicos del castellano. En esta variación, los versos del «Pervigilium veneris» suenan como propios porque son propios. La fusión entre respeto al original y creación también original es perfecta.

146

Por otra parte, con la elección de los fragmentos citados, Guillén recrea un poema de alcance y resonancias mucho más generales que los del original, destacando los motivos del texto que son a la vez muy propios de su poesía: el amanecer, el tema de la rosa, la fuerza creadora de la naturaleza, el ritmo acorde de todos los seres en dependencia de ésta, y la variada presencia de la fauna. Reproduce también los versos finales que, en las palabras de Guillén y a la altura biográfica de *Final* cobran una especial resonancia trascendente. No podemos olvidar hasta qué punto en ese último libro todos los poemas están organizados en torno a la tensión de dos realidades que el poeta mantiene unidas como muestra última de su ética: la aceptación de la muerte como precio de la vida y la reafirmación del valor de la vida en sí misma, con ciudadanía responsable y con entrega placentera a los sentidos y a la inteligencia. Cobra valor así la cita espigada en Lope de Vega que figura al comienzo del libro:

Y cuando un hombre de sí mismo siente
Que sabe alguna cosa y que podría
Comenzar a escribir más cuerdamente,
Ya se acaba la edad...

NOTAS

[1] Jorge Guillén: *Aire Nuestro. Cántico. Clamor. Homenaje*. All'insegna del Pesce d'Oro, Milán (1968). 1698 págs. Para las tres primeras series citaré por esta edición. Recientemente (1987) el Centro de Creación y Estudios «Jorge Guillén» de Valladolid ha editado la obra completa bajo la dirección de Claudio Guillén y Antonio Piedra.

[2] Vid., entre otros: Rozas, J.M.: «Que sean tres los libros e uno el dictado», en *Homenaje universitario a Dámaso Alonso*, Gredos, Madrid (1970), págs. 207-220. Debicki, A.P.: *La poesía de Jorge Guillén*, Gredos, Madrid (1973). Casalduero, J.: *«Cántico», de Jorge Guillén, y «Aire Nuestro»*, Gredos, Madrid (1974).

[3] Vid.: Prat, Ignacio: «Estructura de *Y Otros poemas*», en *Prohemio*, VI, 2-3, (septiembre-diciembre de 1975), págs. 237-256. Reed. en *Estudios sobre poesía española contemporánea*, Taurus, Madrid (1982). Macrí, O.: *La obra poética de Jorge Guillén*, Ariel, Barcelona (1976). Zuleta, E. de: «Poesía y realidad: *Y Otros Poemas*», en *Homenaje a Jorge Guillén*, Insula, Madrid (1978), págs. 455-478.

[4] Jorge Guillén: *Aire Nuestro V. Final*. Barral Editores, Barcelona (1981). Edición muy imperfecta y repleta de erratas. La edición de Valladolid añade varios poemas pero no elimina algunas erratas.

[5] Diaz de Castro, F.J.: «Estructura y sentido de *Final*, de Jorge Guillén», en *Cahiers d'Études Romanes*, 10, Université de Provence (1984), págs. 139-178. Y *«Final*, de Jorge Guillén», en *Caligrama*, 2/2, Universidad de las Islas Baleares (1987).

[6] Jorge Guillén: «El Argumento de la Obra: *Final*», en *Poesía*, 17 (1983), págs. 33-44.

[7] Son muy abundantes los estudios sobre aspectos parciales del culturalismo guilleniano. En sus estudios de conjunto Oreste Macrí (op. cit.) e Ignacio Prat (*«Aire Nuestro», de Jorge Guillén*, Planeta, Barcelona, 1974) analizan la presencia de las referencias culturales y su función en el primer *Aire Nuestro*.

[8] Macrí, op. cit., pág. 411.

[9] No tiene cabida en estas páginas una lista completa de los nombres propios en la poesía de Guillén ni, menos aún, un análisis del papel que cada referencia cumple. Para una aproximación al tema, vid. Macrí, op. cit.

[10] Debicki, A.P., op. cit.

[11] Ciplijauskaité, B.: «El arte de la variación», en *Hora de Poesía*, 38 (1985), págs. 11-26.

[12] Guillén, Jorge: «Azorín en francés», *El Norte de Castilla*, n.º 32.557 (21 de marzo de 1929). Recogido por K.M. Sibbald (ed.) en Jorge Guillén: *Hacia «Cántico». Escritos de los años 20.*, Ariel, Barcelona (1980).

[13] Macrí, op. cit., pág. 438.

[14] Díaz de Castro, F.J.: «Los sonetos de *Clamor*», en *La poesía de Jorge Guillén. Tres ensayos*, Prensa Universitaria, Palma de Mallorca (1987), págs. 45-118.

[15] Incluído en *Final* a partir de la segunda edición, Valladolid (1987).

[16] Robert Schilling: *La Veillée de Vénus. Pervigilium Veneris*, Les Belles Lettres, Paris (1961) recoge la bibliografía anterior. Tb. la recopilación de Montero, E., Gredos, Madrid (1981) y Alvar, C. y Cuenca, L.A. de, *Antología de la poesía latina*, Madrid (1981).

[17] Vid. Schilling, op. cit. y Alvar, Manuel: «Pervigilium Veneris», B.R.A.E., LXIV (1984), pp. 59-70.

[18] Dice Manuel Alvar: «Jorge Guillén está escribiendo su testamento poético y hace inventario de lo que vale, o acaso valió, a su propia manera de crear. Y suprime lo que le es innecesario. Para él la mitología sólo cuenta si es historia que puede volverse a vivir» (op. cit., pág. 61).

[19] En la primera edición de *Final* hay una errata: Teseo por Tereo, que advirtió Alvar en su estudio de 1984 citado. La edición de Valladolid no la corrige.

DE *CÁNTICO* A *FINAL:*
JORGE GUILLÉN
ANTE EL CREPÚSCULO

Pocos poetas han mantenido a lo largo de su obra el designio de coherencia y organización con que Jorge Guillén fue componiendo *Aire Nuestro. Final* viene a cerrar la obra completa con clara voluntad de simetría, matizando las constantes e integrando las sucesivas novedades con total coherencia estética de sentidos y significados. Las cinco partes de esta quinta serie forman una unidad que refleja la de todo *Aire Nuestro* y que, al mismo tiempo, presenta características diferenciales en su estructura: las partes 1 y 5, «Dentro del mundo» y «Fuera del mundo» constituyen un círculo en el que el poeta limita el alcance en su obra de ciertos temas metafísicos (el origen del mundo, Dios, la caducidad), ampliando líneas temáticas apuntadas ya en *Y Otros Poemas.* Las tres partes centrales están en estrecha relación de fondo con las primeras tres series de *Aire Nuestro,* respectivamente: «En la vida», con *Cántico. Fe de vida,* «Dramatis personae» con *Clamor. Tiempo de Historia* y «En tiempo fechado» con *Homenaje. Reunión de vidas.*

En este homenaje colectivo a los poetas de la generación de 1927, quiero comentar brevemente la relación entre dos poemas de las series extremas de *Aire Nuestro,* que presentan, en dos momentos muy distantes de la producción guilleniana, el tratamiento peculiar —representativo del carácter de esa coherencia unificadora—, de un motivo idéntico: la serenidad ante la muerte sugerida por la contemplación del crepúsculo vespertino. Se trata de «Ya se alargan las tardes», sexto de los sonetos de «El pájaro en la mano», III, y de «Ya se acortan las tardes», poema de «En la vida», de *Final.*

La relación entre «En la vida» y *Cántico* es profunda pero no rígida: expresiones, tonos y motivos de las otras series enriquecen la complejidad de temas de esta parte. Así, ocupa un lugar importante la metapoesía, característica desde *Homenaje,* y el vitalismo se presenta como fruto de la esforzada superación del desorden espiritual e histórico que, si apuntaba

153

ya en el *Cántico* de 1945, es una constante a partir, sobre todo, de los momentos más oscuros de *Clamor.*

«En la vida» agrupa la mayor parte de los poemas centrados en la descripción de la naturaleza y reproduce, así, el paradigma simbólico del «mundo bien hecho» de *Cántico.* Lo propio de *Final,* sin embargo, es que la reflexión filosófica matice y enriquezca más que nunca los versos descriptivos, proporcionando una especial tonalidad existencial al reflejo de la primera serie. Dicho de otra forma, y a grandes rasgos, la preocupación existencial y la conciencia de la muerte que sostienen desde *Cántico* la poesía esencialmente afirmativa de Jorge Guillén, llegan en *Final* a un máximo de explicitación, culminando un proceso que se inicia decisivamente en *Homenaje* y del que la abundancia de textos metapoéticos es una evidencia y un elemento constitutivo importante.

En la mayor parte de las descripciones Guillén asciende desde las impresiones producidas por un lugar o un objeto concreto hasta la abstracción sobre la esencial relación hombre-naturaleza. La riqueza del léxico en las descripciones, con sus múltiples sugerencias, perfila las excelencias del «estar», matizado en la vejez por el sentimiento de precariedad y la duda —siempre vencida por una expresión voluntarista— sobre las posibilidades de una realización humana. Guillén advierte a cada paso que, aunque perdura el mundo de *Cántico,* cuyas «maravillas» concretas multiplica, la vivencia de la historia torna cada vez más arduo el responder a las exigencias de la realidad. Este tono característico explica, también desde el punto de vista formal, la ordenación de los poemas, con el sistema de alternancias de reflexiones distanciadoras, a veces filosóficas, con frecuencia irónicas.

Uno de los poemas más interesantes de esta parte es «Ya se acortan las tardes». Como es bien sabido, en *Aire Nuestro* son frecuentes los poemas «al margen» de otros anteriores, y en ellos el poeta varía, aclara o matiza según su lectura posterior. En este caso se torna más explícita la trascendencia simbólica del crepúsculo, ahora otoñal, y se acusa la inflexión filosófica de la última estética guilleniana.

«Ya se alargan las tardes» introducía el tema de la serenidad ante la muerte en la sección central de *Cántico,* aparte de algunas alusiones previas, en «Como en la noche mortal»o en «Una ventana», la décima «Sin lamento» lo anuncia ya, en «El pájaro en la mano», I., preparando la declaración del importante poema «Muerte a lo lejos»:

Ya se alargan las tardes, ya se deja
Despacio acompañar el sol postrero
Mientras él, desde el cielo de febrero,
Retira al río la ciudad refleja

De la corriente, sin cesar pareja
—Más todavía tras algún remero—
A mí, que errante junto al agua quiero
Sentirme así fugaz sin una queja,

Viendo la lentitud con que se pierde
Serenando su fin tanta hermosura,
Dichosa de valer cuanto más arde

—Bajo los arreboles— hasta el verde
Tenaz de los abetos y se apura
La retirada lenta de la tarde. (A.N., 277)

El poema concentra en los estrechos márgenes del soneto
varios de los elementos imaginarios centrales en la poesía de
Cántico. Interesan particularmente los encerrados en los seis
primeros versos, que establecen la base imaginaria espacio-
temporal del texto: la tarde, el río fluyente, la imagen de la
ciudad. Introducidos por la claúsula temporal «ya... ya», tan
propia de la lengua poética de Guillén, la representación iterativa de las tardes y el «sol postrero» fijan la significación simbólica del poema desde su inicio entre las dos polaridades básicas de *Cántico:* el día y la noche, la luz y la oscuridad, que
sostienen la tensión de fondo de toda esa poesía: afirmación
reiterada y forzosa —por su índole ética—frente a la angustia
nocturna —«luz» como «renacimiento» (A.N., 286)— y el peligro consiguiente de la experiencia vitalista de la realidad.

La tarde cumple una función ambivalente en esa sucesión
simbólica: tan pronto es culminación de la vivencia del gozo
diurno, en su duración o en su disfrute trascendido a través
de la relación erótica —«Es tuyo el resplandor / De una tarde
perpetua // ... // Tú... / Poniente contra noche» («Salvación de la
primavera»)—, como representa el anuncio de una inexorable
oscuridad que equivale a la sentencia, aceptada finalmente «sin
lágrimas», del tiempo. En otras palabras, tan pronto el poeta
elabora para trascender vital y artísticamente la «justa fatalidad» —Cf. los tres poemas que señala Casalduero: «El infante», «Más vida», «Más allá»—, como abre el espacio del poema a la constatación de una evidencia —la finitud— a la que

155

se opone la barrera última de la serenidad una y mil veces reafirmada en *Aire Nuestro*.

En una descripción en que no hay propiamente elementos estáticos, relegados los sujetos al segundo término con el consiguiente efecto estilístico —«Ya se alargan *las tardes*», «ya se deja despacio acompañar *el sol postrero*»—, el protagonismo dinámico corresponde a la acción de «retirar» ejecutada por el sol (lo que, en cierto modo torna engañosos el título y el primer verso del poema —«alargar»— al producir una expectativa no cumplida, mientras que no es engañoso en ningún aspecto «Ya se acortan las tardes», más explícito también en su sentido). La retirada simbólica de la ciudad —y, luego, del yo—que el sol protagoniza puede asimilarse al simbolismo de la «caída» —Cf. el minucioso y ejemplar estudio de García Berrio[2]—, con sus implicaciones negativas pero también controladas: «retirar» en vez de, por ejemplo, «arrebatar», o la ausencia de conceptos que impliquen directamente oscuridad —en contraste con el léxico de «Ya se acortan las tardes»—.

Aunque la descripción es somera —sol, ciudad, río, corriente, remero, agua, arreboles, verde, abetos—, la adjetivación modula ordenadamente la realidad constituida en el poema según un proceso de progresiva identificación subjetiva, intelectual y emotiva a la vez. En los primeros cinco versos destaca como elemento subjetivo el brusco comienzo «ya... ya», que abre el poema a una temporalidad en tensión —en contraste con la lentitud de las acciones—, una tensión que no se confirma ni justifica hasta la mitad del segundo cuarteto. Esa lentitud con la que, sin embargo, muere el día, va creando, en armonía imitativa, una descripción interrumpida a partir del verso seis por las características acotaciones y por la identificación «ciudad refleja en la corriente = yo», todo ello en el interior de una compleja unidad sintáctica.

La contención con que avanza el segundo cuarteto se desborda emotivamente a partir del verso sexto en una clara y ordenada —nuevo contraste— declaración de voluntad vital: «quiero». Se ha introducido la primera persona, el yo, que pasa a ocupar de lleno la deixis en la segunda parte del poema, desplazando al sol como sujeto de la primera, si bien a través de una inversión de la imagen: el hablante se proyecta en la belleza de la difuminación de los perfiles urbanos («la ciudad refleja / De la corriente, sin cesar pareja / ... / a mí») para hallar el estímulo al voluntarismo forzado de aceptar serenamente la fugacidad. La tensión verbal se desarrolla entre el verbo de voluntad «quiero»y la contemplación —«viendo»— que abre paso al final del soneto donde la descripción vespertina se carga de imágenes visuales y valorativas: la serenidad en la pérdida de la hermosura y el uso ambivalente del fuego como vida y como acabamiento en ese incendio que se extiende al «verde tenaz de los abetos».

La superposición de los dos planos es el momento de mayor penetración simbólica del hablante, a través de la humanización del paisaje por su hermosura «dichosa de valer»: dos conceptos fundamentales en la ética guilleniana, todavía en *Cántico*, y, particularmente, en el momento culminante del poema, cuando el paisaje vespertino alcanza el máximo de su sentido simbólico. La acotación «—bajo los arreboles—» canaliza el elemento cromático justificativo de la visión crepuscular y del elemento ambivalente de la imaginación del fuego. Serenidad voluntarista basada en una explícita declaración, más clara que en «Sin lamento» pero estrechamente vinculada a ésta: «Lenta la hora, ya es todo / Breve. ¡Bah! Por más que el codo / Cavile, no, no hay lamento» (Cf. también la depuración respecto de la versión del *Cántico* de 1936, «De paso por la tristeza», con la supresión de admiraciones: ¡Lenta... Breve!), y, en todo caso, propiciadora, en la lectura del *Cántico* definitivo, de la estricta declaración de «Muerte a lo lejos», de la edición de 1936, que cuenta con los reveladores análisis de M.ª del Carmen Boves.[3]

Desde mi punto de vista, no puede hablarse de «Ya se acortan las tardes como de una «réplica» a este soneto, pues no hay más oposiciones entre los dos poemas que la que se desprende de la confrontación primaria de ambos títulos, que aporta un sentido de circularidad y de reafirmación del significado simbólico del ocaso. En efecto, el concepto existencial que propician los atardeceres de ambos poemas es idéntico: así como el soneto de *Cántico* expresa la autoimposición de una aceptación «sin lágrimas» del cotidiano sentimiento de fugacidad que despierta en el hablante la terminación lenta del día, en los cinco cuartetos de «Ya se acortan las tardes» la estrofa central, destacada por la diferente organización de las rimas, encierra el mismo sentido en la valoración del acortamiento de los días, que nada impide leer simbólicamente:

> Ya se acortan las tardes, ya el poniente
> Nos descubre los más hermosos cielos,
> Maya sobre las apariencias velos
> Pone, dispone, claros a la mente.

Ningún engaño en sombra ni en penumbra,
Que a los ojos encantan con matices
Fugitivos, instantes muy felices
De pasar frente al sol que los alumbra.

Nos seduce este cielo de tal vida,
El curso de la gran Naturaleza
Que acorta la jornada, no perdida
Si hacia la luz erguimos la cabeza.

Siempre ayuda la calma de esta hora,
Lenta en su inclinación hasta lo oscuro,
Y se percibe un ritmo sobre el muro
Que postrero fulgor ahora dora.

Este poniente sin melancolía
Nos sume en el gran orden que nos salva,
Preparación para alcanzar el alba,
También serena aunque mortal el día. (*Final,* p. 47)

Conceptos clave desde los primeros poemas de *Final* («gran Naturaleza») permiten integrar una reflexión antigua en la corriente poética propia de esta quinta serie. Ambos textos formulan la característica serenidad en la aceptación de la muerte. Respecto a las diferencias entre los dos poemas cabe señalar sobre todo que, mientras en «Ya se alargan las tardes» la descripción de los elementos externos constituye la práctica totalidad del tejido textual del poema, en «Ya se acortan las tardes» los elementos propiamente descriptivos han quedado reducidos a un mínimo: «cielo», «Naturaleza», «sol». El leve cromatismo del poema anterior (arder-arreboles, verde) ha quedado reducido a la mera mención —destacada por el encabalgamiento— de «matices / Fugitivos» y de «postrero fulgor ahora dora», mientras que se reitera en cada uno de los cuartetos la oposición básica luz / oscuridad a la que me he referido antes.

No cabe duda de que, a diferencia del soneto de *Cántico* el poeta pretende establecer desde el principio un mayor grado de abstracción en la reflexión existencial, aspecto muy característico de la estética de *Final.* Tal vez el procedimiento que mejor revela las diferencias entre los dos poemas es la sutil sustitución de la imagen del sol retirando de la corriente el reflejo de la ciudad, por la del mismo sol descubriendo «los más hermosos cielos». En la sustitución de «retirar» por «presentar», en el cambio de enfoque de lo inferior (río, ciudad, árboles) a lo elevado («los cielos») queda sintetizado el incremento de los aspectos reflexivos y filosóficos en el poema de la última etapa guilleniana. Además, así como en «Ya se alargan las tardes» la descripción permite sacar partido simbólico de la identificación con el hablante, en el poema de *Final* el juego de luz y oscuridad da pie, primero, a la mención ambigua de Maya y, segundo, a la expresión de una rotunda seguridad en el valor de la vida por sí misma —«ningún engaño»—, realzado por la muerte entendida como un momento necesario del «curso de la gran Naturaleza», como «un ritmo»sobre el antiguo símbolo del «muro [cano]» de «Muerte a lo lejos» y como «el gran orden que nos salva».

A mayor abundamiento, el verso tercero es lo bastante ambiguo en la primera lectura como para que el lector se detenga a considerarlo, puesto que de él depende lo que sigue. Más que a la mitología grecorromana, la referencia a Maya remite al sentido de este concepto filosófico hindú en el pensamiento de Schopenhauer, quien lo identifica con su propio concepto de «representación», respecto del cual Guillén establece su radical oposición en este poema y en otros: no hay que olvidar que Schopenhauer aparece nombrado o aludido otras veces en *Aire Nuestro*. Así, «Historia feliz», de «Al margen de Schopenhauer», de *Homenaje,* puede justificar mi lectura:

«Todo es dolor o tedio si no es ilusión
Por engaño de Maya». Mientras suena esa frase,
Algo está sucediendo que ni duele ni aburre.
El filósofo goza, se afirma porque afirma
La verdad y levanta su edificio sublime.
¡Voluntad de vivir! Y esta vez con victoria
Pura: cierto señor llamado Schopenhauer. (A.N., 1154)

«Ya se acortan las tardes» está organizado, en su primera parte, en torno al verso citado, en el que no se impide la penetración humana en el sentido de la naturaleza, porque esos «velos de Maya» son «claros a la mente». El centro del poema expresa, como se ha visto, la aceptación de un ritmo de la naturaleza, exterior, por lo tanto, a la mente que debe aceptar como premisa de partida un orden ideal de la vida y del mundo. El cuarteto tercero, realzado por el cambio en la disposición de las rimas y por su lugar central en el poema, encierra una nueva expresión del mismo voluntarismo de aceptación serena de la muerte gracias al valor de la luz, ese elemento central en la obra de Jorge Guillén (Cf. Elsa Dehennin[4]). A expresar la aceptación ayuda el ritmo endecasilábico que, tras los dos encabalgamientos abruptos, se va adecuando cada vez más a la unidad de sentido del verso. Igual función cumple la insistencia en la «calma», en la lentitud «de esta hora», en el «alba / También serena». El carácter intelectual del poema se refuerza al volverse claros los «velos» a la *mente* (frente al uso de este término, recuérdense los versos 7-8 del soneto de Cántico: «quiero / Sentirme»), y mediante el uso de otros conceptos como «apariencias», «engaño», «ritmo», «orden», «salva». El poema concluye reiterando la aceptación del orden de la naturaleza, otra idea axial en *Aire Nuestro,* que preside la breve obertura de *Final.*

No hay diferencias de sentido respecto a la actitud de *Cántico,* y el texto comentado sucintamente resulta una aclaración de «Ya se alargan las tardes» y a la vez la constatación —muy reiterada a lo largo de *Final*— de que el poeta ha ido afianzándose con los años en su diseño ético y en su poesía fenomenológica. Quien ha cambiado es el hombre que hay detrás, cuya experiencia vital y creadora es más rica y más compleja, como puede verse en la diferencia estilística entre ambos textos. No hay cambios importantes en la trasmutación lingüística de la realidad: se han multiplicado, sobre todo, los registros, el poeta ha sustituido el «yo» íntimo de *Cántico* por un «nosotros» generalizador y aparece la huella de la edad en la consideración y en la recurrencia de las preocupaciones existenciales. En definitiva, Jorge Guillén quiso volver sobre un poema muy lejano y plasmar en torno a los valores permanentes de éste sus meditaciones últimas, cerrando así con las variaciones uno más de los círculos de su arte.

NOTAS

[1] Joaquín Casalduero: *«Cántico» de Jorge Guillén y «Aire Nuestro»,* Gredos, Madrid (1974).

[2] Antonio García Berrio: *La construcción imaginaria en «Cántico» de Jorge Guillén. Trames.* Travaux et mémoires de l'Université de Limoges (1985).

[3] M.ª del Carmen Boves Naves: *Gramática de «Cántico»,* Planeta, Barcelona (1976). También «Procedimientos de unificación en «Muerte a lo lejos», en *Homenaje a Jorge Guillén,* Wellesley College, Insula, Madrid (1978), pp. 59-72. Y «Significado y sentido en la lírica de Jorge Guillén», *Anales de Literatura Española,* Universidad de Alicante, n.º 3 (1984), pp. 95-118.

[4] Elsa Dehennin: *«Cántico» de Jorge Guillén. Une poésie de la clarté.* Presses Universitaires de Bruxelles (1969).

FINAL, DE JORGE GUILLÉN

Con la publicación de *Final,* quinta y última serie de *Aire Nuestro,*[1] se cierra de manera armónica y equilibrada el conjunto de la obra poética de Jorge Guillén. El libro recoge la producción posterior a *Y otros poemas,* escrita entre 1973 y 1981. Es un libro variado, profundamente inmeso en la intertextualidad de *Aire Nuestro* y de una abundancia que muestra la continuidad, tanto de la coherencia poética guilleniana, como del impulso y la capacidad creadora del anciano poeta en su última etapa.

Los poemas de *Final* indagan, de nuevo, en la realidad del poeta, en la naturaleza, en la historia y en el destino del hombre con la misma energía vitalista de los orígenes desplegada en una variedad de tonos que va del estusiasmo a la sátira política y a la condena moral, y que cobra valor trascendente al entreverarse a lo largo de todo el libro con la reflexión estética y existencial. La poesía reflexiva, que ya era decisiva en el *Cántico* de 1945, es en *Final,* como en *Y otros poemas,* elemento central de la última etapa, característica de ese «estilo de vejez» de que se ha hablado, y otorga profundo sentido a lo que en esta quinta serie hay de preocupación —explícita incluso— por aclarar y seguir ahondando en la expresión y los temas de su poesía anterior.

Desde este punto de vista, *Final* tiene que leerse, más que como última recopilación de textos, como una obra perfectamente estructurada en sí misma y, sobre todo, en relación con los libros anteriores. Obedece estrictamente a la voluntad estructuradora que preside todo *Aire Nuestro,* desde el segundo *Cántico,* tan rigurosamente editado y estudiado por José Manuel Blecua.[2] Y el mismo Guillén quiso insistir en esa sobredeterminación de su obra última al comentar el significado global de *Final* en las páginas añadidas a la autoexégesis que constituye *El argumento de la Obra:*

«A través de todo Final sorprende al mismo autor la coherencia de todo el libro, a su vez coherente con todo Aire Nuestro. El poeta no adiciona repeticiones, tal vez innecesarias, a todo el trabajo precedente. Hay aclaraciones, prolongaciones, variaciones que iluminan y enriquecen este último manantial o manantiales. Por lo menos es el propósito constante del poeta. Final: continuación y síntesis».[3]

Ya la primera lectura de Final permite ver hasta qué punto la declaración del autor es exacta. Dividido en cinco partes, que remiten a múltiples divisiones internas de Aire Nuestro y también a su configuración definitiva, el libro se abre con una cita de Lope de Vega: cuatro versos que proyectan sobre Final una tonalidad peculiar, cada vez más intensa desde Homenaje:

> Mas cuando un hombre de sí mismo siente
> Que sabe alguna cosa y que podría
> Comenzar a escribir más cuerdamente,
> Ya se acaba la edad... (Final, p. 8)

En un libro cuyo ambiente principal lo crea la consideración de la propia existencia que se acerca a su fin, como ya indica el título, esta cita inicial y los dos poemas de la dedicatoria, al «lector superviviente» y a Gerardo Diego, nos sitúan definitivamente en la compleja consideración de la temporalidad en la que fue ahondando el poeta desde los primeros momentos de Cántico: la tensión continua entre la consagración del instante y la profunda conciencia de la temporalidad fluyente: la autobiografía y la Historia.

Si no cabe duda, como señaló, entre otros, Baquero Goyanes, de que lo que confiere a Cántico una cierta e indisimulabel tonalidad patética es esa «angustia del tiempo que está detrás de los despertares luminosos»[4] y si Clamor se abre con el bronco desarrollo del verso de Cántico «este mundo del hombre está mal hecho» (antítesis de la tan mal interpretada afirmación, del mismo libro, «El mundo está bien hecho»), es evidente que desde A la altura de las circunstancias la compleja y a la vez elemental dialéctica de la temporalidad guilleniana se mantiene con total coherencia hasta las últimos versos de Final.

Las dos dedicatorias que abren el libro trazan, por así decirlo, las dos coordenadas temporal y espacial en las que Guillén sitúa el presente de su poesía. En la primera, «al lector superviviente», el poeta integra sus últimos poemas en el tiempo biográfico de la escritura. Esta dedicatoria enlaza con la de «A quien leyere», del *Aire Nuestro* de 1968, aunque cambia el tono: en lugar de un lector impersonal a quien dedica la obra con un humorístico registro del lenguaje administrativo, el lector superviviente que se reclama en *Final* con un tono más cálido es ese lector fiel a lo largo del tiempo, el que conoce la trayectoria del poeta, sus temas, tonos y formas, y sus claves intertextuales:

> *Tanto compás, tanta copla*
> *Me llevan, burla burlando,*
> *Por un camino de vida*
> *Que obedece a un solo mando:*
> *Nuestra mismísima gana*
> *De bien respirar. No es vana (F., p. 9)*

La expresión coloquial, el uso de conceptos como «compás» y «copla» en el octosílabo inicial —que remite a versos anteriores (*A.N.*, pág. 1555, *YOP,* pág. 365)—refuerzan ese humorismo dirigido a un lector al que con frecuencia se dirige en segunda persona. Ya en esta dedicatoria «respirar» reitera el protagonismo simbólico del aire, esencial en la obra de Guillén desde el primer *Cántico,* que se desarrolla en *Final* en su sentido de enlace entre vida y poesía. «Camino de vida» es, además, imagen constante que soporta la expresión metapoética desde el poema de *Cántico* «Vida extrema».

La segunda dedicatoria, «A Gerardo», establece, en su *daccapo,* la consideración sincrónica de todo el espacio textual de *Aire Nuestro,* que esta quinta serie equilibra y cierra. Esta segunda dedicatoria continúa el simbolismo musical de la anterior, amplificándolo. Musical es también uno de los sentidos de «aire», que amplifica ese campo simbólico de *Aire Nuestro* con su «*finale*». Según señala el poeta, «Gerardo, el entrañable compañero del 27. Fue él quien sugirió el término *finale* en italiano (Gerardo sabe mucho de música)».[5] El léxico musical —«finale», «música», «armonía», «aire», «discordia», «director-lector», «daccapo»— y la aspiración a la armonía sobre la discordancia pueden interpretarse como la representación de la tensión en que se instala la poesía de Guillén desde *Cántico:*

«Finale» en italiano insinuaría
Nuestro deseo implícito de música:
Una armonía interna a este conjunto,
        «Aire Nuestro»,
Con su composición, que desde dentro
Reajuste en imágenes las múltiples
Discordancias de un orden.
                        Es posible,
Si el director-lector lo pretendiese,
Decir daccapo!
Lectura abierta a novedades. (F., p. 9)

La música tiene en la poesía de Guillén una importancia extraordinaria, tanto por las influencias musicales que acusa en muchos poemas y en la composición misma de los conjuntos, como por la utilización del simbolismo musical como la más alta expresión de la perfección de la obra humana. Algunas veces la añoranza de un orden o de una realidad perfecta suscita la imagen musical, con la poesía de Fray Luis como fondo. En «Música, sólo música», de «Al aire de tu vuelo», dice Guillén:

Implacable empeño
De metal y cuerda.
Un mundo se crea
Donde nunca hay muertos. (Aire Nuestro p. 102)

Es en un poema del último *Cántico*, «El concierto», donde la imagen musical de la perfección se perfila mejor, en el mismo sentido de la dedicatoria de *Final*:

Me perteneces, música,
Dechado sobrehumano
Que un hombre entrega al hombre.
No hay discordia posible.
El acaso jamás en este círculo
Puede irrumpir, crujir:
Orbe en manos y en mente
De hacedor que del todo lo realiza.
¡Oh, música
Suprema realidad! (A.N., p. 189)

Se puede decir, en suma, que las dedicatorias sitúan *Final* en su lugar exacto dentro de la obra total, con la precisión habitual en Guillén: matiza, varía, aclara y, en definitiva, completa su vasta obra; pero, sobre todo, reafirma y muestra ampliamente su voluntad de seguir viviendo plenamente su tiempo y, por ello, de seguir dando respuesta a los estímulos de la vida y del lenguaje: la naturaleza, que le ofrece su espectáculo renovado y a la vez idéntico, y la Historia, a cuyos acontecimientos responde puntualmente con la misma pasión, energía y actitud ética con que lo hacía ya en *Cántico* y, sobre todo, a partir de *Maremágnum*: ahí está la parte central de *Final*, «Dramatis personae», para dar testimonio de que a lo que se refiere en las dedicatorias no es al cuidado exclusivo —y solipsista— de la Obra, sino, por encima de todo, al deseo obsesivo de culminar coherentemente vida y poesía en el tiempo: «lectura abierta a novedades», por lo tanto.

La estructura de FINAL

El poeta estructura la quinta serie de *Aire Nuestro* siguiendo la división en cinco partes preferida en la organización de las series anteriores.[6] *Final* completa y equilibra el conjunto: al constituir la «V Serie», la obra completa de Guillén se organiza también según el sistema de cinco partes. Además, la división de *Final* en cinco partes corresponde simétricamente a la división de *Cántico*: primera y última series se equilibran. La parte central de *Final*, «Dramatis Personae», se divide en cinco secciones, que corresponden a las cinco secciones, que corresponden a las cinco de «El pájaro en la mano» parte central de *Cántico*. Respecto a la simetría del conjunto, hay que destacar que las series I y V son las únicas equilibradas, pues a las tres partes de *Clamor* se oponen las cinco de *Y otros poemas*. *Homenaje,* serie III, queda en el centro de *Aire Nuestro* con sus seis partes, si bien la 6 es una coda que cerraba los tres libros del primer *Aire Nuestro* y que tenía su simetría en los tres poemas que servían de pórtico a los tres libros.

En sus comentarios a *Final*, de *El Argumento de la Obra*, Jorge Guillén explica su propia visión de la temporalidad del libro:

> «*Lo más importante, por supuesto, es lo humano, y, claro, a través del tiempo. En Cántico se prefería el presente. Aquí se insiste más bien en el proceso del tiempo, que se apoya en un pasado y avanza hacia un futuro*».[7]

Esa caracterización sintética sitúa al lector en lo esencial de la experiencia del tiempo en el libro, pero no permite hacerse cargo de la complejidad a que he aludido antes. Resultan mucho más indicativos, en esta visión de conjunto, los títulos de las cinco partes. Todos ellos son homogéneos, remiten a los contenidos principales de cada parte y se mantienen en estrecha relación con la perspectiva temporal: «Dentro del mundo», «En la vida», «Dramatis Personae», «En tiempo fechado»y «Fuera del mundo». Como se ve, Guillén prefirió abandonar la titulación genérica o metaliteraria adoptada por *Y otros poemas* («Estudios», «Sátiras», «Glosas», «Epigramas» y «Despedidas»), que también había utilizado para algunas partes de *Homenaje* («Al margen», «Atenciones». «Variaciones»). Reservó este tipo de títulos para algunas de las subsecciones: «La Expresión», «Vida de la Expresión», subsecciones centrales de «En la vida», «Epigramas», sección central de «Dramatis Personae», y «Otras variaciones», sección central de «En tiempo fechado», que, como puede observarse, son simétricas entre sí, por ocupar la sección central de las tres partes centrales del libro.

Los títulos de *Final* están, por lo tanto, más cerca de los correspondientes de *Cántico* y de *Clamor,* al remitir a las diversas perspectivas del hablante frente a la realidad del mundo y del poema. El poeta siguió, pues, vigilante a la hora de distribuir sus poemas y al organizar los bloques en el libro, tan minuciosamente como siempre. Reflexión filosófica en las partes «exteriores» I y V, «Dentro del mundo» y «Fuera del mundo», en torno a los misterios de los orígenes, la muerte y la eternidad. Autobiografía, con la reafirmación del mundo natural protagonista privilegiado de *Cántico,* y con la reafirmación de las creaciones humanas, en las partes dos y cuatro, «En la vida» y «En tiempo fechado», y compromiso responsable y solidario con el «tiempo de historia» en la parte privilegiada, la central: «Dramatis Personae».

La estructura de *Final* como conjunto, pues, resulta simétrica en muchos aspectos, aunque no se correspondan con exactitud el número de versos y poemas ni la métrica de los textos integrantes de las partes relacionadas por la simetría. Se corresponden muy estrictamente las partes I y V que, sin división en secciones, constan de nueve poemas, formal y temáticamente relacionados.[8] Es evidente que los poemas de estas partes forman un marco para las tres centrales. Su brevedad y el referirse a temas metafísicos (origen y destino del mundo y de los seres, la problemática de la contingencia, la fe en otra vida, etc.) contrastan con la amplitud y con las concreciones de naturaleza e historia que forman las tres partes centrales. Se relacionan estrechamente, también, las partes II, «En la vida», y IV, «En tiempo fechado». Aunque las secciones de IV no se dividen en subsecciones, como sí ocurre en II, el número de versos y de poemas se corresponde, así como la proporción de tipos de versos y de organización estrófica. Ambas partes se dividen en tres secciones, la central de las cuales, en ambas, es de tema literario, como hemos visto. La parte III, «Dramatis Personae», se despliega en cinco secciones, simétricas entre si.[9] En suma, las tres partes centrales remiten en títulos y contenidos, de manera ordenada, a las tres primeras series de *Aire Nuestro*: «En la vida» pertenece al mundo de *Cántico* igual que «Dramatis Personae» al de *Clamor*. «En tiempo fechado» continúa la «reunión de vidas» en relación estrecha con *Homenaje*.[10]

El marco estructural

«Dentro del mundo» y «Fuera del mundo» forman el círculo exterior del libro, aquel en el que el título *Final* se carga de referencias a las postrimerías. En los escasos poemas de esas dos partes simétricas Guillén plantea sus cuestiones esenciales sobre la vida y la temporalidad, desde la perspectiva del acabamiento y la mirada retrospectiva. Así como en el primer *Cántico* el universo percibido permite la instalación satisfecha, el éxtasis y el cántico, en la producción posterior el hablante toma progresivamente conciencia de un presente en tensión. En *Final,* culminación de un largo proceso, el poeta retrocede hasta la pregunta metafísica —y existencial, pues se impone la respuesta—, sobre el misterio de los orígenes, a cuya incitación el hablante refuerza su poética de la realidad y desarrolla, en los nueve poemas de «Fuera del mundo», otra vez, con su entereza de agnóstico, la afirmación del individuo como habitante del planeta.

En los poemas de «Dentro del mundo» Guillén afirma la visión y la actitud esencialista de *Cántico,* que se desarrollarán ampliamente en la parte II. El poeta dispone ordenadamente esos nueve textos para llegar a la reafirmación de su poética. Pero el paso de los años enriquece y madura, por lo que añade aclaraciones que pertenecen más al dominio de la

169

filosofía moral que al de la estética: no se olvidan cuestiones siempre inquietantes sobre los orígenes, que se plantean para desviarlas inmediatamente hacia el terreno de lo posible y lo real, como ya sucedía en *Y otros poemas.* Hay un orden estricto, como digo, en la temporalidad de la lectura de «Dentro del mundo», de acuerdo con una progresión que va desde el planteamiento de las cuestiones metafísicas hasta la autodefinición como hombre solidario y activo, pasando necesariamente por la aceptación de las limitaciones de la condición humana, siempre presentes en *Aire Nuestro:*

> Tan oscuro me acepto
> Que no es triste la idea
> De «un día no seré».

El primer poema traza las coordenadas del misterio del origen: tiempo, energía, materia, causa eficiente:

> ¿Hubo un primer segundo, nació el tiempo
> De la naciente creación enorme?
> ¿Estalló en un segundo una materia?
>
> ¿Estalló de repente desde el cero?
> ¿Desde qué, desde quién?
>   Yo sé.
>   Yo no.
> ¿Hasta dónde se llega con un yo? (F., p. 13)

Como única respuesta a esa interminable sucesión de interrogantes, los dos versos finales presentan la pluralidad de actitudes de las conciencias razonantes y la desconfianza en la posibilidad del conocimiento, más allá del umbral del misterio. A partir de la dramatización de su propio agnosticismo avanza la alternativa única: la instalación en la Naturaleza:

> Esa lenta paciencia de la Naturaleza
> Se reproduce. Dura la soledad triunfante,
> Entregada a sí misma. Soledad creadora.
> Soledad y misterio. (F., p. 14)

Según esa imagen, como veremos, la actividad del poeta es una instintiva imitación de la superior actividad de la naturaleza, que desde este pórtico nos es presentada por Guillén en su riqueza y fuerza creadora. Es la naturaleza habitual de Guillén, la que provoca el arrobamiento y la tensión hacia la plenitud.

Tras la primera afirmación indudable para el hombre, la de la realidad del mundo, el elemento dinámico de este libro final: la responsabilidad humana («*Soy ya interior a un mundo que es mi mundo / Del todo necesario. / Respiro inserto en una compañía / Yo, terrenal. / De acuerdo*»), y, consecuentemente, la formulación del compromiso humanista, con la firmeza verbal característica:

> *Inmediato contacto con presencias,*
> *En solidaridad*
> *Con esos trozos reales, esos hombres.*
> *¿Y si prorrumpe el drama? Sea el drama.*
> *Firme varón no pierde*
> *Su impulso generoso,*
> *Este arranque instintivo* (F., p. 15)

Esta es una de las afirmaciones clave de la ética y la estética del libro: junto a la relación con los demás seres, solidaria, y con la Historia, polémica, la introspección para reafirmar lo que ya es orgullosa actitud intelectual del poeta ante la posibilidad de la nada definitiva[11] —avanzando, así, hacia los poemas que cierran el libro:

> *Mortal soy de minúscula mirada,*
> *Hombre libre, si puedo, al fin humano.*
> *La gran naturaleza me contiene,*
> *Dentro, muy dentro a gusto,*
> *Para mí ya bastante y con sentido.*
> *¿Qué sentido? Muy ardua tentativa*
> *Que habremos de inventar a nuestro paso*
> *Por la tierra. Será gran aventura,*
> *Destinada a su círculo terrestre.* (F. p. 16)

Lo particular, la vivencia histórica del poeta, se expresa en el verso 5 como una experiencia ya definitiva, y de ahí la falta de melancolía al suscitarse la cuestión de la finitud. Al plantear la cuestión del sentido de la vida Guillén necesita el futuro, sin embargo, para indicar que su esfuerzo vital no ha terminado, y le añade las dos notas complementarias de dificultad («ardua tentativa») y de apasionante aventura, enlazada con lo que antes calificaba de «soledad triunfante» de la Naturaleza y que ahora ilustra con la metáfora del círculo como forma de éxito de su empresa. Corrobora así el sentido activo de la existencia que implica el vitalismo guilleniano y deja de lado algunas cuestiones metafísicas para llegar al gran sí de la integración en el círculo, el ciclo de la Naturaleza y de la vida. Se cierra «Dentro del mundo» con el retorno a *Cántico:*

> *Que el esfuerzo mortal jamás relaje*
> *Su afán de posesión si está a la vista*
> *Lo que ya Es.*
> *Conquisto. Me conquista.* (F., p. 17)

El verso final está en estrecha relación con el último del poema «Mientras el aire es nuestro», que abre *Aire Nuestro:* «Me supera, me asombra, se me impone», y conforma una síntesis brevísima de la poética de la realidad en la obra toda de Jorge Guillén. Reitera, una vez alcanzado «lo que ya Es», a los noventa años, la voluntad de sentirse y actuar «dentro del mundo».

La primera parte de *Final,* así, desarrolla unitariamente la expresión de un sentimiento armónico y dinámico del vivir, contando con la presencia de unos misterios insondables y con el «drama»: la amenza constante del odio y de la violencia, por una parte, y del tiempo, por otra. El tiempo conlleva la vejez y la muerte, pero el poeta no insiste en su papel destructor o, al menos, no expresa rebeldía metafísica. Acepta, como en el soneto «Muerte a lo lejos», de *Cántico,* el orden de la naturaleza, y vuelve a su personal tratamiento del *carpe diem,* en coherencia con la forma de tratarlo desde *Clamor.*[12] La disposición inicial de los misterios del origen y de la vivencia de un tiempo limitado en «Dentro del mundo» permite establecer en *Final* desde el principio la tensión poética e intelectual necesaria para dar intensidad a estos poemas; la conciencia de la muerte y de la violencia histórica potencia individualmente, emocionalmente, el impulso primario de solidaridad. Solidaridad terrestre, que ya no es necesaria frente a la muerte individual, tal como vemos en «Fuera del mundo», conclusión de *Final* y de *Aire Nuestro.*

Cumpliendo esa función de marco estructural, los poemas de «Fuera del mundo» vuelven, después de las tres extensas partes centrales, a la abstracción y al tono reflexivo. En los poemas de esta parte el tema único es el de la muerte, como sucedía en las secciones conclusivas de las dos series anteriores, *Homenaje, Y otros poemas.* La muerte como tema poético se va abriendo paso desde *Cántico,* siempre con orgullosa aceptación[13] y cada vez más a menudo. En *Cántico* apenas se presenta como algo más que un presentimiento, apenas se ma-

terializa en algo más que una rápida alusión, en el seno simbólico de la oscuridad nocturna.[14] Es el caso de poemas como
«Ya se alargan las tardes», «Muerte a lo lejos», «Más amor
que tiempo», «Una sola vez», «Más vida», «Pleno amor», etc.
De todos ellos la crítica ha destacado principalmente «Muerte
a lo lejos», poema clave para el tratamiento guilleniano del tema
de la muerte en todo *Aire Nuestro*. En *Clamor* la muerte es
tema constante, pero es sobre todo la muerte de los otros, la
colectiva, en *Maremágnum,* y la de la compañera en *Que van
a dar en la mar*. En éste, sin embargo, encontramos poemas
en los que imagina la propia muerte: algunos tréboles o, entre
otros, «El alba del cansado», «Pudo ocurrir», «La tarde en la
cima», «Viviendo», «Fin», «Envejecer», «Soy mortal» y «Cualquier día». De *A la altura de las circunstancias* sólo tres poemas lo tratan directamente: «Nada más», «Silenciosamente» y
«Ars vivendi». En ellos vuelve al optimismo voluntarista de
Cántico:

> *Mi afán del día no se desalienta
> A pesar de ser frágil lo que amaso...*

> *...Mientras haya vida por delante
> Serán mis sucesiones de viviente.* (A.N., p. 1048)

El tema de la muerte, siempre en la misma línea, aumenta cuantitativamente en *Homenaje,* aunque se acusa en la expresión y los tonos una vivencia más inmediata del sentimiento de precariedad. Algunas reflexiones sobre la propia muerte
se suscitan en los poemas «al margen»: «Al margen de Séneca», «Al margen de Fernández de Andrada», «Al margen de
Unamuno», propiciados por el diálogo con esas figuras del pasado *«Perezcamos resistiendo, / Aunque hostiles a la muerte, / Sin protestas. ¿Fin horrendo? / Nada sentirá lo inerte. / Esa
evidencia no enmiendo»*. La mayor parte de las reflexiones sobre la muerte, sin embargo, se tratan en poemas sin referencias literarias directas como «La edad» o «Contra el silencio».
Se concentran, sobre todo, en la última parte de *Homenaje,*
«Fin» que constituye una especie de testamento humano y poético. Aquí Guillén revisa su trayectoria vital: «Eso sí es absurdo», «Adiós», «Nuestra película no es de Hollywood» y todos
los de la última sección, «Remate», de entre los cuales tienen
gran importancia para las series posteriores «La vida en el
aire», «Resumen», «El cuento de nunca acabar», «El balance»y
«Obra completa», los últimos del libro.

Esta seción final es el principal modelo sobre el que Guillén organiza «Fuera del mundo», aunque aquí los poemas aparecen numerados y sin título. Todos ellos convergen en el mismo tratamiento del tema de la muerte y cumplen la misma función simbólica de preparación para la muerte, de aceptación de ésta como «el precio de la vida», y de serenidad basada en la trayectoria personal. La diferencia más importante estriba en la ausencia casi total, en los textos de «Remate», de las cuestiones metafísicas —Dios, la fe, la trascendencia— que son elementos importantes de la configuración de «Fuera del mundo».

La parte final de *Y otros poemas,* «Despedidas», está centrada en el tema de la culminación de la propia obra pero, sorprendentemente, no aparece apenas la referencia a la muerte. La ausencia del tema es general en todo el libro: a excepción de textos como «Los efímeros», «La apertura», «Muerte», «... Que van a dar en la mar», «Resumen» y varios de los epigramas, la propia muerte no se menciona. En estos poemas se aprecia, además, una distancia emotiva más acusada que en los citados de *Homenaje,* en un tono muy cercano al de «Muerte a lo lejos»:

> *Entre dos nadas por fortuna soy,*
> *Resignado a mi suerte pasajera.*
> *Voy quemando mis horas en la luz*
> *Entre las pulsaciones de las noches.*
> *Habré dicho a la vida un firme sí*
> *Hasta el instante mismo de la muerte.* (Y.O.P., p. 364)

En la sección «De Senectute» trata el tema de la vejez y subliminalmente, el de la muerte, pero, como en «De la vejez», de *Final,* es para destacar el valor del esfuerzo vitalista y activo de su ancianidad estusiasta que persiste en la «gran aventura» de la vida y de la creación artística:

> *Y mientras sigan átomos danzando*
> *Quedará un sí triunfante,*
> *Más fuerte que los nones de ese bando,*
> *Perdido a cada instante.* (Y.O.P., p. 65)

«Fuera del mundo», centrado en la reflexión sobre la propia muerte, puede entenderse como el final de un proceso simbólico: desde la elementalidad del primer *Cántico* (con su abundancia de personajes infantiles), donde la mirada ingenua va descubriendo y exaltando la variedad y la perfección del universo y las traduce en forma artística, hasta la reflexión madura de *Final,* balance definitivo y preparación para la muerte. En «Fuera del mundo» no hay lugar para los homenajes de amistad y literarios que se incluyen en la última sección de *Homenaje* ni para la remembranza que sirve de soporte argumental en las «Despedidas» de *Y otros poemas.* La brevedad de la sección concentra y da relieve especial a los textos sobre la muerte que cierran *Aire Nuestro.* La ironía de algunos versos refuerza el agnosticismo, uno de los aspectos más relevantes de este conjunto:

> *Quevedo y otros dicen: vida es muerte.*
> *La muerte es el principio de la vida.*
> *Hay contrarios humildes.*
> *¿La vida? Pues es vida. ¿Muerte? Muerte.*
> *Cada uno responda con su fe.*
> *La fe, no la razón, es quien decide.* (F., p. 341)

Humildad de existente, sobre todo («*¿Aquel Motor Primero / Podría en mí fijarse, / En mí, tan diminuto, / Entre infinitos seres / Del tiempo y el espacio?*»), pero también afirmación del esfuerzo realizado para llegar a una verdadera esencia humana al término de la existencia: proyección humana, salvación terrestre, por lo tanto. Este es el mensaje definitivo, expresado con variedad de resonancias en torno a la biografía y a la escritura en las partes centrales de *Final.* En «Fuera del mundo» no hace sino acumular múltiples afirmaciones de libros anteriores y sigue manifestando lo que llamaba Blecua recientemente su «elegancia entre estoica e hispánica de la aceptación de la muerte»:[15]

> *Cuanto nosotros somos y tenemos*
> *Forma un curso que va a su desenlace:*
> *La pérdida total. No es un fracaso.*
> *Es el término justo de una historia,*
> *Historia sabiamente organizada.*
> *Si naces, morirás. ¿De qué te quejas?*
> *Sean los dioses, ellos, inmortales.* (F., 344)

El centro de «Final»: Guillén ante la sociedad humana

El breve marco que rodea las partes centrales de *Final* delimita la última etapa en la evolución poética de Guillén, entre reflexión filosófica y afirmación ética y naturalista. Ambas coordenadas aportan el punto de vista que da unidad a los diversos temas del libro. Así, la parte central, «Dramatis Personae», sitúa al lector, desde esta perspectiva, frente al mundo de los hombres, ese mundo que ya en *Cántico* se presentaba como «mal hecho». En este amplio conjunto de poemas Guillén vuelve a poetizar su rechazo de la opresión y la violencia, como en *Clamor* o como en «Guirnalda Civil», de *Y otros poemas*. Ya hemos visto cómo, en «Dentro del mundo», renueva el poeta su postura crítica ante «el drama», ante los graves problemas morales, sociales y políticos de la historia contemporánea. En «Dramatis Personae», centro y eje de *Final*, asistimos a un amplio despliege de recursos estilísticos y de tonos poéticos que van desde la más dramática exposición de la violencia histórica y concreta a la afirmación voluntarista de la esperanza —como siempre en la poesía guilleniana—, pasando por las distintas formas del perspectivismo crítico: la sátira, el sarcasmo, la parodia, la ironía sutil, que contrastan con los homenajes concretos (Salvador Allende, Pablo Iglesias), la generalización filosófica de afirmación optimista y la consecuente toma de postura personal.

Con los poemas de «Dramatis Personae» se consigue el exponente máximo del compromiso de *Aire Nuestro*. En palabras de Cristóbal Cuevas, «igual que la actitud de infancia espiritual es una meta de candor, generosidad, falta de prejuicios y actitud lúdica que sólo se alcanza por parte de los mejores en la sazón de su vida, Guillén acendra progresivamente su compromiso, siendo quizá *Final* donde éste adopte perfiles más nítidos».[16] La mayor nitidez es fruto, principalmente, de la actitud reflexiva de caracter ético con que Guillén da unidad a su último libro. La voz del poeta, desde la lectura que propongo, presenta el continuo contraste entre denuncia y afirmación de unos valores propios, como ya sucedía en *A la altura de las circunstancias* o incluso en las últimas partes de *Maremágnum*. En cada una de las cinco secciones de «Dramatis Personae» la denuncia deja paso a la voz esperanzada, presentándose formas de superación de los conflictos particulares denunciados, como la dictadura chilena, la dictadura franquista, el genocidio nazi y, en general, el terrorismo y la estupidez colectiva en el proceso de degradación del planeta, las raíces económicas de toda explotación o la violencia social. Podría decirse que si hay una poesía de compromiso social en la España de esta última década, la de Jorge Guillén cuenta como la más destacada y la más directa. De la misma forma, el factor esencial de la esperanza radica en la constatación, sobre todo en las partes 2 y 4, de las maravillosas posibilidades que ofrece al hombre la vida y la naturaleza. «Alguien nos tiende la mano», dice Guillén en el epígrafe de «Dramatis Personae». Y si la esperanza no aparece hasta los últimos poemas de cada sección de esa parte es, a mi juicio, porque Guillén, sabiamente, ha buscado expresar la necesidad de que adquiera su valor a través de la constatación de las amenazas que se ciernen y que en muchos casos impiden la realización humana. Sin duda, es necesario que el lector recorra ordenadamente las líneas estructurales de cada sección y de cada parte para que perciba las dimensiones morales que sostienen la esperanza que el poeta busca comunicar, acorde con el sistema poético de *Aire Nuestro*.

La sección primera, «Esa confusión», está compuesta por 34 poemas y es un conjunto de variaciones de carácter general en torno a la confusión de la historia contemporánea con referencias a la Guerra Civil, a los asesinatos en masa de la Segunda Guerra Mundial o al terrorismo. Frente a los males de la Historia Guillén sitúa el simbolismo del «aire respirable», y las imágenes contrastadas de los ritmos de la naturaleza frente al desorden agitado de la vida social. La rima humorística, el juego de palabras, la exclamación y la interrogación retóricas colaboran con la ironía para la denuncia previa a la afirmación humanística de la libertad. Como dice Anne-Marie Couland, «le temps historique est négativement ressenti par le poète, sous la domination tyrannique d'un Chef ou d'un Etat, car sans liberté ni paix, il n'y a pas de vie possible, pas de plénitude de l'être».[17] Junto a la opresión, el conformismo de las masas: Guillén se muestra sarcástico en muchos de los poemas de esta parte cuando toca este tema. Así, en el poema 3, la reflexión sobre el Arca de Noé da lugar a la sátira final sobre el signo de los tiempos:

¿Quien se preocupará del gran Diluvio
Si está en el Arca ya, y mano a mano
Con Noé, nuestro guía sempiterno?

Muy vano imaginar.

No habrá diluvio antiguo, sí campos concentrados.
El emblema total de nuestro siglo XX:
Un banco de sardinas concordes, bien unidas (F., 127)

La ironía, el sarcasmo, la burla y, en general, todos los recursos humorísticos materializan un distanciamiento del balance para expresar mejor las dimensiones de la mezquindad espiritual colectiva. Todas estas formas de humor, de la ironía a la rima, implican directamente al lector, como ocurría en *Clamor* y, con mucha mayor frecuencia, en *Y otros Poemas*.[18] Guillén posibilita el acercamiento del lector a la perspectiva desde la cual la realidad histórica se convierte en esperpento de la Realidad mítica en la que el protagonista de *Cántico* podía exclamar, como nos recuerda el poeta en «maneras de respirar», que abre la sección:

Respiro,
Y el aire en mis pulmones
Ya es saber, ya es amor, ya es alegría (A.N., p. 13)

También desde el principio de esta parte el poeta establece un fuerte contraste entre los dos signos opuestos de la vida de las colectividades: el proyecto de libertad que defiende implica solidariamente a todos los hombres: *«común el aire en que nos afirmamos / Cada uno entre todos»*. La realidad, sin embargo, es «sombría» por la pasividad y la insolidaridad general. De ahí la fuerza moral de la reflexión del poeta, con su variedad de tonos y técnicas:

Y muchos habrán sido asesinados
En el día de ayer.

Y muchos morirán de violencia
Por azar, por quehacer.

La vida
¿No vale siempre más que el homicida? (F., 127)

Cada sección está animada por un constante dinamismo temático y expresivo. Guillén pasa de su inicial grito de libertad a la constatación de la violencia y a un momentáneo pesimismo. En el poema n.º 5, por ejemplo, expresa desoladamente la actividad aniquiladora del fanatismo y la intransigencia perdurables:

Nuestros cruzados de la causa,
Energúmenos de la fe
Luchan sin descanso ni pausa.
Siempre será lo que ya fue. (128)

Sin embargo, por ese dinamismo de fondo al que me refería, la conciencia de la realidad histórica no impide la esperanza, que se va afianzando en los poemas que cierran cada sección, si bien esa conciencia obliga al compromiso y a la denuncia de situaciones que no es posible olvidar aunque ya estén lejanas en el tiempo. Guillén denuncia tiranías actuales —la que sufre Chile, por ejemplo— pero no deja en el olvido el trauma del franquismo o los campos de exterminio nazis. Por eso, como *«vivir por los caminos y en la corte / Pide atención que nunca pierda el norte»* (YOP, 252), Guillén exhorta a la memoria histórica, única posibilidad de romper el círculo vicioso de la violencia y del terror:

> *¿Quieres ser un gorila sin pasado?*
> *No pierdas la memoria, viejo bípedo,*
> *Que se te va a escapar tu porvenir,*
> *El más interesante.* (F., 128)

Exhortación constante, directa o indirecta. La misma profusión de recursos humorísticos, que distancian comprometiendo, es una vía artística más para comprometerse autor y lector en un rechazo que lleva, con frecuencia, a la esperpentización de la realidad a través del lenguaje:

> *—Nos hundimos en un caos de agonía.*
> *—Le respondí: No tanto.*
> *No, no. Quedan negocio y tiranía.*

> *¿Un solo abuso enorme? ¿Quién lo puso*
> *Todo revuelto y sin cesar confuso?*
> *¿El hombre nace en el abuso infuso?* (F., 128)

«Negocio» y «tiranía» son conceptos frecuentes en los poemas guillenianos de denuncia, frutos de un lúcido análisis del origen de la explotación, coincidente en algunos puntos, los más valiosos desde los planteamientos humanistas del poeta, con los análisis históricos de la izquierda. A propósito de esta cuestión dice Romero Márquez: «Si donde pone «esfuerzo» pusiéramos «trabajo», percibiríamos más luminoso el sentido político del último Guillén que celebra a Pablo Iglesias y vota socialista. Por un momento —y no se olvide que en el marxismo hay ante todo una filosofía de la historia— Guillén, en su indignación, en su búsqueda, se acerca a algunas de las cosas positivas que esa doctrina tiene».[19]

Desde mi punto de vista, el sentido del voto de Jorge Guillén en unas elecciones es secundario, aunque indique el progresismo de las opiniones del hombre como ciudadano. En el terreno poético, basta acercarse por primera vez a *Aire Nuestro* para advertir el sentido ético de la escritura guilleniana y su actitud abierta y progresista contra la violencia, la tiranía o cualquier aspecto de la explotación del hombre por el hombre, frente a todo lo cual la Naturaleza, tal como es expresada por Guillén, se erige en modelo de armonía.

Un análisis ideológico de los rasgos que perfilan el pensamiento guilleniano en *Final* nos lleva al encuentro de un humanista que no se compromete en su obra con una ideología concreta, ni política ni religiosa, que ha sabido profundizar en el legado filosófico y cultural del pasado y que ha tomado de muy diversas fuentes una rica variedad de ideas sobre el hombre, la sociedad, la naturaleza y el arte. Así como a Romero, con quien coincido en esto, le resulta posible identificar algunos valores de la poesía crítica de Guillén con «algunas de las cosas positivas del marxismo», podría decirse también que hay coincidencias en sus planteamientos éticos con una lectura progresista de los evangelios o con la tradición krausista española que tanto influye en su generación, como apunta Juan Marichal.[20] Son muchos los que han destacado la estrecha relación de los valores culturales de Guillén con el pensamiento de Ortega y Gasset, por ejemplo a propósito de la relación entre el individuo y la realidad circundante.[21] En este sentido es muy acertada la formulación de Cuevas que matiza exactamente esa relación: «Yo soy en mi circunstancia», podría decir, modificando en esencial matiz la fórmula orteguiana».[22]

Como en muchos aspectos respecto a *Aire Nuestro,* es el mismo Guillén el que pone de relieve sus posturas ante la realidad. Basta recorrer el léxico de los poemas de «Esa confusión» para poner de manifiesto la intensidad con que verbaliza el poeta su rechazo de la violencia. De toda la obra guilleniana sólo es posible encontrar una tal acumulación de vocablos de este ámbito semántico en los poemas de «Guirnalda Civil» de *Y Otros Poemas*. Solamente en los dieciséis primeros poemas de «Esa Confusión», es decir, en ciento cuarenta versos, nos sumerge el poeta en el siguiente ambiente: «confusión» (4 veces), «crimen» (4), «Tirano» (2), «violencia» (2), «terror»(2), «desorden» (2), «lío» (2), «asesinato» (2), «corrupta» (2), «domina», «poderío», «cárcel», «reprime», «censura», «disidente», «ahogo», «Poder», «males», «desgarra», «destruye», «campos concentrados», «asesinados», «morirán», «homicida», «energúmenos», «desenfrenada», «lucha», «caos», «agonía», «tiranía», «abuso», «revuelto», «confuso», «golpes», «acosos», «feroz», «pateo», «sufría», «sanguinolento», «rota», «escándalo», «indignación», «salvaje», «criminal», «atropello», «corrompido», «odios», «celos», «baraúnda», «batahola», «algarabía», «estruendo», «discordancia», «discordia», «maremágnum», «aprieta», «ahoga», «déspota», «mentía», «embuste», «deformaba», «autoengaño», «repugnante», «delito», «represiva», «delincuente», «falso», «brutos», «necio», «triste», «griterío», «extermino», «locura», «horror», «mata», «corrompido». La confrontación de este campo con el conjunto del léxico de la sección muestra la técnica guilleniana apuntada más arriba: a pesar del denso ambiente de violencia que recrea Guillén con su despliegue verbal, deja siempre lugar a la expresión de la esperanza, por precaria que sea, mediante una simple acotación al final del poema, recurso característico ya en *Clamor*. Otras veces el uso del diálogo permite la contraposición de perspectivas, como mostró Debicki a propósito del primer *Aire Nuestro*.[23] En el conjunto de la sección, la transición hacia la esperanza se produce a partir del poema 23, con el símbolo de la «noche serena», que permite el reposo y la reflexión sobre el conflicto Historia/Naturaleza. Guillén dirige su imaginación poética hacia la inmensidad de la noche, la esperanza de cada nuevo amanecer y la plenitud del mediodía. Un ciclo temporal que simboliza el renacer de la voluntad y de la esperanza del hombre fuerte de espíritu, que cree en alguna forma de armonía entre los seres. El hombre, como dice en «El feliz encuentro» (pág. 41) «si el oído no es rudo», puede escucharla «con el alma serenada». La noche, como tantas veces, posibilita esa serenidad:

> *Se afina en el silencio de la noche,*
> *En sus más altas horas,*
> *La audición de un transcurso delgadísimo*
> *Que es tiempo*
> *Personal, general, universal,*
> *Casi una sensación*
> *De espacio,*
> *Un espacio infinito:*
> *No cabe en nuestra mente humilde y firme* (F., 138)

Una vez alcanzado con esfuerzo el equilibrio de pensamiento y sentidos, el «tino esforzado» del que habla también en «El feliz encuentro», alusión evidente a Fray Luis de León, se alcanza la intuición de la armonía. Las imágenes de lo cósmico proporcionan la perspectiva de elevación y serenidad superior:

> *La tertulia de las estrellas*
> *Me acompaña con sus fulgores*
> *Sin festejos, una tranquila*
> *Reunión que me augura albores.* (F., p. 138)

«Fuerza bruta», sección segunda de «Dramatis Personae», la constituyen doce poemas en los que Jorge Guillén particulariza su denuncia de la violencia, definiendo su postura ante los acontecimientos de Chile a partir del golpe de estado del General Pinochet. El poeta no juzga desde posiciones políticas sino a partir de los valores humanistas más elementales. Destaca la objetividad con que Guillén presenta su denuncia: aunque no está exenta de profundos sentimientos de indignación y de rechazo —como muestra la profusión de recursos emotivos—, está fundada en la relativa distancia que tiene el escritor de la experiencia chilena, a diferencia de la denuncia reiterada de la dictadura franquista en *Aire Nuestro,* donde la elemental indignación de hombre solitario se mezcla con sentimientos personales relacionados con la vivencia dolorosa de la Guerra Civil, los asesinatos, la cárcel y el exilio. Es indudable, —y se comprueba en los poemas de «Tiempo de espera», la sección simétrica de «Fuerza bruta»— que la continua referencia a la dictadura en España, sobre todo desde *Clamor,* va unida a sentimientos de nostalgia, a recuerdos concretos que configuran distintos poemas, a un conocimiento profundo de la realidad y la cultura española que posibilita la escritura de unos textos ricos en alusiones de todo tipo, que es preciso leer con detenimiento para captarlas, como sucede en los poemas de «Guirnalda Civil».

Guillén plantea su denuncia en estos poemas como manifestación activa de la solidaridad que invoca en «Dentro del mundo». Se trata de la respuesta de un habitante del planeta ante la injusticia, que además de comprometerse en nombre propio implica al lector en su propia rebeldía:

> *Es la gigantomaquia de los pánicos.*
> *Caen del cielo jefes sin ideas,*
> *Arcangélicos Hércules hispánicos.*
> *Mortal: ¿es eso lo que tú deseas?*
> *Profesionales de la fuerza bruta*
> *Recubren el país con dolor y crimen.*

Hombres hay que se quedan sin su ruta
De vida. Los sepulcros se suprimen.
¿Y tú no te rebelas? (F., p. 152)

La desmixtificación del lenguaje, que constituye en «Dramatis Personae» la afirmación del triunfo de las palabras creadoras sobre la violencia y el crimen, es uno de los aspectos expresivos principales de esta sección. En el poema 4 inventa Guillén una lógica verbal destinada a satirizar la esencia de la represión en Chile, la «fuerza bruta» que da nombre a la sección:

La fuerza bruta es tan bruta
Que pesa sobre el opreso
Con una gravitación
Que parece gravedad
De carácter —con su ética,
Y no es más que pesadumbre
De brutalidad en bruto. (F. p. 150)

El último poema presenta un balance que sólo puede calificarse de esperanzado por el verso final: «Flotante, siempre activa la esperanza». Guillén se obstina en cerrar el grupo de poemas sobre la dictadura chilena con una ventana abierta al futuro, con ese verso destacado del resto por la línea en blanco. Pero los versos anteriores desgranan acontecimientos que no permiten una lectura optimista: el imperio del terror, la complicidad de los débiles, el silencio, las muertes representativas de Salvador Allende y de Pablo Neruda:

Tan fuerte es esa fuerza
Que hasta la aplauden muchos casi buenos,
Y su debilidad —en suma— cómplice
Se agarra al gran Poder ya con su Pompa.
El pavor general
Acaba por hundirse en el silencio.
Abajo el Gobernante de la Ley.
Sin luz el gran Poeta,
Que hasta se llama Pablo.
La fuerza bruta, sí, la fuerza bruta
Va ahogando, torturando, destruyendo.

Flotante, siempre activa la esperanza (F., p. 153)

A excepción de la denuncia de la dictadura en España, reiterada en cada serie de *Aire Nuestro* desde *Clamor,* el caso

183

de la dictadura chilena es el que Guillén trata con más extensión y dureza a lo largo de toda su obra. En *Y Otros Poemas* incluye abundantes referencias a distintas muestras de la violencia social, desde la guerra del Vietnam hasta el terrorismo o, simplemente, la amarga reflexión sobre las noticias cotidianas de asesinatos, guerra y toda clase de horrores sólo interrumpidos por la publicidad televisiva:

> *La figura del prisionero*
> *Se doblega, casi caída.*
> *Inmediatamente un anuncio*
> *Sigue.*
>
> *Mercenarias sonrisas*
> *Invaden a través de la música.*
> *¿Y el horror, ante nuestra vista,*
> *De la muerte?* (YOP, p. 114)

En *Final,* después de la introducción general a la «confusión» de la época contemporánea, los «Epigramas» y «Tiempo de espera» multiplican los reflejos de esa realidad dramática de la Historia. Pero en ninguna de las secciones se concentra un alegato más desesperanzado que «Fuerza bruta», cuyos ecos siguen teniendo vigencia hoy. Por todo ello, al hablar de la importancia del elemento ético en *Final* no me refiero sólo a que Guillén plantee el conflicto existencial o hable de solidaridad o de compromiso en abstracto. Sin utilizar ninguno de estos términos, los poemas de «Fuerza bruta» son poesía de la ética, solidaridad en acto expresivo.

El centro de «Dramatis Personae» y de *Final* lo constituyen los «Epigramas», cuatro subsecciones simétricas que recogen la variedad de tonos y de temas de todo el libro. En las cinco partes de *Final* son frecuentes y variados los poemas que podrían adscribirse a esta denominación. La poesía epigramática de Guillén puede rastrearse desde los orígenes de su obra, y en ese sentido podrían interpretarse algunas décimas de *Cántico.* Pero, sobre todo, desde los «tréboles» de *Clamor,* cuya organización y estructura describió minuciosamente Ignacio Prat,[24] se hallan en *Aire Nuestro* abundantes poemas epigramáticos de muy variada índole: epigramas satíricos que enlazan con la tradición clásica, poesía filosófica de raigambre medieval, epigramas literarios —frecuentes desde *Homenaje*—, o poemas que enlazan con la moda vanguardista del jaikú. No es infrecuente detectar la huella de la poesía sentenciosa de

Antonio Machado y a Romero Márquez los «Epigramas» de *Final* en particular le recuerdan las «Xenias» de Goethe: «El espíritu es el mismo, aunque las de Guillén tengan poco de «pacatas» y sí mucho de mordaces en ocasiones. Las raíces lejanas de estos epigramas, como las mismas «Xenias», con las que parecen hermanadas, se hunden en las sátiras horacianas. En ambas la misma sabiduría, un no sé qué de avisada cazurrería y de desdén, una indignación moral más acentuada en Guillén ante un tiempo más infame y sangriento.[25]

Ciertamente, no se advierte en los «Epigramas» de *Final* una actitud especialmente indignada, sobre todo en una lectura ordenada del libro: suceden precisamente a «Esa confusión»y a «Fuerza Bruta», los conjuntos más dramáticos y pesimistas del libro. Al contrario, los epigramas que ocupan el centro de *Final* sólo en una proporción reducida son propiamente satíricos o comunican una indignación o una actitud de crítica radical. Responden más bien a la caracterización que hacía Guillén al principio de la parte cuarta de *Y otros Poemas,* donde, como epígrafe a las catorce series de epigramas de esa parte, coloca estos versos:

> *Hombre soy que nunca se aburre,*
> *Y mientras sonríe, trabaja.*
> *Un juego en fondo solidario:*
> *He aquí, lector, mi baraja.* (YOP, p. 368)

Como los de *Y Otros poemas,* son composiciones breves, normalmente de tres a diez versos, de expresión depuradamente ingeniosa, casi siempre con una rima muy efectiva, y constituyen una «baraja» de temas y puntos de vista que recoge, llevando al máximo las posibilidades del género, la variedad de asuntos, tonos y perspectivas que integran su poesía toda. Constituyen una forma más de «maestría» que también define el poeta en *Y Otros Poemas,* al hablar de sus «tréboles»:

> *No me gusta divagar*
> *En la tiniebla del lecho*
> *Saco una gota del mar.*
> *Cristaliza en «trébol». Hecho* (YOP. p. 443)

Tanto el número de epigramas por subsección como el número de versos y la estructura interna de los conjuntos contribuyen a organizar estas cuatro series paralelas. En todas ellas es constante la polimetría, predominan en proporción parecida los poemas con rima —del 65 al 73%—, y la extensión me-

185

dia es de cinco versos por poema. Los cuatro grupos comienzan con tres poemas del despertar al amanecer, la mayor parte de ellos en primera persona, con lo que la percepción expresamente subjetiva introduce el perspectivismo de los poemas que siguen. Los poemas finales de los grupos I, II y IV mencionan el ocaso o la noche, con lo que la figura simbólica que adopta cada grupo es la de una jornada completa. Cada grupo de epigramas comienza con un movimiento en tres tiempos: conciencia del despertar →imagen del mundo exterior→ conciencia del yo. El primer poema de cada serie representa la sensación de recobrar la conciencia, en todos los sentidos de la palabra:

> Me despierto. Me zumba en los oídos
> Un gran rumor del cielo y de la tierra
> Como si hubiese el más solemne fondo.
> ¿Al mundo así con ilusión respondo? (F., 167)

El segundo poema es en cada uno de los cuatro grupos una imagen del mundo exterior al amanecer: soledad, frescura, algún ave, impresiones cromáticas:

> No emerge el sol como visible esfera.
> La luz se infiltra en las tendidas nubes
> Que ejercen las funciones de la aurora
> Mientras cambia el color con sus matices,
> Vibrantes como rojos, como rosas,
> Violetas, morados, escarlatas
> Bajo el más alto azul central del cielo. (F., 157)

Cierran las secuencias nuevas reflexiones del sujeto, en cada caso expresivas del dinamismo vital del poeta, ya sea de la trascendencia del estar vivo:

> Algo autónomo, lo sé
> Se agita dentro de mí,
> Influye en razón y en fe,
> Lanza su quiquiriquí. (F., 157)

ya sea con la manifestación del placer de la pereza, alegre como nunca:

> Me gustaría dormir
> Un poco más todavía,
> Dichoso como un emir
> Con mando en Andalucía. (F., 177)

186

Los poemas que cierran cada grupo no tienen unidad temática tan clara como los del despertar. Los poemas finales de los dos primeros grupos establecen la relación simbólica entre el rendirse al sueño y el sereno sentimiento de ocaso vital. La noche invita a un sueño que se percibe como integración armónica en el ritmo temporal del universo, a pesar de las incertidumbres:

La noche va pasando lentamente.
Se desgrana minuto por minuto
La procesión del implazable tiempo.
Una profundidad de noche inmensa
Me recoge y protege silenciosa.
Las estrellas están, aunque se oculten.
Gran pausa humana circular me envuelve.
El futuro insinúa días largos,
Fugitivos, difíciles, inciertos.
Armónico tal hombre, se durmió. (F., 165)

Los dos últimos grupos terminan con poemas satiricopolíticos o filosóficos, de acuerdo con la temática predominante. No obstante, el poema número 26 del último grupo realiza una síntesis del conjunto al describir un escenario marino en el que a las imágenes simbólicas del desorden social se contraponen imágenes dinámicas de gaviotas al anochecer. Por su contenido, sin embargo, no puede hablarse de un poema típico de Guillén en la clausura de los ciclos que componen *Aire Nuestro*:

Se mueve nuestro mar con mayor violencia.
El lomo de las olas concluye en más espuma.
Pende ya la neblina sobre intensa planicie,
Pero no faltan pájaros que tienden vuelos rápidos,
Y los prolongan sobre la curva manifiesta
De las ondulaciones. Tres o cuatro gaviotas
Cruzan, vuelan, insisten, sobrepasan rozando
Las cumbres del tumulto, se arrojan, se detienen
Un segundo de gozo: juego con alegría. (F., 195)

En los cuatro grupos de epigramas se combinan todos los temas característicos de *Aire Nuestro* excepto la glosa o el homenaje literario. Guillén agrupa aquí abundantes descripciones de la naturaleza y muchas reflexiones existenciales y filosóficas, que desarrollan el programa trazado en la primera parte de *Final*. Abundan también las sátiras sociopolíticas o artísticas. Se incluyen, finalmente, algunos comentarios a la poética, y algunos poemas eróticos, aunque pocos. Los poemas descriptivos y las reflexiones biográficas son los predominantes en las subsecciones I y II, las mejor organizadas de acuerdo con el ritmo día-noche. La sátira se desarrolla ampliamente en la subsección III. La IV puede entenderse como una síntesis en la que confluyen todos los temas anteriores: descripción, biografía, ética, crítica social y sátira política y literaria. Concluye en dos tiempos: el penúltimo poema expone con aguda ironía una visión harto escéptica del presente histórico:

> —En una sola frase resumen:
> ¿Qué va siendo el final de esta centuria?
> —Un fragor de asesinos. —Sin embargo,
> Entre las maravillas de las ciencias. (F., 197)

El último epigrama restituye al final del conjunto el dinamismo moral del anciano que habla, desafiante y abierto a «más vida»:

> Reyes Magos —6 de enero—
> Me han traído mucha nieve,
> Y más vejez, que aún se atreve.
> Venga mundo verdadero. (F., 197)

Los elementos del paisaje natural contribuyen de manera importante a recuperar, en el centro del libro, el equilibrio de «En la vida», a la que me referiré luego, ya que la naturaleza está presente por sí misma, utilizándose pocas veces como metáfora o símbolo de otro plano significativo. La presencia del sol, los árboles, las flores y los animales equilibra el conjunto de los epigramas, mayoritariamente reflexivos y filosóficos en este libro. Las descripciones suelen constar de pequeñas pinceladas seguidas de una reflexión abstracta. La naturaleza aparece como el punto de referencia del pensamiento y la conducta humana. Si ésta es una constante desde *Cántico*, en un libro donde el tema de las acciones colectivas de los hombres es primordial, comprobamos la recurrencia de este tipo de reflexiones:

> Esa tortuga de semblante anciano,
> Bajo el caparazón tan abrumada.
> Avanzando por tierra con esfuerzo
> Retorna algún buen día a sus orígenes,
> Y corre por el mar, resbala, vuela,
> Muy flexible, muy leve, sutilísima. (F., 116)

La aliteración contribuye a la belleza de la gradación anecdótica, armonía formal que en Guillén es una técnica constante y algo más: una emulación verbal de la armonía física de la vida y de la naturaleza. También se halla en estos poemas la contemplación gozosa del escenario natural, sin añadidos reflexivos: Guillén no aspira a entregar al lector la elaboración literaria de un deseo de fusión mística con la realidad, sino la de una relación material intensa con esa realidad. La contemplación la realizan los ojos «mentales», sí, pero frente a la realidad sensible sin manipulaciones. La descripción poética refleja el proceso contemplativo que lleva al observador a expresar su sentimiento de «unidad» con el mundo, en un acto que, como la escritura y la lectura, como el vivir más íntimo, sólo puede ser individual:

> *Una sola gaviota ha madrugado,*
> *Y nadie sino yo contempla el vuelo*
> *Que va cruzando espacio silencioso.*
> *Pura amplitud en soledad alzada*
> *Sobre el instante libérrimo, bellísimo.* (F., 167)

Algunas veces, por el contrario, la descripción de la naturaleza se utiliza para crear un fuerte contraste con la realidad histórica. La concisión del poema, aquí, acentúa un contraste que el ritmo sintáctico regular no establece. La contraposición de sintaxis y significados crea una muy expresiva distorsión. El empleo de «ya» en las tres secuencias refuerza la homología y, consecuentemente, el contraste semántico. El pareado final enriquece con la rima ese contraste:

> *El mar reverberaba allá en el fondo.*
> *Había ya jazmines agresivos.*
> *En los balcones sonaban clarinetes.*
> *Todos los mozos eran ya barbudos.*
> *No había día sin asesinato.*
> *Magnífico, perfecto ya el boato.* (F., 179)

Aunque Guillén ha demostrado ser poeta poco proclive a la nostalgia, no la evita ni la oculta para dar una imagen tal vez excesivamente redundante de su yo poético. Deja ver en sus poemas que no le resulta desconocida y cuando aparece en los textos de la vejez, se enfrenta a una actitud que sí le importa al poeta reiterar: la aceptación serena del paso del tiempo y de la muerte. El tema de «Ya se acortan las tardes», de

«En la vida», se va repitiendo en estos poemas con matices siempre distintos:

El otoño —matiz para el maduro—
Propone siempre una estación serena,
Aunque sus amarillos ya mortales
Impulsen a monólogos de pena. (F., 182)

Guillén acepta la nostalgia como acepta valientemente el problemático futuro. Ya lo señala Predmore: la de Guillén es «una vejez atrevida, con insaciable hambre de vida, repleta de funciones con todo lo que puedan acarrear de bueno y de malo».[26] La reflexión existencial que se desarrolla en los «Epigramas», como en el resto del libro, tiende, en su vertiente afirmativa, a insistir en la fortaleza espiritual del individuo, abierto a todo lo que la vida en plenitud implica:

Son esenciales las funciones:
Paternidad, maternidad.
Es de veras vida profunda,
Jamás, jamás superficial,
Instintiva con sentimiento,
Placer, dolor, vida total,
Vida, vida, vida triunfante. (F., 182)

Los poemas de tema filosófico dan cabida a los distintos registros humorísticos del epigrama. Guillén, que tanto ha poetizado la vida como fuente, impulso, misteriosa fuerza, trascendencia del ser desde lo informe a lo esencial, se resiste a que la vida sea explicada tan sólo mediante conceptos como «proteína», «aminoácido», «ADN», etc. Y brota la ironía en el juego de las palabras:

Nos dicen sumos sabios: «vida es química,
Proteínas, albúminas, etcétera,
Que deciden la acción más trascendente».

La vida grita: ¡química, mi química! (F., 189)

Guillén cree en la libertad y en la responsabilidad humanas. De esa creencia derivan el compromiso y la denuncia de su poesía. Desde el punto de vista de la fe, como ya he apuntado al principio, Guillén se define como agnóstico. «Yo no soy ateo. Comulgo con eso que los griegos llamaban agnosticismo. Pero deseo a Dios ¡Ojalá que exista!», declaraba a Alfonso Canales en sus últimos años.[27]

Varias veces encontramos el concepto «Dios» en *Final*. Ese Dios es, como dice Gómez Yebra con acierto, «fundamentalmente el del «fiat lux», el dios del Génesis».[28] Como en este epigrama, en el que, además, insiste en su más polémico verso («El mundo está bien hecho») para destacar, al margen de los misterios indescifrables para el hombre, el valor que el poeta otorga a la «creación»:

> *Hay quien a Dios le pone muchos peros*
> *Yo menos. Aunque digan lo que digan,*
> *El universo es quien está «bien hecho».* (F., 175)

No obstante la importancia de ese «dios de creación», también apela el poeta a la libertad como base fundamental de la ética y origen de la actitud solidaria. Guillén replantea la cuestión del «libre albedrío» en el centro de la denuncia de las injusticias históricas: Dios no es el responsable del «mundo mal hecho»:

> *—¿Hasta cuándo, Señor de todas las milicias,*
> *Serás encubridor de tantas injusticias?*
> *—Dios deja al hombre libre, sin hisopo, sin sable,*
> *Autor de propia historia, único responsable.* (F., 174)

En otro epigrama explica concisamente su actitud razonable frente a la religiosidad. Como a la poesía, a la fe le hace falta un «no sé qué» que el poeta declara no sentir. En otra entrevista precisaba: «la idea de Dios es magnífica. No es que yo sea tonto, pero no me creo capaz de ponerme en comunicación con esa posible divinidad. ¡Cuánto me alegraría que hubiera Dios!».[29] Así, cuando se pregunta por la verdad última, por los significados profundos de «todo», no hay respuesta en el poema:

> *Hay religión si considero*
> *Mi mundo real de vida a muerte*
> *¿Qué será el fondo verdadero?*
> *¿Mi espera en qué fe se convierte?.* (F., 182)

Sin embargo hay una íntima satisfacción existencial en los balances de esta última serie de *Aire Nuestro*. A pesar de no alcanzar a los significados teológicos últimos, la conciencia del hombre se siente clara y acorde consigo misma en la vejez, en el «invierno lúcido»:

191

En el invierno lúcido
La mente es quien domina.
El calor interior
Es conciencia de fondo. (F. 193)

Sensualidad y vitalismo, ya se ha visto, son frecuentes en estos poemas. También la imagen de la mujer se presenta como realidad sexual. Guillén no duda en intercalar entre los temas sociales y filosóficos el acuse de recibo ante una presencia sugestiva de mujer, de la misma forma que no duda en reflejar la belleza de los demás seres:

Gentil mujer: bien te compones
Ideas claras y distintas.
Pecho en dos firmes agresiones. (F., 173)

El humorismo se presenta también, con otras intenciones, en los versos vitalistas y alegres. Pero es más frecuente, como decía, el humor sarcástico y destructivo. Algunas veces es una alusión irónica a Nietzsche, otras, la burla irónica de algunos tipos humanos. En otras ocasiones, sin embargo, carga las tintas en el retrato de ciertas figuras que le inspiran algo más que desprecio:

Voz de pérfido cobarde.
Coz de bruto analfabeto.
Hoz para cortar cabezas.
Voz, coz, hoz: Gran dictador. (F., 161)

Es en los epigramas en que la sátira es más acusada donde despliega y enfatiza mejor el repertorio de recursos formales. Aparte de los juegos con la rima, Guillén recurre a la técnica del diálogo, a las acotaciones satíricas entre paréntesis, a las antítesis, a la aliteración enfatizada y a los juegos paralelísticos. En los siguientes versos el ritmo anfibráquico intensifica el sentido del poema al crear un aire marcial entre los versos segundo y penúltimo. Subraya la parodia y refuerza la sátira:

Desfiles, naves, despilfarros.

Los pasos avanzan sumisos, precisos en acto
De bélica paz.
El humo, los humos escapan de las chimeneas
De una vanidad.

La firme amenaza promete con lujo de muerte
Victoria total.

Trágicos despilfarros. (F., 164)

Los años de composición de *Final* corresponden en la Historia de España al momento más decisivo desde la Segunda República: Guillén escribe sus poemas políticos y sociales en un período que abarca los últimos años del régimen de Franco, la muerte de éste y el inicio de la transición democrática. No puede evitarse el dato extraliterario para la lectura y la interpretación correcta de los poemas que se refieren a la actitud de Guillén ante la realidad española. Las aparentes contradicciones corresponden a estímulos muy diferentes.

No es de extrañar, por lo tanto, que coexistan poemas en los que se alude al «medio millón de muertos» y otros en los que Guillén da un «viva al Rey» que exige ser entendido en el contexto de la transición política, en la que, sin la menor duda, la institución monárquica garantizó el proceso democrático:

Cultura y libertad y convivencia.
Mientras tanto el supremo: Viva el Rey.
La Contradictadura. (F., 171)

En poemas como éste se revela la vitalidad del compromiso guilleniano con la Historia. El firme «no» que pronuncia ante las realidades más degradantes y ante las perspectivas de autodestrucción del género humano convive con ese sí del que no basta decir, a las alturas de *Final,* que es un sí a la vida. El sí guilleniano es un sí a la solidaridad, a la esperanza, al esfuerzo permanente por una libertad siempre amenazada. Es un sí al amor, a la escritura consciente, en el polo opuesto de ese personaje en el extremo de la decadencia:

Ese nonagenario
Ya es otro personaje.
La persona, disuelta por las sombras,
No sabe nada entonces de sí mismo,
Del orbe de los otros.
A diario se agita,
Come, duerme, fantasma.
Dura crisis del fin: desmemoriado,
Animal. Sin historia (F., 221)

Los «epigramas», en suma, ofrecen un repertorio amplio de temas y de registros estilísticos que nos sitúan en el centro de la actividad razonante y creativa del poeta. Hay mundo «bien hecho» y mundo «mal hecho», y una incansable voluntad de responder a la llamada de la poesía. Estos poemas continúan las series que constituyen la parte 4 de *Y Otros Poemas* y encajan perfectamente en la definición poética que figuraba al frente de las «Sátiras» de esa serie:

> *Se ofrece un plato, ojalá sabroso:*
> *Sátira, pot-pourri, olla podrida*
> *—¿Sin amargo sabor? —Sin acre poso.*

> *Tal baraúnda es el mundo humano*
> *Frente a mirada irónica de amigo.*
> *No soy puro. Mi mano. Juan, tu mano.* (YOP, 118)

«Tiempo de espera», simétrico de «Fuerza Bruta» en extensión, formas poéticas y sentido crítico, cambia el pesimismo profundo de esa sección por una clara esperanza ante el futuro de España tras la instauración de la democracia. Existe una relación estrecha entre «Tiempo de espera» y las secciones «Guirnalda civil» y «Arte rupestre» de *Y Otros Poemas*. «Tiempo de espera» constituye el final de una secuencia de poemas críticos que comienza en las dos últimas ediciones de *Cántico* y llega a su expresión más tensa en *Y Otros Poemas*: «*Las tinieblas terminan en tinieblas / Que no terminan*» (YOP, 162). A lo largo de los poemas que dedica Guillén a la Historia de España en *Final* hallamos la crónica de la transición a la democracia. Los primeros textos constituyen un juicio histórico de la dictadura con agudas precisiones sociológicas:

> *Tiranía. Bienestar.*
> *Tantos coches por la calle*
> *Justifican que no hable*
> *La voz libre de la gente,*
> *El espíritu viviente.*
> *Tiranía. Corrupción.* (F., 201)

El primer verso presenta una paradoja al lector. Las dos realidades nombradas en el primer verso parecen identificarse. Los versos siguientes exponen la burla mordaz. El verso final corrige el enunciado engañoso del primero. La sátira se ha basado, como es frecuente en la poesía crítica de Guillén, en la adopción inicial de una perspectiva evidentemente falsa, en este caso la de todo dictador. El poema se abre a una crítica más amplia: corrupción exige dos protagonistas, el corruptor y el corrupto. Es posible detectar un matiz de crítica a aquellos españoles cuyo creciente bienestar material pudo implicar un apoyo —activo o pasivo— a la dictadura.

Puede percibirse en esta sección que, antes de dar por terminada su crítica de la dictadura, el poeta ha querido reflejar los rasgos de un pasado que no puede olvidarse al perfilar el proyecto de otra realidad social y política: la intransigencia, el odio, la represión y sus secuelas de silencio y miedo. No puede hablarse de poemas de combate, sino más bien de la expresión compleja del resumen histórico de Jorge Guillén. La figura del dictador es execrada con creciente intensidad en los poemas centrales, finalizando con su larga agonía.[30] El poema 12 elige como base paródica los versos del «Llanto por Ignacio Sánchez Mejías», con la evidente pretensión de superponer al acontecimiento el recuerdo del asesinato de Federico García Lorca, símbolo de una generación malograda por la intransigencia.[31] Epitafio por toda una época a la vez que canto de esperanza, el poema sintetiza el significado de ese momento, «a los cuarenta en punto de la Historia», con una emoción política que no quiere contenerse:

> Sonrieron al sol los perseguidos,
> Sus lares restauraron los dispersos
> A los cuarenta en punto de la Historia.
>
> Se sintieron felices las palabras,
> Volaron por el aire más que pájaros,
> A los cuarenta en punto de la Historia (F., 206)

Concluye «Tiempo de Espera» con un poema que es a la vez visión esperanzada del futuro de España y reflexión sobre el mundo contemporáneo. En un libro como Final, en el que la perspectiva ética es fundamental, no hubiera resultado coherente la convivencia de un canto de esperanza sin matices ante el futuro de España con la justa preocupación por el panorama tenebroso de la humanidad ante las realidades cotidianas de injusticia y violencia en todo el planeta, expresada en otras secciones del libro. Así, Guillén exalta la libertad recién recuperada del pueblo español, pero el poema final se abre a la contemplación de la totalidad y la complejidad de la sociedad humana en el planeta:

Después de tantos años de poder absoluto
Fundado en el terror —mata, miente, corrompe—
Y tan honda la crisis general de la época,
Degradación confusa de todo lo supremo,
Desesperados hay con rabia, con desánimo
Sin una perspectiva que implique actividad.

Nunca simplifiquemos: nula visión abstracta
Sin contacto preciso con las siempre complejas,
Distintas realidades y sus contradicciones,
Que admiten una ayuda de esfuerzo esperanzado,
Hostil a ese abandono del cobarde suicidio.

¿Quién va creando historia?
Retroceso no habrá. (F., 209)

Como final de «Dramatis Personae», «Galería» es concreción de las reflexiones sociales de las secciones anteriores y descripción de situaciones y personajes que, como dice Gómez Yebra «acompañan al poeta en su estar».[32] Organizados temáticamente en forma cíclica —de la infancia a la ancianidad—, estos poemas conducen nuevamente al lector hacia el vitalismo existencial de la poética guilleniana. Los niños ocupan la atención preferente del poeta en los primeros textos. Luego, la comunicación, la naturaleza, la hermosura femenina. Aunque no faltan poemas en los que sigue satirizando personajes y comportamientos muy reales (poderosos, los jóvenes intransigentes y agresivos, la ya citada imagen del anciano acabado para la vida), el talante poético es diferente al de las cuatro secciones anteriores: hay mucho de buen humor, de distancia irónica, de firmeza moral en esa conclusión que introduce al mundo familiar y cotidiano del poeta.

La sección está organizada de acuerdo con el ciclo de la vida humana. De la infancia a la ancianidad el poeta dispone poemas en torno a las distintas edades de la vida, que se van describiendo en una doble dimensión: la belleza de la juventud creadora y entusiasta («Presente que rebosa») y la arrogancia agresiva («Mozo»); la vejez fecunda y siempre activa de «Una voz» contrastando con la decadencia y la anulación del individuo que se da por vencido en «Nonagenario». La estructura tonal establece la oposición continua de las sátiras —agrupadas sobre todo en la primera mitad— y los poemas afirmativos y entusiastas, en la segunda parte, que propician el dinamismo de los poemas biográficos y literarios de «En tiempo fechado»; la parte cuarta de *Final.* Los dos poemas centrales, «Nonagenario» y «Hombre, roble» confrontan las dos actitudes opuestas en el arte de vivir: frente al anciano dimitido de la vida, el esfuerzo por la realización en el arte de ser, a partir del conocimiento de las propias limitaciones.

Las sátiras de «Galería» complementan temas de las secciones anteriores: «Mozo» es una indignada respuesta mordaz a la arrogancia de la vida en la juventud, tema frecuente en las sátiras de las tres últimas series de *Aire Nuestro.* Guillén define la arrogancia juvenil, igual que en «La realidad y el fracaso», como una deficiencia del ser: «Ser nada más posible. ¡Gran fortuna!» (F., 216). Lo mismo sucede con la sátira del *snob,* antigua en la poesía de Guillén: confusión mental, vacío machadiano del mundo en la oquedad de una cabeza:

> *Para aquel hombrecito la elegancia*
> *Social será la luz de los valores,*
> *Interna confusión simuladora.*
>
> *Ahí la feria de las vanidades.*
> *—¿Un error persistente de aventura?*
> *—Desventura por hambre de sustancia.* (F., 223)

De mayor trascendencia para la temática de la poesía es la sátira del gran escritor que, pese a su grandeza artística, está del lado de la injusticia, la demagogia o la opresión. Guillén no da nombres, y sería posible encontrar bastantes de ellos vinculados a toda clase de dictaduras. Este es un tema que el autor ha tratado en distintos lugares: en «Luzbel desconcertado», de *Clamor,* aparece uno de estos grandes poetas» (A.N., 604-625). En otro lugar se opone a la expresión goethiana «prefiero la injusticia al desorden»:

> *Es preferible la injusticia*
> *—Dicen los listos— al desorden.*
> *Y la brisa los acaricia.*
>
> *¿Orden injusto no es desorden?* (YOP, p. 376)

Teniendo en cuenta las opiniones expresadas de Guillén en cuanto a la actitud política de algunos grandes autores, acuden a la mente nombres como el de Borges, quien, tras años de apoyo verbal a la dictadura militar argentina, dicen que se desmayó al escuchar los testimonios de algunos torturados por la policía de aquel régimen. Pero de Borges, genial escritor,

nunca se ha mantenido que haya estado loco. Se ha dicho, sí
de Ezra Pound, cuyo nombre sugiere muy plausiblemente Romero Márquez:[33]

> Gran escritor de pésima política.
> «Está loco, no es tonto», se decía.
> Quedó más alta la genial figura.
> —Pero...
>   —Loco perdido.
>   —Tonto.
>   —¡Loco! (F., 222)

Aunque no alcanza el dramatismo de las secciones anteriores, y en particular de la simétrica «Esa confusión», la sátira social se extrema en algunos poemas de «Galería». Se trata
de una burla de los poderosos que pululan por los poemas de
«Dramatis Personae». El mejor ejemplo, el más paródico y tea-
tral es «El ejercicio del poder» donde, con resonancias de algunos pasajes de «Potencia de Pérez», Guillén vuelve a demostrar su capacidad de observación: cada personaje está
representado, para los objetivos de la parodia, en sus gestos
característicos:

> El nuevo Presidente
> Se sienta en el Sillón de su despacho,
> Y principia a ejercer su autoridad suprema.
>
> Suena un timbre. Visita. Gran jefe del ejército.
> Una dulce opresión invade al Presidente.
>
> Suena el tiembre. «Que pase». Eclesiástico ilustre,
> Persuasión deliciosa.
>
> Suena el timbre otra vez. Financiero exquisito.
> Charla amable, sonrisas: insinuado soborno.
>
> A través de los días suenan timbres y timbres.
> Y después de dos años
> Ya sólo queda medio presidente. (F., 219)

La maestría técnica de la sátira guilleniana se manifiesta
una vez más: el Sillón con mayúscula, la connotación burlesca
de «Gran jefe» y de la «dulce opresión» que «invade al Presi-
dente»; la aliteración imitativa de cierta forma clerical de hablar: «Eclesiástico ilustre, / Persuasión deliciosa»; el protagonismo de los timbres, etc.

«Hombre, roble», en el centro de la sección, abre paso al segundo grupo de poemas, donde se advierte la transición hacia los temas de «En tiempo fechado» que constituyen el renovado «homenaje» de Guillén a los seres a quienes le une la amistad y la admiración humana y literaria y donde no faltan ni la intención humorística ni las imágenes de la naturaleza o las «variaciones» sobre poemas que le importan por distintos motivos. Lo más destacable de «Hombre, roble» es el desarrollo paralelo de ambas imágenes. Guillén vuelve a este poema a la idea de que lo importante en la vida no es la «altura»a que se llega ni el «sólo importa lo mejor» (p. 77), sino el acorde desarrollo de cada ser hasta su máximo, *«aunque la energía en ser / No llegue a punto que asombre»*. El poeta reitera la fundamental exigencia de *Aire Nuestro* en cuanto a humildad y autenticidad, que es la garantía de cumplimiento vital:

> *Cambiando se va hacia forma*
> *Que bien apunta a su norma.* (F. 221)

Los poemas «Obra maestra», «Gran juego olímpico» y «Música visible» son otros tantos homenajes a la Belleza. El primero lo es a la belleza de Greta Garbo, *«Conmovedora síntesis / De natura y de arte, / A través de belleza, / Conjunto siempre armónico»* (F., 224). Los otros dos poemas son, como «Bailar» y «Patinar», de «En la vida», el resultado entusiasta de la contemplación de los cuerpos humanos en el esfuerzo por alcanzar el dominio perfecto de sus movimientos. En «Gran juego olímpico», la contemplación de la prueba deportiva provoca el placer estético y la afirmación moral:

> *... prodigioso*
> *Dominio de esta humana y sobrehumana*
> *Voluntad, sin milagro vencedora*
> *Sobre nieve en montaña de gran juego* (F., 225)

En «Música visible» la descripción del baile —«son Viena y Vals en vuelo evanescente»— crea poesía y materializa la imagen de una de esas vivencias maravillosas y concretas que testimonian el goce guilleniano del vivir: *«¿Acaso lo soñé? Lo oí, lo he visto / Con intensa evidencia de embeleso»* (F., 225). Lo más importante es lo humano, dice Guillén, y el cuerpo crea tanta belleza que por un momento es posible olvidarse de lo turbio y opresivo del mundo humano. En «Presente que rebosa» la observación de una hermosa extranjera que contempla el Sena de pie a la reflexión sobre el impulso de la vida:

Sola por entre gentes, rubia, firme,
Con energía erguida resguardando
Sabe Dios qué potencia de futuro,
¿Adónde encaminaba su hermosura?

El observador penetra en la visión concreta de la hermosa figura de mujer y es la vida plena en su impulso hacia más vida lo que ese cuerpo y su persona humana le sugieren, el ser inmerso en el proceso del tiempo, en su dinamismo que «avanza hacia un futuro»:

Ese tiempo compacto de presente
Condensaba en figura femenina,
Certera su atracción, una inminencia
Deslizante, muy rauda hacia una incógnita:
El minuto siguiente de una vida (F., 226)

«Una voz» es el último poema de «Galería» y de «Dramatis personae», y constituye a la vez homenaje a León-Paul Fargue y proyección orgullosa de la propia imagen:

Comme nous aimions l'inmense varieté de la vie!
León-Paul Fargue

Le atraía la vida con su incesante drama,
También en su comedia.
     Todo mortal.
       No importa.
Impetus hacia el mundo eran su amor, su crítica.
Esperaba la muerte, polvo, serenamente. (F., 227)

La brevedad del poema, la sobriedad expresiva misma, que el verso escalonado resalta, aportan concentración y profundidad a lo que puede leerse como un autorretrato y una síntesis vital y artística de la vejez creadora, de la propia vejez del poeta, serena y a la vez apasionada, como testimonian las complejas series finales de *Aire Nuestro*.

Naturaleza y arte: «En la vida» y «En tiempo fechado»

«En la vida» y «En tiempo fechado», las dos partes más extensas, rodean en *Final* el clamor de la poesía crítica en torno a la historia de los hombres. En relación estrecha con *Cántico* y *Homenaje* respectivamente, desarrollan con amplitud los temas de la naturaleza, desde la elementalidad de la flora y de la fauna en su variedad hasta la concrección en jardines, ciudades y vivencias personales. El amor, la amistad, el panorama humano, en suma, configuran de nuevo el repertorio de las «maravillas concretas», sumido casi siempre, en este libro, en la reflexión solidaria y dirigido por la aguda conciencia de la temporalidad. Ambas secciones se corresponden simétricamente. La primera, que remite a *Cántico*, se centra en la naturaleza, el amor y la poética —aspecto éste al que me refiero en el último apartado—. «En tiempo fechado», que remite a *Homenaje*, vuelve, después de «Dramatis Personae», al tratamiento de los mismos temas a partir de la literatura, el homenaje a poetas y amigos y las traducciones de una serie de poemas diversos, nuevas «variaciones».

No es rigida la relación entre «En la vida» y *Cántico*: expresiones, tonos y motivos de las otras series enriquecen la complejidad de temas de esta parte: Así, ocupa un lugar importante la metapoesía, característica de *Homenaje* y de *Y Otros Poemas*, y el vitalismo se presenta como fruto de la esforzada superación del desorden espiritual, que es el resultante de *A la altura de las circunstancias*. El propio Guillén destacaba la temporalidad más dinámica e inmediata que en *Cántico*, al referirse a las similitudes entre «En la vida» y la primera serie de *Aire Nuestro*.

La primera de las tres secciones está precedida de un epígrafe que enlaza la filosofía de «Dentro del mundo» con la vivencia de la aventura personal:

> *Entrañable tarea para el hombre:*
> *Descubrir el sentido de la vida*
> *Con ayuda de sabios y profetas.*
> *Que cada ser encuentre su esperanza*
> *Si el vivir es vital profundamente* (F., 22)

Los primeros poemas —«Los cuatro elementos», «Horas marinas», «De la edad»—, de carácter general, son coherentes con las premisas establecidas en «Dentro del mundo». La descripción de la naturaleza, menos abundante en *Final* que en las series anteriores, se concentra en los poemas de esta parte para renovar el paradigma simbólico del «mundo bien hecho» de *Cántico*. Lo que es propio de *Final*, sin embargo, es el hecho de que la reflexión filosófica matice y enriquezca los versos descriptivos, proporcionando una especial tonalidad existencial al reflejo de la primera serie. En la mayor parte de las descripciones Guillén asciende desde las impresiones producidas por un lugar o un objeto concretos hasta la abstracción sobre la esencial relación hombre-naturaleza. La riqueza del léxico en las descripciones, con sus múltiples sugerencias, perfila las excelencias del «estar», matizado en la vejez por el sentimiento de precariedad y la duda sobre las posibilidades de la relación humana. Guillén advierte a cada paso que, aunque perdura el mundo de *Cántico*, cuyas «maravillas» concretas multiplica, la vivencia de la historia torna cada vez más arduo el responder a las exigencias de la realidad. Esa nueva actitud, desde el punto de vista formal, explica la ordenación de los poemas intercalando reflexiones distanciadoras, a veces filosóficas, con frecuencia irónicas.

«Flora» y «Fauna», muy parecidas en extensión, técnicas y tonos, incluyen descripciones concretas del mundo vegetal y del bestiario preferidos por Guillén, con claros valores simbólicos. Armonía del sentimiento amoroso como realización humana con la perfección de los seres naturales que, con amplias resonancias de Fray Luis de León, remiten el esfuerzo espiritual para integrarse en la armonía de un satisfactorio proyecto vital.

La sección segunda agrupa las reflexiones sobre la escritura y lectura que continúan la metapoesía de *Homenaje* y de *Y Otros Poemas*. Más que una poética, como se verá luego, es un agrupamiento de poemas sobre poesía propia y ajena, sobre los lectores y críticos, sobre el proceso de la creación poética. La colocación de estos poemas en el centro de «En la vida», otorga al tema de la poesía un lugar preponderante en el libro: tras la afirmación de que la naturaleza es la primera base empírica a la que el sujeto hablante se somete de buen grado, y después de la primera sección de «En la vida», que reafirma la integridad del mundo «bien hecho», lo inmediato, en profunda coherencia con la estética desarrollada por Guillén en prosa y en verso, es el centrarse en lo que ha ocupado la principal actividad humana del poeta: la trasmutación de la «realidad irresistible» en poesía. Por ello, no sólo no es caprichoso que los poemas sobre la poesía ocupen el centro de «En la vida», sino que ello responde a la preocupación primaria sobre la propia actividad.

El conjunto de valores vitales de *Final* se completa en la tercera sección con el desarrollo de los temas del amor y la permanente búsqueda de la identidad. Mediante la proyección amorosa hacia el mundo y hacia la amada se realiza poéticamente el ideal ya establecido de generosidad, solidaridad y erotismo. El vivir se afirma como empresa comprometida intelectual y afectivamente con la sociedad, la naturaleza, la poesía y los seres amados, y se refuerza mediante la crítica del narcisismo y de la indefinición existencial: referencias explícitas a Paul Valéry —el poema «Ese yo», por ejemplo— y velada «refutacion» de la actitud personal y la obra de Luis Cernuda — «La realidad y el fracaso»— establecen un notable contraste con el balance de la propia biografía y la propia estética.

Con el poema «¿Quien seré?» se abre el tratamiento en profundidad de una temática que recorre con distintos registros todo *Aire Nuestro*: el balance y la inquisición acerca de la propia conciencia de ser. Este tema, en efecto, surge en *Cántico* como base necesaria para la exaltación de la realidad por un hablante que la percibe desde dentro, firmemente instalado en ella. Ese «yo» guilleniano de *Cántico,* que se vuelve hacia la conciencia de la temporalidad y que reprime en ocasiones su ímpetu ante el espectáculo de la historia contemporánea en *Clamor,* pero cuyas características iniciales no desaparecen en ninguno de los tres libros de la segunda serie —poemas como «El acorde», «Mediterráneo», «Alba común», «Perspectivas con fuentes», «Forma en torno» son un buen ejemplo de ello—, resurge, maduro y vital, en los poemas de *Homenaje,* replanteando la autenticidad de sus presupuestos necesarios:

> ¿Habrá un debe y un haber
> Que resuma· el valor de la existencia?,
> ¿Es posible un numérico balance?
> Ser, vivir, absolutos,
> Sacros entre dos nadas, dos vacíos.
> El ser es el valor Yo soy valiendo,
> Yo vivo. ¡Todavía!
> Tierra bajo mis plantas,
> El mar y el cielo con nosotros, juntos.
>
> (A.N., 1671)

Es el objeto de un poema importante del mismo libro, «El balance» que arranca de las preguntas sobre la obra —«¿Que me propuse, qué logré, qué alcance / Tuvieron mi agudeza, mis sentidos?»— y sobre la propia personalidad —¿Me queda la ilusión de ser yo mismo / Quien vale más que el propio resultado?»—. El poeta se responde, no sin cierto orgullo, que el valor está en el esfuerzo, en la «cotidiana tentativa»: «Mi ser es mi vivir acumulado», «El de veras humilde pone el peso / De su ser en su hacer: yo soy mi suma. / De pretensión a realidad regreso» (A.N., 1672).

203

La vejez, sobre cuya base biográfica el poeta ensaya el balance, confiere a esas cuestiones un registro casi testamentario (evidente en «El cuento de nunca acabar») y por esa circunstancia y los registros nuevos que son patentes en los ejemplos citados, puede decirse que se trata de un tema novedoso de las últimas series. Si bien en *Homenaje* no son muy abundantes estos textos, el hecho de que se reunan sobre todo en la sección que cierra el libro modifica su estructura y su sentido y lo distingue de los finales de las dos primeras series: es el balance final de toda la obra y la afirmación como único valor de ese sentido del «ser».

Guillén vuelve sobre ese sentido en *Y Otros Poemas* y en *Final,* desarrollando su aspecto ético y estético. El pasado no se ofrece como un tiempo perdido a recuperar, dice en *Y Otros Poemas: «No se perdió el ayer. / Es un hoy, es un ser».* (YOP, 85) En esa serie la pregunta se repite continuamente. En alguna ocasión, aunque persiste el alegato de ignorancia se perfila la idea de «tentativa», de esfuerzo constante y concreto hacia objetivos también concretos. El lema socrático le incita a reiterar el planteamiento ético:

CONOCETE A TI MISMO

> *«Conócete a ti mismo». ¿Quién soy yo?*
> *Amante hacia la amada, padre hacia criatura,*
> *Poeta hacia poema, amigo hacia el amigo.*
> *¿Quién soy yo? No lo sé. No soy mi asunto.*
> *Conocerse a sí mismo...*
> *¿Y quién será ese «mismo» tan abstracto?*
> *Atiendo sólo a meta.* (YOP, 268)

Puede decise que desde *Y Otros Poemas* el yo de la poesía guilleniana aparece más completo, en su doble papel de protagonista activo, que ejerce el cántico, la crítica y el homenaje ante la complejidad del mundo, y de protagonista que se vuelve objeto del análisis moral y estético. A cada edad le han correspondido preferentemente unos tonos, unos puntos de vista y unos tipos determinados de realización estética, integrándose cada nueva etapa en la producción anterior sin grandes cambios técnicos (lingüísticos, retóricos, métricos) de importancia pero con creciente variedad. Aspectos que apuntan en *Cántico,* como el de la muerte, se van desarrollando con naturalidad a medida que pasan los años y es mayor la inminencia. Ese desarrollo trae aparejada la reflexión sobre la vejez, que, si se empieza a rastrear en algunos poemas de *Clamor* y es importante en los finales de *Homenaje,* es uno de los temas preferentes y característicos de las dos últimas series. El incremento de ese papel del yo poético como sujeto y objeto a la vez de la lucubración existencial se desarrolla a partir de un rasgo presente desde el origen de *Aire Nuestro*: el voluntarismo, el esfuerzo hacia el ser y hacia la forma. Si cantar permite objetivarse, exteriorizar las aventuras de la conciencia permite borrar los límites entre el yo y el universo o, dicho de otro modo, alcanzar la serenidad ante la muerte, que puede ser el regreso a la nada, le exige volver la conciencia hacia el único «valor absoluto»: la vida misma; y, aceptando su «ley», destacar los que han sido sus valores permanentes a lo largo de la trayectoria. En definitiva, responsabilizarse del propio vivir y profundizar en la forma del vitalismo que es característica: la tentativa «terrestre».

Del conjunto de poemas que desarrollan este tema en *Final* «¿Quién seré?» es el que recoge más ampliamente sus derivaciones y matices. Las cinco partes del poema recogen la mayor parte del léxico de *Aire Nuestro* en el que se encarnan los valores vitales. La conciencia del individuo como microcosmos inabarcable en su totalidad, del que destaca, como tantas veces, la «ley» inexorable, de que habla Séneca —«*Lex est, non poena, perire*»—:

> Bajo mi piel subyace todo un mundo
> Que soy yo, yo profundamente ignoto
> Con sus correlaciones infinitas.
> Entre sus elementos y corrientes
> Subsiste sin visión el orden lóbrego
> De exigencias puntuales que se cumplen
> Según ley de mi vida, si no muerte (F., 92)

La introducción aboca lógicamente a la pregunta esencial que se repite en muchos poemas de las tres últimas series: «¿Quién era, quién seré?». Al plantearse en las dos direcciones del pasado y del futuro, Guillén establece la perspectiva existencial: no busca aquí la definición del ser desde las esencias intemporales, sino desde la existencia individual, lo que permite la valoración desde la perspectiva de la acumulación de actitudes, de logros, de fracasos y de intentos: «Mi ser es mi vivir acumulado». En las partes 2 y 3 del poema el análisis se objetiva: en tercera persona sintetiza la dinámica del protagonista de *Aire Nuestro* caminando por la «ruta suprema» «del hacer al saber». Lo que se busca es la autenticiadad, el ser profundamente, que corresponde, según estos versos, a dar respuesta a los estímulos del mundo, luchando por mantener la conciencia y la objetividad:

> Ese protagonista caminante
> Que observa comentando, siempre lúcido,
> La realidad en torno
> Tal cual es, verdadera,
> Ese hombre es un hombre,
> Propio vivir auténtico
> Bien encajado en él, por eso humilde,
> Enajenado nunca,
> Hacía verdad el incesante impulso. (F., 92)

Otro ser, el «buen actor», es el que vive y actúa en múltiples vidas, fuera de sí, *«que no puede romper la misteriosa, / Continua identidad inescrutable: / Soy Zutano»*. En él, como en el caminante protagonista, se reconoce Guillén en esta meditación sobre la personalidad. El «mundo» que subyace bajo la piel del yo provoca la variedad de respuestas «según las horas» y siempre en función de los múltiples elementos que integran una personalidad. Se trata de ahondar en lo unitario último del ser, de responsabilizarse. Queda, con el lenguaje, con la obra hecha, la conciencia de la realidad, la asunción de la trayectoria vital, suma de instantes y destino permanente: responsabilidad. Y la permanencia de un estilo de vivir. No hay dogmatismo, como muestran las preguntas innumerables que quedan sin respuesta, sólo conciencia de «ser itinerante». Respuesta al ser-para-la muerte de Quevedo al que ya en *A la altura de las circunstancias* respondía Guillén: *«Y mientras haya vida por delante / Serán mis sucesiones de viviente»* (A.N., 1048). Dice ahora:

> Mis respuestas enérgicas o torpes
> A las solicitudes de las horas
> Dependen de un espíritu en su carne,
> Una asamblea que es mi yo más propio.
>
> Sin embargo, me digo: ¿Quien seré?
> ¿La identidad persiste en esos cruces
> Del vivir?
>   Yo me siento responsable

Doy la cara, la firma. ¿Soy mi nombre?
Vivo siendo en un ser itinerante.
¿Una ilusión el aire que respiro? (F., 93)

Guillén quiere insistir en un aspecto valioso de su vida: la dedicación esforzada a la poesía y al vivir. Por ello, como dice Predmore, «esfuerzo es la palabra capital de la dicción de *Final* y es que es un elemento esencial del concepto que tiene de sí mismo el poeta».[34] El poema termina con una referencia a «Yo soy», de *Y Otros Poemas*: construye un diálogo en el que tres voces reflejan otras tantas conciencias del yo: una, la que aparece en «Yo soy», que afirma: *«Yo supe quién era. / De verdad conocí mi rostro-nombre. / Y mi yo verdadero es quien me guía».* En el otro extremo, la voz de la incapacidad de conocer las menores señas de identidad en la nebulosa de la conciencia: *«Es siempre ignoto el yo para sí mismo: / Aparición confusa / Que con la realidad jamás coincide».* La síntesis viene dada, en coherencia con las partes anteriores del poema, por una voz «cortés y clara», con Ortega y Gasset al fondo:

> *Se repuso otra voz cortés y clara:*
> *¿No estamos en flexible dependencia*
> *De lo que nos adviene?*
> *Continuidad ocurre en el esfuerzo.*
> *«Yo soy mi cotidiana tentativa».*

«Dependo de las cosas», decía el poeta en «Más allá». Y la importante reafirmación de esfuerzo en las últimas series remite a ese poema programático donde también se dice algo que es clave para la continuidad de la constante dependencia del mundo exterior: *«Una tranquilidad / De la afirmación constante / Guía a todos los seres, / Que entre tantos enlaces / Universales, presos / En la jornada eterna, / Bajo el sol quieren ser / Y a su querer se entregan / Fatalmente...* (A.N., 34-35). El amor es el gran complemento temático necesario en este desarrollo de la personalidad del hablante en *Final*. Independientemente de la base biográfica de los poemas de amor en *Aire Nuestro* su protagonista expresa con profunda unidad y coherencia la culminación de la aventura terrestre en la relación amorosa. Así, las imágenes que recorren los grandes poemas de amor de *Aire Nuestro* —«Salvación de la primavera», «Sol en la boda», «Anillo», «Amor a Silvia», etc.— son facetas del ideal de culminación absoluta que sólo se expresa como realidad en el amor y, subsidiariamente, en su escritura: «destino», «plenitud», «llegar a ser», «pasmo», «perfección», «forma», «lúcida embriaguez», «sumo acorde», «gloria», «embeleso», «gozo», «placer», «rotundidad», etc.

La realización individual y la social, la maestría artística, las presenta Guillén como una meta hacia la que es necesario el esfuerzo constante. En el amor es necesaria la superación del yo para alcanzar la cima o la mina profunda del ser. Intimamente ligados a los conceptos anteriores, por lo tanto, se dan en todos esos poemas los que remiten a su superación del yo: «ni tú ni yo: nosotros», «un solo ardor», «dos gracias en contraste», «en nosotros perfección», «somos una misma energía», «un querer reune las formas en concierto», «compartir el sol», «no dos destinos, uno», «gloria de dos», «el embeleso de dos destinos», «los dos gozosamente opuestos», «destino común», «¿Tú, yo? Nosotros»: el destino del individuo lo configuran unitariamente amar y hacer, como dice en «Lo indispensable»:

> Sin un verdadero amor,
> Sin un quehacer verdadero
> La Historia no justifica
> Nuestro paso por la tierra (F., 105)

«También ocurre», «Ella, él», «Segunda carta urgente» son los poemas representativos del tratamiento del tema del amor en *Final*. Y en ellos el sentimiento sereno de la fusión amorosa se mantiene con una fuerza expresiva que reafirma el puesto esencial del amor en la realización humana y la satisfacción del poeta en su proceso hacia la afirmación. La experiencia de la plenitud se expresa de nuevo en un concepto clave en la poesía de Guillén: el centro: «*Llegamos a ser, / Te busco, te encuentro, / Y de verdad somos / Centro, nuestro centro*» (F., 107). Equilibrio intelectual y emoción viva se conjugan en uno de los principales exponentes del amor en este libro. En «También ocurre» culmina la síntesis conceptual y sentimental del amor tal como se ha manifestado en *Aire Nuestro:*

> El amor cristaliza en una forma,
> La doble forma justamente opuesta.
> Los dos felices cumplen con su norma,
> La selva convirtiéndose en floresta.
>
> Se consolida un fondo que resiste.
> Nunca aridez. Pareja nunca triste.

Sensación de placer y de embeleso.
Un lúcido entusiasmo en la pareja.

Hombre y mujer se enlazan: sexo y seso.
La luz envuelve. Todo se despeja (F., 105)

«En tiempo fechado» representa la restitución en *Final* del «estar en el mundo» acorde con los valores del arte y del vitalismo afianzados al principio del libro. El proceso interno de éste refleja estructuralmente la evolución de *Cántico* a *Homenaje,* a la que corresponde muy estrechamente esta parte, después de los poemas críticos de «Dramatis personae». «En tiempo fechado» se centra en los mismos temas que «En la vida», y casi exclusivamente desde la cultura escrita, la literatura y los literatos: *«Justa correspondencia: / Realidad y palabra»* (F., 231). Esta parte está dedicada, así, al homenaje literario y afectivo, a la glosa de textos y opiniones de otros autores y a distintos acontecimientos autobiográficos, aunque no se proporcionen todos los datos de los poemas en sus publicaciones independientes, como muestra Gómez Yebra.[35] Se trata de «atenciones» a lectores y autores, comentarios y anécdotas «con tiempo fechado».

Un aspecto importante de *Final,* imposible de tratar en estas páginas por su extensión, es el de la onomástica, presente en todo el libro y preferentemente en esta parte cuarta. No se trata solamente de las dedicatorias de los poemas o de las puras y simples referencias, sino, sobre todo, de la utilización de textos ajenos, de los homenajes a otros escritores, de lo que todo ello significa de integración en la gran corriente de la vida, correlato quintaesenciado de la vida natural que ocupa la parte segunda. El panorama de las dedicatorias se suma al muy numeroso de las otras series de *Aire Nuestro* y permite apreciar el aspecto concreto y literario —a la vez que extraliterario— del papel de la amistad en la poesía de Guillén, materializando la importancia que la amistad cobra con el tiempo en las sucesivas series de la obra. «Quedan los nombres» de quienes han ido enriqueciendo la vida del poeta, dando relieve y rostro a muchos textos, configurando una parte de ese «paisaje con historia» que reclamaba Jorge Guillén en *Cántico.*

Por su parte, la red de alusiones a escritores, pensadores, artistas y hombres relevantes en la historia de la humanidad configura el tejido culturalista que es uno de los elementos más importantes de toda la poesía guilleniana, de manera muy sutil e implícita en las primeras series, y más explícita en las tres últimas. Calderón, Goethe, Lope, D'Ors, Unamuno, Moliére, Valéry, Neruda, Dante, Balzac, Nietzsche, Fray Luis de León, Erasmo, Antonio Machado, Proust, son sólo una muestra muy breve de los autores simplemente citados, con función muy distinta, que siempre parte de la alusión para convocar en el texto, enriqueciéndolo, las connotaciones culturales correspondientes.

Mayor importancia tiene el gran número de citas de otros autores que Guillén coloca en sus poemas como epígrafes iniciales, que intercala en el poema o que utiliza como notas al pie. Con ellas, y de la misma forma que en *Homenaje,* que en *Y Otros Poemas,* toma de otros autores imágenes, expresiones o ideas que le dan pie para desarrollar su propio poema, coincidente o no con el sentido de la cita. Es un verdadero diálogo creador en el que sobresale el espíritu identificativo, pero donde no escasea la intención polémica. Las citas están relacionadas con la trayectoria del poeta como lector, y con una evidente intención culturalista cuyo mayor desarrollo se daba en los poemas de *Homenaje,* escritos, en sus principales fechas, entre 1949 y 1966. El culturalismo de Guillén no cae en la pedantería inane de otros y, desde luego, no se queda en la mera serie de alusiones tópicas a los principales «clásicos universales». *Final,* como antes *Y Otros Poemas,* continúa ampliando la nómina de autores, obras y referencias a la cultura que desbordaban en *Homenaje,* repitiendo pocas veces los nombres, pero incidiendo a menudo en el diálogo con Berceo y Manrique, Dante y Petrarca, Garcilaso, Fray Luis de León, Cervantes y Quevedo, Unamuno y Antonio Machado, por no citar sino los más frecuentes.

Así, el mundo «bien hecho» que sigue siendo la base del entusiasmo de Jorge Guillén en sus últimos poemas no es sólo el que integran todos los seres de una naturaleza perfecta y armónica, sino también el de las obras humanas, desde el ejercicio físico —«Bailar», «Patinar»— hasta la creación intelectual y artística en que los hombres se superan. No son escasos los homenajes poéticos a diversos escritores, que se distribuyen a lo largo de todo el libro. Destacan los poemas dedicados a escritores españoles contemporáneos, dictados a la vez por la amistad y el reconocimiento, como Gabriel Miró, Vicente Aleixandre, María Victoria Atencia, Alfonso Canales, Dionisio Ridruejo, Miguel Delibes, Emilio Orozco, Carmen Conde, Alejo Carpentier o Concha Zardoya. Hay que añadir una amplia nómina de otros contemporáneos, como Marcel Bataillon, Waylim Yip, Yves Bonnefoi, Claude Esteban, etc., y no son pocos los dedicados a escritores de otros tiempos, como Virgilio, Lope de Vega o Santa Teresa.

Otros muchos nombres de personas reales y de personajes mitológicos y literarios completan el abigarrado entramado de referencias histórico-culturales: Rosselló-Pórcel, Concepció Casanova, Einstein, Colón, Petronio, Greta Garbo, Adriano y Antinoo, Guido del Duca, Narváez y Jarifa, don Felipe y Doña Juana, Francisca Sánchez, Simonetta Cataneo y Giuliano de Medici. Personajes como Don Quijote y Sancho, Ricote, Hamlet, Fausto, Don Juan Tenorio. Refencias mitológicas: Ulises, Agamenón, Ariadna, Baco, Venus, Midas, Dánae, Zeus, Perseo y Andrómeda, Heracles, Caronte, Narciso, Tántalo, Proteo, Morfeo, Minerva, etc. No faltan personajes bíblicos como Adán y Eva, Caín y Abel, Noé, Cristo, los Reyes Magos, Job, Moisés, san Mateo y san Juan, y el panorama se completa con la mención de multitud de lugares conocidos por el poeta o que simbolizan diversos acontecimientos históricos —el «Mare Nostrum», «Auschwitz», «Palestina»—. Todo ello forma parte de la «esencial compañía» que reclama el poeta para la plenitud de una vida consciente y abierta tanto al futuro como al pasado, individual y colectivo.

El tema de la poesía en Final

No hay duda de que tal contingente de nombres propios mantiene en los poemas de *Final* el calor de lo biográfico, que pasa a ser material literario a tener muy en cuenta para caracterizar la personalidad espiritual y artística de Jorge Guillén, complemento de las páginas dedicadas a los comentarios sobre la poética propia, la lectura y la crítica que se recogen en el centro de «En la vida».

Como en *Y Otros Poemas,* la metapoesía cobra una relevancia especial, hasta el punto de que puede orientar la comprensión del conjunto como un balance poético y un recorrido último a lo largo de *Aire Nuestro.* El protagonismo de la literatura en la parte cuarta es simétrico del protagonismo que en la parte segunda cobra la reflexión metapoética concentrada en «La Expresión» y «Vida de la Expresión». Los poemas de estas secciones concentran lo esencial de la poética de *Final,* que, en estrecha relación con la metapoesía de las series anteriores, puede valorarse como la poética «final» y definitiva de un poeta preocupado hasta el extremo por la recepción de su obra ya desde «Beato sillón», por citar un título significativo y polémico. Así, a los textos de *Homenaje,* en particular los agrupados en la sección «Tiempo de leer, tiempo de escribir», y a los de «Expresiones» y «Res Poetica», de *Y Otros Poemas,* les sucede este grupo de textos que viene a ser síntesis de los anteriores y explicación de toda la obra a la luz de la despedida: revisión de *Aire Nuestro* desde la perspectiva concreta de una culminación vital y artística.

Estos poemas de *Final* giran de nuevo en torno a la naturaleza de la poesía y su propia trayectoria de poeta. Respecto a esto último, la imagen modesta que traza no excluye la satisfacción por los resultados ni el orgullo de las comparaciones: «Vejez de Calderón, vejez de Goethe». «Trabajo inspirado» y «gracia de palabra» son las bases de la creación poética. Sin inspiración no se alcanza la poesía: las palabras solas no bastan. Guillén prescinde de los intentos contemporáneos por reducir la inspiración al mero trabajo intelectual. Uno de los poemas ironiza sobre la escritura sin espíritu. Se trate de la escritura de un poema propio o de la lectura de uno ajeno, la cuestión es la misma:

> Los vocablos me orientan, se me esconden,
> Estallan, se iluminan, se me esfuman...
> Pierdo el rastro. Flaquea la atención
> Con que oigo el monólogo disperso.
> No hay numen, duende, musa que presidan.
>
> ¿Por dónde voy? No sigo. (F., 59)

Guillén reitera una vez más su concepción de la cualidad misteriosa en última instancia de lo poético, imprescindible en el trabajo esforzado de la composición del poema. Se ve en la acumulación de conceptos del poema anterior (numen, duende, musa) y se aprecia continuamente la alusión al «no sé qué»de la creación artística formulado muchas veces en poemas de libros anteriores, como éste de *Y Otros Poemas:*

> Que una luz de intelecto,
> Fervor, sensualidad
> Y gracia de palabra
> Converjan en tu obra
> Si va a ser poesía.
> El poeta, sí, nace.
> El poema se hace. (YOP, 223)

Humildad cada vez más frecuente en la evolución de la poética guilleniana. El poeta nace, pero todo trabajo de creación exige la fortuna del hallazgo, más allá de toda búsqueda. Esa inspiración es un don que permite que salte la chispa en el contacto verbal del poeta con la realidad:

«Poeta por la gracia de Dios», dice la gente.
¡Hipérbole! Digamos sólo modestamente
Poeta por don de hallazgo sorprendente.
La inspiración, que otorga sin ningún previo puente (F.,65)

La poesía requiere entusiasmo: arrebato que guía al poeta hacia las palabras justas. Guillén, artista de la precisión expresiva, elige la imprecisión cuando reflexiona sobre la inspiración poética, y así alcanza el mejor retrato: *«Algo nuevo prorrumpe sin razón, / Porque sí, de repente»* (F., 75). En cada ocasión se repiten los mismos conceptos: «oscuridad», «arrebato», «misterio»:

¿La inspiración? En trance de arrebato
Fatal, supremo hacia lo oscuro:
Poeta como víctima sagrada (F., 75)

En *Lenguaje y Poesía*, a propósito de la lengua poética de Berceo, ya destilaba Guillén ese concepto de poesía: «esa realidad ordinaria que, sentida por Berceo, es poética, se torna vulgar en cuanto se nos escape el *quid divino, el no sé qué del acto creador*».[36] A lo largo de *Aire Nuestro* es posible encontrar diversas formulaciones de ese «estado de gracia». Las resume un texto de *Y Otros Poemas:*

Inspiración, intuición.
Algo elemental, instinto,
Con sol, con luna o con lámpara,
Misterio jamás extinto. (YOP, 200)

Poesía como una disposición instintiva del hombre. «La Expresión» se abre con unos versos en que, como dice Blecua, Guillén plantea el problema de la creación poética desde un principio «casi antropológico».[37] La tendencia del hombre hacia «forma» viene a ser una de las primeras reflexiones sobre la poesía en *Cántico* y vuelve a presidir la reflexión de *Final:*

Hacia forma el hombre tiende.
Quizá le inspire algún duende,
Y a más amplitud se abra.

Tanto a los gestos se entrega.
Que la expresión es su omega. (F., 57)

Complemento de la inspiración es la exigencia de un esfuerzo creador en el lenguaje, que permita crear sentidos en el caos de las palabras y la realidad. El poeta necesita el impulso instintivo que crea nuevas relaciones entre el espíritu y la realidad a través de la expresión, pero para ello Guillén reclama la necesidad de una entrega de artesano a la tarea:

Quise decir... ¿Lo dije, no lo dije?
La expresión a su altura de poema
Se irisa en claridad, se tornasola.
¿Llegará a ser equívoco algún signo?
Selva oscura no es término de viaje.
El eminente lucha contra el caos. (F. 58)

En efecto, el esfuerzo permanente de Guillén ha sido el de la precisión expresiva, como lo demuestran las numerosas variantes en cada edición de *Cántico,* o los fenómenos de lexicalización en su propia lengua poética de muchas expresiones tomadas de las dos primeras series de *Aire Nuestro,* que enriquecen el sentido de los poemas en que se integran. Es un aspecto de la escritura que determina también las preferencias de Jorge Guillén por determinados autores: Berceo, Antonio Machado, Gabriel Miró. En el estudio dedicado a este último en *Lenguaje y poesía* ilustra espléndidamente el sentido de esa necesidad de precisión expresiva:

> «Miró dice más: el acto contemplativo se realiza del todo gracias al acto verbal. Entonces se cumple el ciclo de la experiencia. Hasta que no se «pronuncia» esa experiencia no acaba de vivirse. La poesía no es un ornamento que se superpone a la existencia, sino su culminación. Vida profunda tiene que llegar a ser vida expresada».[38]

La precisión significa también sencillez y despojamiento de elementos accesorios, en un sentido distinto al de la estética de los años veinte. En los poemas de las secciones metapoéticas es frecuente encontrar, reiterada, la confesión del esfuerzo propio en busca de la forma más exacta: *«Al poema conduce un hilo, / Y yo con todo mi ser lo intento»* (YOP, 218) Ese esfuerzo se identifica con el del hombre por ser más ahondando en lo humano, y por integrarse, a la vez, en la armonía de la naturaleza. El poema «Homo», en el pórtico de *Aire Nues-*

tro, desarrolla la ética del esfuerzo en pos de la elevación a una altura verdaderamente humana. Las resonancias de ese programa, ya explícito desde el *Cántico* de 1945,[39] llegan, ampliándose, hasta la última serie: ya se ha visto cómo *Final* se abre con un sostenido registro ético que se matiza y va ampliando en cada parte. «Solidaridad», «Amor», son los conceptos clave de la ética guilleniana, y también en la base de la poética se encuentra con frecuencia la idea de que el impulso creador viene dictado por la relación participativa. Un ejemplo magnífico de esto, en la poesía de la última etapa, es este texto de *Y Otros Poemas:*

> *¿Qué es poesía? No lo sé.*
> *Una existe que yo nombro*
> *Ars vivendi, Ars Amandi.*
> *Sentimiento aún de asombro.*
> *Que resplandece con fe.* (YOP, 229)

Para acercarse a la definición de «poesía» Guillén suele utilizar las imágenes de lo luminoso, elemento privilegiado de *Aire Nuestro:* el sentimiento de asombro «resplandece»en el poema anterior. En el segundo poema de «La Expresión», después de afirmar la tendencia instintiva del hombre hacia el trabajo artístico, hacia la «forma», enlaza la escritura con la experiencia vital, que es la que proporciona sentido a la obra y que es trascendida al ser convertida en poema. El terreno simbólico de esa trascendencia es el de la elevación hacia la luz:

> *Todo lo bien vivido sale en busca*
> *De algún decir: esa palabra exacta*
> *Donde se vive por segunda vez*
> *A una altura mayor, que no es un acta*
> *Documental. La voz en luz erguida*
> *Requiero yo para integrar mi vida* (F., 57)

Al mismo tiempo, las imágenes de la verticalidad permiten poetizar a la vez la superación y el enriquecimiento de la experiencia en el mundo —«Yo necesito los tamaños astrales»—y la profundización en las raíces de lo humano, actividad creadora que Casalduero llamaba «laboreo de la mina del ser». En esta otra dirección es fácil encontrar imágenes de la telúrico, como este poema de *Homenaje:*

LO PERSONAL

¿Siempre biografía?

Inventando me hundo,
Me hundo en un profundo
Pozo dentro de mí.
La sangre carmesí
Me impulsa, me ilumina.
El pozo es una mina
De carne soterraña
Que late como entraña.
Es la entraña del mundo.
Desde ella lo refundo.

¿Autobiografía? Del hombre, ya no mía.

(A.N., 1588)

La poesía de Guillén se muestra integrada en la temporalidad, en su doble dimensión histórica y autobiográfica. Aunque no son muy frecuentes en los textos de *Final* las referencias a la poesía temporal, los ejemplos bastan para poder afirmar que, desde el punto de vista individual, Guillén deslinda la temporalidad única de cada creación poética, que responde a la vivencia de un instante y que por ello puede tender a la abstracción y revestirse de una apariencia de temporalidad, cuando realmente es un testimonio de vida:

¿«Intemporal»? ¿Sin tiempo?
Disparate inocente. El poema es poema
Si algo entonces se siente, se vive, se ejecuta.(63)

y deslinda también el sentido de su poesía como búsqueda de la comunicación con un lector. Para Guillén la lectura de la poesía es una experiencia tan solitaria como la propia labor creadora, e ironiza a menudo a propósito de la «poesía para mayorías». Tampoco insiste en una proyección hacia el futuro del poeta a través de su obra, como planteaba en «Vida extrema», sino en el lector contemporáneo, a quién ha dedicado el libro:

Mi lector. El de hoy
Con él de veras voy.
«La inmensa mayoría».
Cuéntaselo a Talía.

Vida póstuma incierta.
—Deja la puerta abierta. (F., 66)

Al afirmar esa relación especial de la escritura poética con la experiencia de lo real y presente y el lector, cobra total coherencia la teoría del lenguaje poético, el tema más tratado por Guillén en los poemas de *Aire Nuestro* que se ocupan de la poesía, desarrollado también por extenso en sus ensayos críticos. Un poema de «La Expresión» vuelve sobre el valor de las palabras pletóricas de sentido como el material verbal imprescindible para el poeta.

> —*¿Escribe usted «empero»?*
> —*No lo necesito*
> *Hablando con Gabriel Miró*

> *Yo no quiero ser tan rico*
> *Según cualquier diccionario.*
> *Con este mundo tan vario*
> *Jamás compite mi pico.*
> *¿Qué palabras? Las vividas.*
> *Son el oro. No soy Midas.* (F., 63)

El lenguaje establece una relación especial con la realidad a través del uso de las palabras más valiosas para el poeta. La tensión poética que se crea entre la realidad empírica y la nacida en el poema brota de la unidad esencial originada por la vivencia de ambas.

Para Guillén no existen palabras más poéticas que otras, sino, como repitió muchas veces, «lenguaje de poema». A propósito de la lengua poética de Berceo decía: «No se oponen belleza y fealdad porque estas categorías no se presuponen aquí. El gato sarnoso entra a título de animal repugnante, pero no en función negativa como elemento del poema. Por sí mismo, el gato no es poético ni antipoético, distinciones que sólo se adscriben a los propios componentes de la poesía, formada por materiales oriundos de la existencia real, todos aptos a subir hasta una composición (...) Para comprender a Berceo y la clase de poetas a que él pertenece, sería de mal gusto tener buen gusto. Según ellos, la poesía no se ha desposado con la belleza».[40]

Guillén ha demostrado en todos los registros de su poesía cómo toda realidad puede ser objeto de poema y cualquier palabra servir al poema en función poética. En «Res Poetica» lo decía exactamente: «*La rosa es bella pero no poética. / Lo será en el poema si él es bello. / La política es fea, no poética. / Lo será en el poema con destello*» (YOP., 319). O, de otra forma: «¿*Prosaismo? Dislate. ¿Los seres ahí? Neutros.* / *Poético valor no está en las cosas mismas.* / *Bellas, feas, esperan esa extrema mudanza* / *De la visión*».(F., 69)

Estas reflexiones se complementan con la exigencia del esfuerzo constante en la labor creadora, con humildad, con ahínco esforzado y permanente. El sentido de poeta como «artesano» es central en la metapoesía de la última serie:

> *No aludo a perfección, a meta conquistada,*
> *A calidad de objeto: una fanfarronada.*
> *¡No! «Perfección» sugiere mi esfuerzo mano a mano.*
> *La más tensa conducta. Soy artesano.* (F., 64)

Desde el sencillo orgullo de una trayectoria de constante dedicación, Guillén emplea la palabra «artesano» en varias ocasiones como expresión exacta de su labor. Si un poema puede nacer por «don de hallazgo sorprendente», no le interesa en ningún caso el poeta «de tardes de domingo», sino el que va madurando en una especial forma de sabiduría a través de la práctica permanente e incluso «profesional». Esta es la otra cara de la moneda, la que presentaba en un texto de *Y Otros Poemas:*

> *Son magos y lo saben, y no aceptan*
> *Ese nombre antiquísimo. No lucen*
> *Trajes resplandecientes. A menudo*
> *Se disfrazan de simples criaturas.*
> *Míralos bien, entiéndelos. Son magos.*
> *Así, profesionales misteriosos,*
> *Transforman la materia en dios concreto.*
> *El inmortal destino del viviente*
> *Con fórmulas orientan de conjuros*
>
> *Que ellos pronuncian.*
> > *¿Magos?*
> > > *Magos*
>
> > > > *¡Magos!* (YOP., 87)

Más sencillamente, en *Final* repite la calificación de «artesano» para describir una labor que es aprendizaje continuo para el ascenso en la escala del saber en pos de la «maestría», palabra que pone en primer plano la imagen del trabajo:

> *Artesano —palabra digna, pulcra—*
> *A través de las horas*

Puede alcanzar su meta: maestría.
¡Maestro carpintero! (F., 86)

Este poema cobra una especial significación en el libro por ser el que cierra el conjunto de textos sobre el tema de la poesía. Es uno de los más extensos de la sección y desarrolla las múltiples imágenes de los poemas precedentes. En él el proceso de aprendizaje poético se formula por medio del símil del aprendiz de artesano que va camino de alcanzar esa categoría de maestro. Igual que en el poema «Magos», establece Guillén una distancia entre el poeta y el profano (distancia didáctica, podría decirse), para explicar sencillamente las principales bases de la creación poética: el esfuerzo inspirado, la lucha con el lenguaje, la dedicación amorosa:

> *El que fue un aprendiz*
> *Va alzándose hacia términos*
> *Sutiles, más allá de lo aprendido,*
> *Nunca dócil a plan,*
> *Si a inspiración se aviene:*
> *Eso, simbolizado en una musa,*
> *Que asiste o que no asiste, misteriosa.*
> *No imaginéis, profanos,*
> *Que sólo acude en trance como acoso,*
> *O quizá por capricho, nubarrones,*
> *Esta irrupción centella*
> *No es cita inesperada.*
> *Hacia un amor de enamorado vuelve*
> *Tal musa, muy solícita.*
> *Y el que la aguarda la siente ya interior*
> *A su espíritu en rumbo... de trabajo.* (F., 86)

Trabajo e inspiración unidos, pero con el impulso de una inagotable fuerza interior que se verbaliza en los términos más elevados: los de la disposición amorosa a la que acude «tal musa, muy solícita». En la segunda parte del poema reitera el concepto «artesano» como síntesis del esfuerzo intelectual y emotivo en un proceso de esfuerzo hacia la madurez y la sabiduría. Repite, así, la descripción de la madurez soñada que ocupa el centro del poema, «De la edad»:

> *Vejez de Calderón, vejez de Goethe,*
> *Apasionada ancianidad fecunda*
> *Por la vía del esfuerzo*
> *Diario, competente.* (F., 28)

219

Ahora, sin alusiones ilustres, Guillén centra la significación de su poema sobre la «pulcra» y «digna» palabra «artesano», mucho más abarcadora, amplia y modesta. Ambas perspectivas, sin embargo, la ilustre y la humilde, confluyen en estos versos en los que se percibe el orgullo íntimo del hablante, «el más viejo y perfecto poeta en español», como lo llamara Cela en 1983,[41] llegado al final de su trayectoria:

> Profesión de poeta,
> Cada vez más poeta, denso tiempo
> Que se mide por años y por años,
> Vida madura al fin, sabiduría,
> Vocación entrañable,
> Jamás ornato de un domingo leve,
> O con furores de revelaciones.
>
> Profesión de poeta,
> Laborioso inspirado. (F., 87)

También en «Lectura y escritura», de «La Expresión», el poeta sintetiza sus valores poéticos abordando la artesanía y la sencillez. Interesan los versos finales, en los que se concentra la imagen del poeta profesional como caminante por una senda personal de sabiduría. En su ascenso el poeta va integrándose con los seres elementales de la naturaleza, cuyo canto elemental refuerza la idea que abre «La Expresión»: «*Hacia forma el hombre tiende*», El poeta y su canto, además, se presentan como un microcosmos natural:

> Del hacer al saber
> Va la ruta suprema.
>
> Caminemos
>
> Los árboles, sonoros en sus hojas
> Con pájaros y brisa gorjeada,
> Son ingenuos cantores.
>
> Canta quizá el poeta: Bien discurre,
> Docto, desde un taller.
> Es hacedor humilde de un mundillo
> Que se abre hacia el mundo. (F., 71)

Para Jorge Guillén la dedicación a la poesía es expresión orgullosa de libertad. Frente a la idea de que la escritura cumple una función de catalizador de oscuros conflictos interiores del poeta, o de que éste se libere de sus fantasmas mediante el acto creador, Guillén, a quien se ha llamado «poeta sano»y de quien se ha dicho que ve al hombre como «artesano de su propio destino», afirma la esencial libertad —«de vocación y de destino»— que se precisa para ser poeta:

> «Una liberación: la poesía»
> Se nos dijo a manera de homenaje.
> Si me pongo a escribir es que soy libre.
> Si no estoy sano, yo no emprendo viaje. (F., 78)

Algunos de los textos más o menos satíricos sobre la poesia expresan las críticas de Guillén a ciertas formas de poesía y a ciertas teorías del poema. Ya he mencionado las críticas de *Final* a poetas como Valéry o Cernuda, y abundan los textos en que rechaza con desdén la poesía que se quiere de élite, en que la cultura y las abstracciones se alejan de lo que para él es la senda natural de la poesía:

> Este poema tan abstracto y culto
> Me conduce, severo y distinguido,
> Por una senda ajena que me invita,
> Llegado al fin, a delicioso olvido. (F., 61)

En la crítica del elitismo recurre en ocasiones a la rima humorística, que juega decisivamente en favor de la sátira, como es habitual. El alejamiento de la realidad subvierte el orden y la armonía naturales que Guillén canta, y provoca la sátira:

> Y tanto teoriza aquel talento
> Que su tesis le envuelve y se le enrosca,
> Y ya no ve la realidad concreta,
> Y al colibrí desposa con la mosca (F., 81)

El mismo sarcasmo que al crítico dedica al poeta exquisito en este diálogo burlesco:

> ¿Adónde va esa canción?
>
> —Mi fatal exquisitez
> Me aleja por derroteros...
> —Que acaban en unos ceros
> Sin ave ni flor ni pez
>
> ¿Adónde va esa canción?

> —*C'est de la préciosité*
> *Marginale, mon ami.*
> —*Es que sólo susurré*
> *Persiguiendo a un colibrí.* (F., 80)

Este tipo de breves sátiras literarias, aunque concentrado en «La Expresión» y «Vida de la Expresión», abunda en las tres partes centrales de *Final,* mezclado con las glosas, las «variaciones» y los homenajes. Igualmente, a lo largo de todo el libro hallamos referencias al lector, que continúan ese diálogo iniciado ya en los momentos de *Clamor.* Guillén lo identifica, no con la «inmensa mayoría» de los estadios, ni con el bibliófilo aficionado «con su flor de lis», ni con los lectores exclusivos de premios literarios, sino con el lector solitario y fiel, abierto a la lectura:

> *¿Qué dicen las trompetas de la fama?*
> *Importa ese lector que bien me lea,*
> *Remoto de ese gordo estruendo tosco.* (F., 66)

El fenómeno poético alcanza su culminación en el lector. La poesía es una corriente verbal que transporta, por medio de la «maestría» —esa que según Guillén caracteriza a los miembros de su generación— realidades vividas, desde el autor al «buen lector»:

> *Poesía es un curso de palabras*
> *En una acción de vida manifiesta*
> *Por signos de concreto movimiento*
> *Que al buen lector remueven alma y testa.* (F., 59)

En pos de la imposible definición de la poesía, Jorge Guillén requiere al lector como elemento clave de la relación de integración del hombre con el mundo, y de la «solidaridad»que en *Aire Nuestro* se va constituyendo como valor capital gracias al prodigio de la palabra, como dice el poeta permitiéndose corregir a Shakespeare:

> *Entre lector y autor no hay más que idioma,*
> *palabras y palabras y palabras*
> *Que siempre se trascienden a sí mismas:*
> *Transportan nuestra mente, nuestro mundo,*
> *Lo que somos, tenemos y queremos.*
>
> —*«Words, words, words»*
> > —*No. Palabras prodigiosas. (F., 58)*

BIBLIOGRAFIA SOBRE *FINAL*

ALVAR, Manuel: «*Pervigilium veneris*», en *BRAE*, LXIV, (1984), págs. 59-70.

BLECUA, José Manuel: «*Final*, de Jorge Guillén y un tema: la poesía», en *Entre la cruz y la espada. Homenaje a Eugenio García de Nora*, Gredos, Madrid (1984). Págs. 45-55.

——— «Sobre *Final*», en *BRAE*, LXIV, (1984), págs. 35-44.

CANO, José Luis: «*Final*, de Jorge Guillén», en *Insula*, 412, (1981), págs. 12-13.

——— «Guillén y Málaga», en *Insula*, 435-36, (1983), págs. 12-13.

CIPLIJAUSKAITE, Biruté: «Yo soy mi cotidiana tentativa», en *Sin Nombre*, XIV, 4 (1984), págs. 31-46.

COULAND, Anne-Marie: «La poèsie de Jorge Guillén ou un humaniste du XXè. siècle», en *Les Langues Néolatines*, LXXII, 2 (1983).

——— «*Final*, de Jorge Guillén: témoignage de l'unité de Aire Nuestro», en *Etudes ibériques et ibéroaméricaines*, Ed. Les Belles Lettres, 26. I Série (1983), Pág. 57-58.

——— «L' expérience temporelle et son expréssion dans *Aire Nuestro*, V: *Final*, de Jorge Guillén», en AA. VV.: Le discours poétique de Jorge Guillén, Institut d'Etudes Ibériques et Ibéroamericaines, Presses Universitaires de Bordeaux (1985), págs. 217-239.

——— «Présence et exréssion du monde extérieur dans *Aire Nuestro*. V: *Final* de Jorge Guillén», en *Iris*, Montpellier, I (1987), págs. 1-54.

CUEVAS, Cristóbal: «El compromiso en la poesía de Jorge Guillén», *Analecta Malacitana*, Universidad de Málaga, Vol. VI, 2, (1983), págs. 319-338.

DEBICKI, Andrew P.: «*Final*: reflejo y reelaboración de la poesía y la poética guillenianas», en *Sin Nombre*, XIV, 4, (1984), págs. 95-102.

DIAZ DE CASTRO, Francisco J.: «Estructura y sentido de *Final*, de Jorge Guillén», en *Cahiers d'Etudes Romanes*, 10, Université de Provence (1984), págs. 139-178.

GARCIA DE LA CONCHA, Víctor: «Pedro Salinas y Jorge Guillén», en *Historia y Crítica de la Literatura Española*, Crítica, Madrid (1984), vol. VII, págs. 295-309.

223

GOMEZ YEBRA, Antonio A. (Selección, prólogo y notas): Jorge GUILLEN, *Poemas Malagueños,* Málaga, Servicio de Publicaciones de la Diputación Provincial (1983).

——— «Dios al «final» de Jorge Guillén», *Insula,* 435-36 (1983), pág. 11.

——— «Los nombres propios en *Final,* de Jorge Guillén», en *Analecta Malacitana,* Universidad de Málaga, VII, 2 (1984), págs. 249-265.

——— *«Final», de Jorge Guillén.* Tesis Doctoral inédita. Dirigida por Cristóbal Cuevas. Universidad de Málaga (1984).

——— «*Final,* de Jorge Guillén: estructura interna», en *Hora de Poesía,* 38, (1985), págs. 27-31.

——— «El pensamiento socio-político en *Final* de Jorge Guillén», en *Analecta Malacitana,* VIII, 2 (1985), págs. 313-331.

MARCILLY, Charles: «Guillén hasta el *«Final»,* en *El Candil,* Univ. de Clermont (1985), págs. 49-72.

MOIX, Ana María: *«Final,* de Jorge Guillén», en *Hora de Poesía,* 21-22 (1983).

PINO, Francisco del: «*Final* y la teoría lingüística de Jorge Guillén», en *Cuadernos Hispanoamericanos,* 369 (1981), págs. 18-25.

PREDMORE, Richard L.: «Retrato poético de Jorge Guillén a los noventa años», en *Insula,* 435-436 (1983), pág. 10.

ROMERO MARQUEZ, Antonio: «Por un Guillén total», en *Insula,* 435-36 (1983), pág. 9.

——— «El «final» del «cántico»: un Cántico sin final», en *Cuenta y Razón,* 9, Ed. Alhambra, (1983), págs. 79-102.

UCEDA, Julia: «Aproximación a la poesía de Jorge Guillén», en Jorge GUILLEN: *La Expresión,* Esquío-Ferrol (1981), págs. 11-40.

NOTAS

[1] GUILLEN, Jorge: *Aire Nuestro, V: Final,* 1.ª ed. Barral Eds, Barcelona (1982).

[2] GUILLEN, Jorge: *Cántico. 1936* (Ed. de José M. Blecua), Labor, Barcelona (1970).

[3] GUILLEN, Jorge: *El Argumento de la Obra. Final, en Poesía. Revista Ilustrada de información poética,* n.º 17, Madrid (1983), págs. 33-44. Vid. pág. 33.

[4] BAQUERO GOYANES, Mariano: «Tiempo y vida en el *Cántico* de Jorge Guillén», en *Cuadernillo-Homenaje al poeta Jorge Guillén,* Murcia (1956). Tb. en *Jorge Guillén y la Universidad de Murcia,* (1984), págs. 9-14.

[5] GUILLEN, Jorge: *El Argumento...* cit., pág. 44.

[6] Los análisis más detallados y reveladores de la organización estructural de las cuatro primeras series de *Aire Nuestro* son los de Ignacio Prat: *«Aire Nuestro», de Jorge Guillén,* Planeta, Barcelona (1974). Y «Estructura de *Y Otros Poemas», Prohemio,* VI, 2-3, (1975), págs. 237-56. En *Estudios sobre poesía española contemporánea,* Taurus, Madrid (1982), Págs. 134-53). Respecto a Final, ver Antonio A. Gómez Yebra: *«Final,* de Jorge Guillén: estructura interna», en *Hora de Poesía* 38 (1985), págs. 27-31. Y F.J. Díaz de Castro: «Estructura y sentido de *Final»,* en *Cahiers d'Etudes Romanes,* 10, Université de Provence (1984), págs. 139-178.

[7] GUILLEN, Jorge: *El Argumento...,* cit. pág. 36.

[8] Respecto al número de poemas de «Fuera del mundo», que en la primera edición son siete seguidos de un «Epílogo», han de seguirse las indicaciones del poeta en *El Argumento...* cit., pág. 44.

[9] Las partes 2, 3 y 4 se dividen, respectivamente, en 3, 5 y 3 secciones. Las tres de «En la vida»van numeradas, (I, II y III) y sin título. La I se divide en tres subsecciones sin separación específica. La primera de ellas, precedida de un poema-epígrafe, consta de siete poemas que sirven de introducción. Las otras dos se titulan «Flora» y «Fauna», con 10 y 9 poemas respectivamente. Estas tres subsecciones tienen una extensión parecida (176, 159 y 152 vv.) y el repertorio de motivos es el mismo: naturaleza —(flora, fauna)— y reflexiones sobre el mundo «bien hecho» La sección II se divide en dos partes: «La Expresión» y «Vida de la Expresión», también equilibradas en extensión (31 y 25 poemas, 234 y 213 vv.) e idénticas en tema. La sección III no se divide: la integran 26 poemas y 520 versos, extensión parecida a I, 27 poemas y 492 vv.

«Dramatis personae»,centro de *Final,* se amplía a cinco secciones, todas ellas numeradas y subtituladas: I, «Esa confusión»; II, «Fuerza bruta»; III, «Epigramas»; IV, «Tiempo de espera» y V, «Galeria». Sólo la central. «Epígramas», está dividida en subsecciones (I, II, III y IV), sin titular. Forma el centro del libro con división par, igual que el centro de «En la vida». Hay correspondencia simétrica entre las cinco secciones: I (31 poemas y 277 vv.) y V (21/232); II (12/82) y IV (17/135). «Epigramas» se reparte proporcionalmente: I (29/165), II (30/139), III (30/140 y IV (30/149).

225

«En tiempo fechado» tiene tres secciones numeradas. Sólo la II tiene título: «Otras variaciones». Al no haber subdivisiones la simetría con «En la vida» no es exacta. I —la más extensa del libro— y III son simétricas en extensión (42/702 y 34/664). «Otras variaciones» consta de 10 poemas y 400 versos. La segunda edición de Final, con las correciones y añadidos es posible que modifique las simetrías, pero no de manera importante, por los ejemplos corregidos autógrafos que he consultado.

[10] Según Blecua, «Final se divide en cinco partes, pero, en realidad, podrían muy bien reducirse a tres, correspondientes a las tres partes de Aire Nuestro: Cántico, Clamor y Homenaje, tan nítidamente tituladas». Blecua (1984 a) vid. «Bibliografía sobre Final».

[11] «Aquel poeta que aceptó su vivir con «voluntad placentera», acepta ahora su morir con la misma elegancia», Blecua (1984 b), pág. 43.

[12] Es este uno de los aspectos centrales del estudio «Los sonetos de Clamor» en mi libro La Poesía de Jorge Guillén. Prensa Universitaria. Palma de Mallorca (1987), 194 págs. (En págs. 45-117). Y reproducido aquí.

[13] Como dice Jaime Gil de Biedma, «Para Guillén la muerte no da sentido a la vida: es nada más el precio de ella y su obligado final. En cierto sentido, el hombre no muere: algo ajeno y brutal le da muerte. Pero, ya que nos es dada, no queda más remedio que aceptarla y que apropiárnosla muriendo dignamente, para que ella sea la mejor demostración de que merecimos la vida. Le sale al poeta una seriedad de ajusticiado que es profundamente española, y se prepara a morir con más orgullo que Don Rodrigo en la horca». GIL DE BIEDMA Jaime: «Cántico»: el mundo y la poesía de Jorge Guillén (1960), en El pie de la letra. Ensayos 1955-1979, Crítica, Barcelona (1980), págs. 75-191. (p. 126).

[14] A. GARCIA BERRIO analiza los sentidos de los ámbitos diurno y nocturno en su importante obra La construcción imaginaria en «Cántico» de Jorge Guillén, en Trames Limoges (1985), 512 págs.

[15] BLECUA, J.M. (1984), pág. 49

[16] CUEVAS, Cristóbal (1983), págs. 324-25.

[17] COULAND, A.M. (1983 b), pág. 75.

[18] Dice CASALDUERO, refiriéndose a «Guinarlda Civil»: «El tono irónico se acentúa en «Arte Rupestre», haciéndose burlón. Sigue la línea esperpéntica inagurada con Valle-Inclán: «Y todo se resuelve —mirad— en esperpento». «El poeta y la Guerra Civil», Hispanic Review, 39, 2 (1971), págs. 133-40 (p. 140).

[19] ROMERO MARQUEZ, A. (1983 b), pág. 92.

[20] MARICHAL, Juan: «Historia y poesía en Jorge Guillén», en CIPLIJAUSKAITE, B. (Ed.): Jorge Guillén, Taurus, Madrid, (1975), p. 23-29.

[21] HAVARD, R.G. «Guillén, Salinas and Ortega: Circumstance and perspective», Bulletin of Hispanic Studies, LX, 1983, págs. 305-18.

[22] CUEVAS, C. (1983), pág. 9.

[23] DEBICKI, A.P.: La poesía de Jorge Guillén, Gredos, Madrid, (1973), passim.

[24] PRAT, I.: «Aire Nuestro» de Jorge Guillén, cit. Págs. 121-138.

[25] ROMERO, A. (1983 b), Pág. 93.

[26] PREDMORE, R. (1983) Pág. 10.

[27] CANALES, Alfonso: «Hablando con Don Jorge», *La Pluma,* 7 (1981), Págs. 49-61 (p. 57).

[28] GOMEZ YEBRA, A.A. (1983 b) p. 11.

[29] YEBRA, V.: «Del amor, el mar y la violencia», en *Sábado Gráfico,* 13 de enero de 1982. pág. 13.

[30] Para un análisis de la figura del tirano, ver GOMEZ YEBRA (1985 b).

[31] Como señala Debicki en (1984), Pág. 96, «El empleo de la intertextualidad ejemplifica una manera en que la forma y la tradición poéticas pueden apoyar visiones sociales».

[32] GOMEZ YEBRA, A.A. (1985 a).

[33] ROMERO, (1983 b). Pág. 96.

[34] PREDMORE, R. (1983). Pág. 10.

[35] GOMEZ YEBRA, A.A. (1984 a).

[36] GUILLEN, Jorge: *Lenguaje y Poesía,* (1961), Alianza, Madrid 1969, 2.ª ed. pág. 27.

[37] BLECUA, J.M. (1984 a), pág. 51.

[38] GUILLEN, Jorge: *Lenguaje y Poesía...* Pág. 148.

[39] DIAZ DE CASTRO. F.J.: «El compromiso humanista del tercer y cuarto *Cántico*», en *La Poesía de Jorge Guillén* cit. Págs. 7-43.

[40] GUILLEN, Jorge: *Lenguaje y Poesía...* Págs. 22-23.

[41] CELA, C.J.: «Homenaje», en AVILA, P.L.: *Sonreído va el sol,* Milán, All' Insegna del Pesce d'Oro, (1983), pág. 149.

LA POESÍA VANGUARDISTA DE JOSÉ MORENO VILLA

Sorprende comprobar todavía hoy que la figura de José Moreno Villa, que mereció en su tiempo los elogios de personalidades tan ilustres como Antonio Machado, José Ortega y Gasset o Eugenio D'Ors, sigue siendo la de un gran desconocido de nuestras letras. Excepción hecha de un número reducido de estudios, entre los que destacan los de Luis Cernuda, José Francisco Cirre y Luis Izquierdo,[1] su obra literaria ha recibido una atención muy secundaria, cuando no se reduce todo a la mención de su nombre entre los etcéteras.

El panorama no puede ser más desolador cuando se trata de la difusión de la obra poética —no digamos de la prosa—de Moreno: una porción relevante de poemas se encuentran dispersos en las revistas literarias de la época, no es fácil consultar en las bibliotecas los libros publicados en su día por el autor y son prácticamente inencontrables tanto la amplia antología que realizó Luis Izquierdo como la reedición de *Jacinta la pelirroja*.[2] Por lo demás, los poemas incluidos en distintas antologías se repiten y no bastan para dar una idea suficiente de esta proteica escritura.

Cuando se accede a sus poemarios, a sus escritos dispersos en la prensa, a sus ideas sobre las artes y a su defensa del «arte nuevo», cuando se tiene noticia[3] de la presencia de nuestro autor en los acontecimientos de las vanguardias artísticas de los años veinte y treinta, se descubre una personalidad rica e inquieta, llena de matices, verdaderamente abierta al progreso de las artes y se comprende que sin el estudio de sus escritos, de su obra plástica y, en general, de su actividad dentro y fuera de la Residencia de Estudiantes, no es posible una historia de la vanguardia española. Es, por ello, tarea urgente revisar lo que se ha dicho sobre nuestro poeta y tratar de establecer una clarificación sobre lo que la variada obra de Moreno significa en cada una de sus facetas. En esa línea y con ese espíritu planteo las siguientes reflexiones sobre la evolución de su poesía vanguardista.

Desde sus comienzos poéticos hasta *Colección* José Moreno Villa perfila una voz personal, de «abstraído impresionismo mental», como dice Izquierdo,[4] en la que la distancia intelectual, el hallazgo del matiz sorprendente —esos «quiebros» o «cambios» que, utilizando el lenguaje taurino, veía el autor en la poesía de Manuel Machado[5]—, el reflejo intimista y un tratamiento muy directo y recortado de la realidad natural llegan a su máximo de coherencia y originalidad, al mismo tiempo que se produce, ya desde *El pasajero,* un distanciamiento cada vez más patente de la sensibilidad modernista, tal vez bajo la influencia de Pérez de Ayala, como declara el autor en *Vida en claro.*

Al cabo de los cinco años que median entre *Colección* y *Jacinta la pelirroja* se produce el salto a una estética diferente. Una explicación tradicional del impulso que lleva a la novedad de *Jacinta la pelirroja* es la de una crisis personal: el frustrado noviazgo con la muchacha americana de familia judía a la que llama Jacinta. Se trata de una explicación plausible, proporcionada por el propio autor en *Vida en Claro,* y, sin duda, resulta necesario ahondar en ella.

Pero la biografía del autor proporciona otras explicaciones: su vida en la privilegiada atalaya que es la Residencia de Estudiantes, la intensa dedicación desde 1924 a una práctica pictórica centrada en la experimentación cubista —Jaime Brihuega lo considera un pintor significativo ya en 1925[6]—, y el interés por las incidencias del nacimiento del «arte nuevo» en España, que se traduce en sus abundantes escritos teóricos y en su participación en los diversos actos fundacionales de la vanguardia artística. Es casi obvio insistir en el hecho de que toda esa intensa actividad desarrollada desde 1924 resulta decisiva en su escritura poética en los años posteriores a *Colección.* Por todo ello resulta indudable que las razones de fondo se hallan en la decidida apertura del poeta a la presión de los estímulos artísticos del vanguardismo ambiental en el que se mueve a todos los efectos desde 1924.

En el terreno artístico, Moreno Villa se dedica sobre todo a pintar, e incrementa sus escritos sobre el arte nuevo. De ellos cabe destacar las precisiones teórico-críticas de «La jerga profesional»,[7] la reseña de la primera exposición de la Sociedad de Artistas Ibéricos,[8] en la que participa con varios cuadros y que, para Carmona es el auténtico punto de partida de la vanguardia plástica española,[9] sin olvidar «Artistas y mercaderes», aparecido en la *Gaceta de Bellas Artes*[10] y donde reclama para España la modernización de las estructuras de difusión y comercialización del arte nuevo, considerando necesaria como mal menor la figura del intermediario.

Por lo que respecta a la faceta literaria, son numerosos los textos publicados entre 1924 y 1929, que muestran la presencia constante de Moreno Villa en las revistas literarias significativas de esos años: *Revista de Occidente, Alfar,*[11] *Mediodía. Revista de Sevilla,*[12] *Litoral,*[13] *La Gaceta Literaria,*[14] *Verso y prosa,*[15] o *Papel de aleluyas.*[16] La falta de espacio me exime de desarrollar aquí el análisis de estos textos, pero se puede decir que el conjunto testimonia un período de búsquedas expresivas paralelas a las especulaciones pictóricas de esos años y que, antes de *Jacinta la pelirroja,* antes, incluso, de las implicaciones del viaje a Nueva York, se documenta una serie de tentativas diversas entre las que ya se manifiestan una línea estética y unas técnicas estilísticas que desembocan en el libro de 1929.

Como ejemplo representativo de lo que digo puede servir su colaboración en enero de 1927, en el primer número de *la Gaceta Literaria,* un dibujo glosado por un poema que titula «Ideografías a tinta china». El dibujo representa un estilizado caballo al galope sobre el que yace tendida y en actitud de reposo, en evidente contraste, una figura masculina. Esa técnica de contraste —«quiebro» lo llama Moreno en el texto—, frecuente en sus obras anteriores, es uno de los motivos centrales de los versos que acompañan al dibujo:

> Mis dibujos cantan la quiebra del corazón,
> el quiebro y la salvación.
> En ellos creo no llevar
> cuarenta años de solterón
> con canas motivas [sic]
> y arrugas de devoción.

> *
> * *

> Ya que en el otro campo es la bella fonía
> la que rige, y el gozo es gozo silabario,
> y el anaglifo es una poesía
> que dice: «Jazz —la gallina— y el dromedario»—;
> en este dibujo será novia la línea
> que campos subyuga planicie y vericueto.
> Un dibujo es un orden de barbas de gramínea
> que la gracia dispara y frena el intelecto.

Puede verse que comienzan a aparecer algunos de los elementos formales que conforman la novedad de *Jacinta la pelirroja* frente a los libros anteriores. En primer lugar, la fusión de poesía y dibujo,[17] doble faceta creadora del autor. Además, un conjunto de rasgos muy utilizados por los vanguardistas: aparte del humor y la ironía autobiográfica, que apuntan desde mucho antes, la interpretación subjetiva de dibujo y expresión verbal («Bella fonía», «gozo silabario», «orden de barbas de gramínea», etc.), la rima humorística que resalta el juego verbal, y la inclusión de un «anaglifo» en el poema, que se suma a los reproducidos en su *Vida en claro* y que, como dice en este libro, responde «al espíritu revolucionario de entonces y se da la mano con la escritura automática y otras manifestaciones más serias». Vanguardista es también la concepción global del poema y, en el terreno de las referencias a lo moderno, la presencia del jazz, escuchado ya en España y que el poeta tendría ocasión de conocer en su salsa neoyorkina un par de meses después.

En toda esta serie de poemas sueltos puede observarse de lleno la voluntaria despreocupación de la métrica regular, que se manifiesta en la ruptura constante del ritmo y de la isometría que apunta en algunos poemas. Me parece evidente que, después de haber buscado estas rupturas desde su primer libro, esa técnica obedece a la actitud estética global de Moreno Villa en estos momentos y le hace utilizar la irregularidad como elemento estético complementario. El antiparnasianismo de esta métrica defectuosa lleva aparejada una postura transgresiva que subyace en la ligereza y en el humorismo de superficie: Moreno no pierde todavía su finura en su introducción en el vanguardismo.

Como último dato, antes de abordar las reflexiones sobre *Jacinta la pelirroja,* vale la pena recordar que Moreno Villa se define a favor del surrealismo antes de dar a la luz su nuevo libro. En efecto, el 12 de abril de 1928 se acaba de imprimir en la imprenta Sur de Málaga la obra de José María Hinojosa *La flor de California,* precedida por la famosa carta prologal de José Moreno Villa.[18] Aunque es preciso esperar a algunos poemas de *Jacinta la pelirroja* y, sobre todo, a las *Carambas* para poder hablar de un conjunto en el que se manifieste el surrealismo del autor, en esta carta, que Julio Neira califica de «impresionante documento»,[19] aparece, como es sabido, una primeriza aceptación de la estética surrealista por parte de nuestro poeta, partiendo, además, de la interrelación de las artes: «He simpatizado de golpe con esa técnica porque ya la pintura gemela me tenía preparado. Y recuerdo que comprendí mejor los cuadros de Bores o de Miró cuando leí tus narraciones y que, también éstas se me iluminaron al ver aquellos. La simpatía es fruto de la iluminación. ¿No crees? acaso la clave del superrealismo no sea otra cosa. Hay una influencia de líneas en este cuadro que, durante algún tiempo es sorda, pero que de repente cuaja en una forma conocida, en un elemento vivo e iluminado. Hay lo mismo en tus narraciones, líneas que se alargan o enrolan por alusiones o relaciones de aparente sin sentido, mudas, y que, de pronto, cuajan en una frase sencilla, iluminada, que vuelca su corazón humano sobre todo lo anterior...».

Un año después de la carta-prólogo, en el verano de 1929, aparece *Jacinta la pelirroja, poema en poemas y dibujos,* en los suplementos de *Litoral.*[20] Se trata del primer libro de poemas que publica Moreno Villa en cinco años durante los cuales se ha dedicado intensamente a la pintura y al dibujo. El testimonio de Vicente Aleixandre, como tantas veces, es inmejorable al respecto: «cuando yo le conocí [1929] su poesía quedaba un poco en penumbra. Era entonces, sobre todo, pintor y resueltamente se estaba construyendo una técnica, porque era un pintor nacido en la edad madura y, como un niño, tenía que improvisárselo todo, con una ilusión y una tenacidad que estaban empezando ya a dar su flor y, en seguida, su fruto».[21]

Por otra parte, ¿qué mejor ejemplo que *Jacinta la pelirroja* para mostrar la imposibilidad de desatender la síntesis de las artes, en el caso de José Moreno Villa como en el de tantos otros? No hay duda de que la unidad estética del libro es un elemento imprescindible de la novedad que supone en el panorama de la vanguardia al final de los años veinte. Y esos dibujos esquemáticos, de trazo dinámico y espontáneo, escasamente figurativos, tendentes a la abstracción cubista la mayoría y relacionados con el «automatismo surrealista», según Carmona,[22] acompañan inmejorablemente el ritmo rápido de muchos poemas y las secuencias de la historia amorosa que se plasma en los textos.

Todos los críticos coinciden en señalar este libro como el comienzo de la etapa vanguardista de Moreno; así, Cirre destaca su carácter «desconcertante»[23] y Luis Izquierdo lo sitúa como «punto de referencia máximo de la eclosión del 27».[24] Y, dentro de estas coordenadas su originalidad comienza en el hecho de que se trate, entre otras cosas, de un libro de amor. El propio Moreno Villa declara el papel determinante de aquel fracaso sentimental en su gestación: «Es un libro auténtico porque brota de una experiencia absolutamente concreta y personal, la de mis amores con Jacinta (...) Si no hubiese conocido a Jacinta y no hubiera hecho el viaje a Nueva York, no existirían los poemas que lo integran».[25]

De la experiencia neoyorkina, y de las vivencias paralelas al desenlace de su aventura sentimental queda la crónica escrita en las «Cartas de Nueva York» publicadas en *El Sol* entre el 19 de mayo y el 24 de julio de 1927 y recogidas al año siguiente en el libro *Pruebas de Nueva York* que publicaría la imprenta Sur de Málaga:[26] el ambiente cosmopolita y moderno, las grandes ciudades, la mezcolanza de razas, las multitudes, la música —y la plástica— del jazz. Y, además, distintas observaciones sobre la mujer norteamericana que ayudan a comprender la figura de Jacinta. En «Complicaciones de lo simplificado», por ejemplo, apunta con humor el protagonismo de la mujer en la vida social y en el amor: «Quien monta el caballo y rapta a su amante no es el doncel sino la doncella».[27] En «Demolición constructiva; limpieza», se queja del puritanismo social y, paradójicamente, de la libertad de acción de las muchachas: «El cabaret requiere más franquicia y la niña, menos. Y si al decir esto resulta demasiado español, mejor».[28] Otro fragmento interesante, por lo que de autobiográfico puede tener es el contenido en el capítulo séptimo, «De lo que no voy a escribir»: «No quiero tratar del barrio negro de Harlem, ni del luminoso espectáculo nocturno de Broadway. Tampoco de ese tipo de doncella netamente americana, la «Flapper», en cuya psicología puede patinar desconcertada el alma de un europeo».[29]

Pero donde más ampliamente vemos retratada a Jacinta es en el capítulo «La niña violenta»: Adorable, embaucadora y gimnástica, liberada en su vestimenta, «va y viene, monta y baja con nervio seguro, sin retemblores de carne flácida y sin apariencia de dudas intelectuales». Hasta qué punto su ruptura con Jacinta está presente en esta caracterización no lo sabemos. Lo que es evidente es que en ella Moreno se desborda y la descripción costumbrista del «tipo», que es la tónica del libro, se convierte en crítica profunda de un comportamiento. No faltan las concomitancias con algunas ironías de *Jacinta la pelirroja:* «Y su acento es la violencia. Surgirán con desenfado ante vosotros. Amarán con rapidez y pasarán a la indiferencia bruscamente, para internarse en nuevas faenas. Y sin resquemor, ni adherencias sentimentales; saliendo de la suerte como buen torero para realizar otra muy diferente. Amarán al padre y al marido y al novio, pero en cuanto noten que obstaculizan el desenvolvimiento de su voluntad —a su voluntad le llaman «su vida»— se plantarán violentamente. No hay entrega total, no quiere haberla. Puede haberla, pero a costa de qué renuncias. (...) La niña violenta coge la fruta del momento y le desagrada mañana que le recordéis la fruta de ayer».[30]

Jacinta la Pelirroja

A lo largo de los poemas que componen la nueva —y sorprendente— entrega poética de Moreno Villa, Jacinta acompaña al poeta por un itinerario que ya ha recorrido solitario en libros de poemas anteriores, cuando describe la naturaleza, viaja a Toledo,[31] pinta tipos populares, como la gitana. En otras ocasiones, el personaje de Jacinta, cercano en sus grandes rasgos al tipo superficialmente vital y egoísta, vegetativo y consumista, representativo de la sociedad descrita en *Pruebas de Nueva York,* sirve de contrapunto en la representación del modo de vida hispánico y a la irónica visión crítica de la sociedad que por primera vez apunta en la poesía de Moreno y que se incrementa a partir de las *Carambas.*

Además de esa base autobiográfica que, como dijo Luis Cernuda a propósito del libro, es una prueba de que «para Moreno Villa son las circunstancias las que despiertan la poesía en el alma del poeta»,[32] me parece evidente que hay otras claves artísticas en *Jacinta la pelirroja* que, a la hora de elegir la forma expresiva y los tonos que dan su originalidad al conjunto, operan simultáneamente con la sacudida espiritual que significó el repentino final de aquella historia amorosa. Lo original de *Jacinta la pelirroja* es su expresión hablada, la representación ágil de un diálogo inmediato, en ocasiones balbuceante, el mayor desenfado con que habla de sí mismo y el erotismo inmediato plasmado en imágenes sorprendentes y en ocasiones deshumanizadoras que deben bastante al vanguardismo ambiental de años anteriores. Y en los poemas colocados en la segunda parte, el acercamiento a una expresión surrealista.

El irracionalismo de la imagen que caracteriza bastantes de estos poemas coincide con la elaboración de pinturas y dibujos de composición y temática surrealista por las mismas fechas.[33] Y, sobre todo, donde las novedades formales son cualitativa y cuantitativamente más relevantes y características es en el conjunto de «poemas difíciles» intercalados en la segunda parte del libro, como el análisis de la composición global muestra.

El mismo Moreno Villa escribe sobre la composición de *Jacinta la pelirroja* que «está compuesto de tres partes: una, dedicada a los encuentros y descubrimientos con Jacinta; otra, a iniciarla en la poesía mediante algunos poemas difíciles, y la última, al rompimiento».[34] Desde mi punto de vista, poner al descubierto la organización del libro permite acercarse más y mejor a lo que en éste hay de continuidad temática y metafórica respecto de libros anteriores, a lo que pertence expresamente al propósito de plasmar la historia de sus amores y a lo que pienso que es más decisivo en todo el libro: el hallazgo y la elección de un tipo de imagen y de unas técnicas poéticas irracionalistas que Moreno Villa toma de la corriente vanguardista que va a parar al surrealismo y que configuran sobre todo los textos en los que el poeta, utilizando el ficticio recurso de iniciar a Jacinta en la poesía, continúa un autoanálisis y una metafísica que arrancan, por lo menos, de *El Pasajero* y que constituyen algunos de los aspectos relevantes de *Colección*.

En efecto, de las dos partes en que está dividido el libro, la primera está centrada en su práctica totalidad en su doble papel de guía turístico y de amador de Jacinta —con la excepción notable del poema tercero, «Me enamoré de la gitana», que sirve para distanciar el tratamiento de la anécdota central del libro, con ese otro «amorcillo»—. El uso de la segunda persona es constante, la forma en que emplea el registro de voz hablada en casi todos ellos es nueva, incluso con ese voluntario efecto prosaico, y el poeta va elaborando en ellos un conciso pero significativo retrato físico y moral de Jacinta y, como contrapunto, de sus propias reacciones y respuestas a los estímulos de la mujer. Con plena conciencia moderna evita las concomitancias petrarquistas, las grandes palabras o el análisis del proceso amoroso, y al cierto escepticismo sentimental de sus libros anteriores le sucede un fondo de desengaño que se rehuye analizar pero que se deja ver. Lo original es, además, la forma en que el amante de la «niña violenta» americana expresa su fracaso: «good sport», de acuerdo, coherente con la índole de la niña, pero fracaso al fin.

Exponentes del fuerte ingrediente erótico, que, como en el caso de las demás emociones, las asociaciones sorprendentes de muchas imágenes sólo dejan insinuar, son los poemas de la primera parte «Bailaré con Jacinta la pelirroja», «El hornillo es de 37 grados», «De un modo y otro» o «No hay derrotas con Jacinta», además de la sensualidad que se contagia a los objetos que los rodean, en poemas como «Cuando revienten las brevas» o «Comiendo nueces y naranjas»:

> Naranjas, naranjas de fuego, de chorreosos gajos,
> carne —¡oye! carne en pura geometría,
> donde metemos cuchillo y uña
> codiciosos, como las reses bravas.[35]

Continuando la tendencia de los poemas sueltos de los años anteriores, la métrica aparece más descuidada que nunca, hasta el punto de no mantener la regularidad en ninguno de los escasos poemas que en su comienzo la insinúan, como «El duende» o «Causa de mi soledad». Pero esa falta de interés por la versificación no tiene paralelo en la organización de los poemas. Si en los libros anteriores es evidente su ordenación en torno a ciertos núcleos, en *Jacinta la pelirroja* el sentido temporal del libro, a mi juicio, fue cuidadosamene buscado por el poeta. Así, en la primera parte se ve perfectamente una gradación en la crónica de las relaciones amorosas: los primeros poemas crean una atmósfera de euforia mediante al brusco inicio del libro, «Bailaré con Jacinta la pelirroja», el balbuceo y las exclamaciones, el continuo uso de diminutivos afectivos, cuya frecuencia disminuye a partir del poema séptimo y, en general, el dinamismo del diálogo. Hacia la mitad de la primera parte, entre la profusa actividad de Jacinta, aparecen las primeras diferencias y las primeras ironías. En «Jacinta compra un Picasso» Moreno vuelve, mediante un quiebro muy suyo, a un tema que ya había tratado en «Artistas y mercaderes»:

> Y Jacinta se besa la mano.
> La mano que dio los dineros.
> Dineros por arte.[36]

Por último, en los poemas «Jacinta en Toledo», «Dos amores, Jacinta!», «Observaciones con Jacinta» y «Jacinta se cree española», junto con evidentes muestras de sensibilidad crítica ante lo histórico y lo social, y siempre en clave irónica, se introduce la insinuación de una discrepancia más de fondo: el «lienzo de engaño» del «amorzuelo anglosajón», supuestamente enfrentado al «torillo bravo» del «amor español»; el «absurdo y misterio en todo» con que concluyen las «Observaciones con Jacinta» o esa seriedad con que es descrita Jacinta en el último poema ante un conglomerado de estampas fuertemente hispánicas: el primer círculo de la historia de amor completa, de este calendario amoroso violentamente moderno, se cierra sin dramatismo.

El epígrafe «Jacinta es iniciada en poesía» abre la segunda parte del libro a poemas muy diferentes. Solamente en los tres últimos vuelve a nombrarla, y es para constatar, sobre todo en el último, el abismo abierto entre los dos amantes. No se trata sólo de que Jacinta deje de pronto de ser nombrada al iniciarse la segunda parte: en contraste con la dominante frivolidad de los poemas de la primera parte, que se termina cuando do aparecen las primeras sombras y los temas sociales de los poemas 17, 19 y 20, nos encontramos con una larga serie de poemas centrados en el análisis del yo poético, en la consideración de la temporalidad y en un sentimiento ambivalente ante la experiencia de la vida: optimismo voluntarista y escepticismo sentimental menos contenidos en su expresión que antes y, por lo demás, relacionables con los libros anteriores.

Puede pensarse con fundamento que Moreno Villa ha establecido en la organización de este libro una gradación que va desde la sencillez y el esquematismo de la voz hablada hasta un discurso mucho más denso y fundamentalmente descriptivo en el que los tintes sentimentales se oscurecen, la introspección se hace más compleja y las imágenes irracionales predominan abiertamente en los poemas. El discurso poético dominante en la primera parte, con su dinamismo y superficialidad exclamativa, con su relativa parquedad metafórica, crea una realidad textual que parece asemejarse retrospectivamente a la del tipo de relación con Jacinta que plasma el poeta, no sin cierto sentido cruel de distanciamiento y de deportiva revancha. Con toda razón señala Cirre que «la futura e inevitable separación de los amantes casi se da por supuesta desde el principio».[37]

Por el contrario, en la segunda parte se abre paso un discurso mucho más complejo en el que dominan las imágenes irracionales y aparecen los primeros tanteos surrealistas, a la vez que la imaginación poética se encamina hacia el terreno de la meditación sobre la vida y sobre la experiencia polivalente de la realidad. De esta forma el principio estético de la contención sentimental sigue operando, en este caso mediante la pirueta descriptiva, la acumulación de seres y objetos dispares en unos espacios mucho más abstractos que en los poemas de la primera parte y también mediante el uso más frecuente de la rima, muchas veces humorística y, por ello, distanciadora.

Lo que es indudable es que la temática de los poemas a los que me estoy refiriendo no es del todo nueva en la poesía de Moreno Villa, ni tampoco lo es del todo su formulación. En efecto, antes de los poemas sueltos que hemos visto, en *Colección,* por no ir más atrás, hay poemas como «Congoja», «La puesta del sol», «Contrarios», «Postración», «El aventurero» o «En el mismo paraje», donde, frente al precario cántico de la naturaleza, apunta la percepción problemática del tiempo, de los valores y de la existencia humana. Y en los poemas de *Jacinta la pelirroja* a que me refiero el motivo básico que los genera es, como decía, el autoanálisis y la reflexión sobre la vida y la sociedad entre la esperanza voluntarista y el desengaño, por no mencionar ahora la continuidad respecto de los libros anteriores del léxico y de las imágenes de la naturaleza o del mundo de los gitanos.

El principal contraste formal entre la mayoría de los poemas de cada parte del libro estriba en el uso intenso del irracionalismo en la segunda parte. Hay elementos estilísticos que son constantes en todo el libro, como el uso muy frecuente de enumeraciones y de procedimientos anafóricos o las abundantes interrupciones del discurso mediante la acotación, la pregunta o el vocativo enfático. Pero en la segunda parte cesa la voz hablada ágil, exclamativa y a veces entrecortada, la rima es más relevante y aumentan considerablemente las enumeraciones y las acumulaciones caóticas, lo contrastes y los enunciados absurdos.[38]

Los núcleos significativos de esos poemas se centran, como he señalado antes, en torno al autoanálisis y a la reflexión existencial. La contención que caracteriza el designio de este libro, como de los anteriores, la consigue el poeta, precisamente, gracias al equilibrio entre desengaño y afirmación voluntarista. El recurso a las técnicas irracionalistas tiene, así, una función distanciadora y muchas veces irónica. Buen ejemplo de ello lo constituye el poema octavo, «Es inútil todo intento de concordia» donde la sucesión de enunciados absurdos permite, entre bromas y veras, terminar el poema con una magnífica sugerencia del desencanto amoroso:

... Si supiéramos cuántos pelos llevamos en la cabeza,
sabríamos hablar de la belleza
con aproximación

Y si conociéramos el corazón,
veríamos que *Hola* vale por *Adiós.*[39]

No se presenta en ningún momento el pesimismo profundo de poemas posteriores. Siempre hay, en poemas como «A la madrugada», «Está de más y está de menos», «El alma en acción» o «Mundo», ese equilibrio entre la intuición del fracaso vital («No salgas, cu-cú del suceso») y una defensa del poder liberador de la fantasía, motivo que reaparece en las *Carambas,* o el optimismo relativo que vemos en «Si meditas, la luna se agranda»:

Yo tengo un tren que descarrila,
pero del que siempre salgo con vida.[40]

En estos poemas utiliza una amplia variedad de recursos irracionalistas que ya apuntan en *Colección* y en los poemas sueltos y que pueden también relacionarse con las aportaciones de la poesía vanguardista de la década anterior —ultraísmo, creacionismo, poesía pura—. Aunque no hay distorsión de la sintaxis, fuerza la elipsis de diverso tipo, la supresión de nexos o la síntesis de los enunciados, se detectan abundantes enunciados irracionales («¡Ven, vamos! Sin rumbo, ni estrella. / Después, un hopo de zorra en la atmósfera quieta») y son frecuentes las descripciones humorísticas absurdas basadas en la imagen sorprendente, como ésta del duende:

Yo sé muy poquito, muy poco del duende.
No sé sino que viene y se aleja
y que su figura, es como eso... como esa...
como el remolino
de dos granos de arena
en el hemisferio boreal
de la divina conciencia.[41]

No sorprende la presencia de imágenes cercanas a la greguería, como la que denomina a la gaviota «mecano del aire».[42] La misma raigambre tiene el arranque del poema «D»:

La D tiene su vela blanca y panzona,
su estela,
su verga,
y su bandera.[43]

Poema este último en el que, sin embargo, destaca la metamorfosis de los objetos y de los escenarios:

Hice una D tendida como una barca
y todo mi cuarto se hizo playa.
Sentía el rumor rizado de la orilla
y el alquitrán que hay bajo la luz marina.

Otros poemas documentan de diversas formas esta técnica, por ejemplo «Todas las ventanas abiertas», «Está de más y está de menos» o «Infinito y motor». El primero de ellos es, simplemente, una descripción casi cinematográfica, y pienso en *Un chien andalou,* que me parece de las más típicamente surrealistas y logradas del libro:

Un buey lame la hostia solar en el agua.
El agua se derrite al calor de la lengua.
Se desvanece el buey. La curva se proyecta
en sus cuernos y sus cuernos crean la luna moruna,
perfil de teta
diamantina.[44]

Podría decirse, en resumen, que el vanguardismo de *Jacinta la pelirroja* tiene un doble carácter. Por un lado, Moreno Villa sabe extraer de una experiencia personal unos poemas absolutamente insólitos y vivos gracias a la contención y al deseo de sencillez, gracias a su desenvoltura y al registro hablado del discurso, que el propio autor señala como valores y como elementos modernos. Lo amoroso se presenta con una retórica nueva, en la narración de lo intrascendente y externo, limitándose así, no la sugerencia del gozo o del dolor, sino su expresión. Jacinta es absolutamente moderna con su vitalismo, su dinamismo y su independencia, pero en esos atributos también apuntan los defectos. Ya conocemos el retrato que hace Moreno de la «niña violenta» en *Pruebas de Nueva York,* y desde el principio del libro se perciben simultáneamente la atracción erótica que ejerce y la ironía con que es recreada. En realidad, los tres poemas finales no hacen sino volver hacia el juicio de Jacinta y de sus relaciones amorosas todo lo que los poemas anteriores de la segunda parte expresan en abstracto. Y mientras en «Jacinta empieza a no comprender» Moreno se enfrenta directamente a la mentalidad burguesa que impide a Jacinta desprenderse de la «tramoya» y de los velos que le impiden ser «de hueso y de carne», en «Jacinta me inculpa de dispendioso» y en «Israel, Jacinta», se refiere directamente al conflicto económico que está en la base autobiográfica de su separación de la Jacinta real, en concordancia con su incipiente toma de postura social en la España prerrepublicana, que también apunta en el libro.

El otro nivel en que cabe valorar la aportación de Moreno Villa es el del discurso vanguardista en sí. Cuando acomete la redacción de los poemas que integran el libro, fueran o no todos ellos fruto de un mismo impulso, que éste es un tema poco claro, efectúa un esfuerzo importante, sobre todo por tratarse de alguien que, a pesar de su activismo vanguardista en el terreno de la teoría y la praxis de las artes plásticas, no protagonizó activamente como poeta las aventuras vanguardistas de diez años atrás —de las cuales, no obstante, hay diversas huellas desde *El pasajero* y *Evoluciones*—. Partiendo de una poesía muy personal, con abundantes elementos procedentes de la etapa anterior, la vinculación decidida a la vanguardia artística contagia su actividad como poeta y potencia la consecución de esa original manera de contribuir con un libro de amor a la poesía de la vanguardia más reciente.

Puede decirse, incluso, que los elementos castizos, que el tipismo que todavía está presente en *Jacinta la pelirroja* se han transformado. Cumplen la función de poner de relieve la atracción superficial de Jacinta por lo típico, acentuándose los tintes irónicos, pero también la búsqueda de una nueva sensibilidad y de una nueva plasmación literaria de la naturaleza doméstica —el color que aporta lo gitano o la descripción de Toledo, por ejemplo—, evidencian ya una búsqueda expresiva que transforma lo residual de la poesía anterior en propuesta estética nueva y válida en cuanto experimental.

Hay que destacar también que, al igual que en su pintura, parece ser un impulso vanguardista global el que lleva a Moreno Villa a ensayar distintas técnicas en los poemas de este libro, tomándolas tanto de la reciente tradición vanguardista como de la casi inexistente aportación surrealista española —vale la pena recordar de nuevo el prólogo a *La flor de California* de Hinojosa—, y contribuyendo así a la escena de la vanguardia con una obra iconoclasta, como señala Izquierdo, que es expresión de un desasosiego tanto sentimental como artístico. En cuanto que es desasosiego o inquietud artística, puede verse en las obras posteriores hasta qué punto esa inquietud sigue viva y genera una búsqueda expresiva permanente, que sólo se refrena a partir de la experiencia trágica de la guerra civil.

Nuevas especulaciones estéticas: las *Carambas* (1931)

El proceso iniciado con la escritura de *Jacinta la pelirroja* es solamente un punto de partida en la cada vez más intensa búsqueda de una nueva expresión poética. Inmediatamente después, en 1930, Moreno Villa publica en la revista *Poesía*[45] una «Antología» de poemas en la que incluye varios poemas inéditos: los titulados «¿Dónde?» y «¿Cuándo?», que no se publicarán hasta 1933, en *Puentes que no acaban,* y varios más no incluídos luego en ninguno de sus libros. Se trata de los poemas titulados «desposorio atlántico», «felicidad», «la ruta de diciembre» y «caramba 2.ª (que resulta un madrigal)».

Todos ellos constituyen un documento importante para comprobar que después de *Jacinta la pelirroja,* en donde se abre decididamente a los estímulos de la vanguardia de los años anteriores, sigue avanzando con una técnica muy personal en la exploración de las posibilidades que ofrece el surrealismo, con no demasiados precedentes en castellano: los textos ultraístas y creacionistas, la obra de Hinojosa y los poemas diversos que van apareciendo en las revistas. No hay que olvidar que estos poemas de 1929 y 1930 son también documentos tempranos de la escritura surrealista en España, conjuntamente con los poemas de Rafael Alberti, Luis Buñuel o Salvador Dalí publicados, por ejemplo, en *La Gaceta literaria.* Y en enero de 1931 publica ocho de sus *carambas* en el número IV de *Poesía,* donde colaboran Alberti, Aleixandre, Altolaguirre, Cernuda, Diego, Hinojosa, Moreno, Muñoz Rojas, Mathilde Pomès, Salinas y Supervielle (en traducción de Jorge Guillén), con poemas diversamente vinculados al surrealismo.[46]

En los poemas inéditos de 1930 Moreno Villa toma básicamente del surrealismo la técnica descriptiva, el extrañamiento que resulta de las asociaciones ilógicas y el irracionalismo del discurso automático. Uno de los mejores ejemplos es «desposorio atlántico»:

> ¿Qué marina es ésta que busca la plomada?
> Los mares no quieren seguir recostados,
> y los peces buscan tus dedos.
> Tus dedos, que son mis peces no masticados.
>
> Un enorme buey penetra en el mar.
> Las campanitas de corales
> y los tambores de las tortugas oceánicas
> suenan en el silencio salino.
> Fluyen las luces, los aires, los recuerdos.

No quedan vellos entre los ángulos del cuerpo.
Todos los pelos van hacia el Pacífico.
Hay una ronda de bombillas y globos
cuando profetizan las ballenas
que los muslos de amor son delfines infatigables.

En la paz de tu lecho
un pez pone su testa ciega y roja.
No hay solución.
Los pelos vuelven del Pacífico.
Huracanes de pelos sobre tus hombros.

Y, acá y allá, retenes de pelillos rizados,
con leve aroma córneo
que absorbe la creosota del mar,
de donde viene el pez certero y único.

¡Qué gritos, qué gritos enjutos
como granos de sal, de arena, de luz!
Magnetizada tu lengua y encabritado el pez.
Los globos, las bombillas, los glúteos,
las esferas todas trabajan por el pez zapador.
Es tu cama un estuche del ritmo.
Las bocas han mordido en la vida.
únicamente los ojos
se pierden en la bruma lechosa del sonambulismo.

El automatismo de estos textos es relativo siempre, no sólo porque hay un uso consciente de figuras retóricas, sino, sobre todo, por la unidad compositiva de cada poema y, en este caso como en la mayoría, por la existencia de una línea temática y tonal que, por leve que sea, organiza la acumulación de las imágenes y los simbolismos eróticos del agua.

En 1931 se publican las tres series de *Carambas*.[47] Luego, en *Vida en claro* el autor se mostró crítico respecto a ellas diciendo que había pecado contra su identidad y contra su sinceridad: «Indirectamente me llegó el espíritu de rebeldía latente en la juventud. Rebeldía formal e interna, que iba contra la forma y lo estatuido (...) Hay en ellas una procacidad que nadie esperaba de mí y reconozco que ella me dura varios años, hasta que publico *Salón sin muros,* que es de pocos meses antes del levantamiento militar. Reconozco que tal cosa es perderse el respeto a sí mismo. Pero hay momentos en la vida en que hay que poner la lengua a rechinar contra las guijas.

Son momentos de pasión y de nublazón de vista. Fue la estridencia de aquella época final».[48]

Independientemente de que esos poemas constituyan una muestra importante de la poesía vanguardista española de 1931, es posible que el juicio negativo de su autor casi quince años después de escribirlas y en una circunstancia personal, artística y social muy diferente, se deba sobre todo a lo que tienen de transgresión del principio estético de sencillez y de contención que rige la mayor parte de su producción artística antes y después de esta etapa. Ese juicio, sin embargo, habla en favor de la fuerza de la estética irracionalista y del ambiente surrealista entre los artistas críticos vinculados simultáneamente a la experimentación y a un decidido —a la par que ambiguo en la mayoría de los casos—compromiso social. Tal vez Moreno peque de modestia al juzgar la dimensión estética y el alcance de estos poemas que, si escasos en cantidad, constituyen un importante testimonio, más o menos sesgado, de la crisis social y de valores que los fundamenta y que, sin duda, transmiten.

Para valorarlos adecuadamente no se debe olvidar las otras facetas creativas de un Moreno Villa que por esos años se dedica intensamente a una pintura en la que, aunque no desaparezca del todo la visión cubista, desarrolla de manera muy personal la composición, la iconografía y la intención surrealistas. Además publica en *El Sol,* primero, en la línea de un nuevo costumbrismo crítico, sus «Estudios superficiales» y sus «Fisonomías», y, a partir de 1935, más densa, la serie «Pobretería y locura». Y vale la pena citar de pasada que el 29 de abril de 1931 firma un «Manifiesto dirigido a la Opinión Pública y Poderes Oficiales» que se publica en *La Tierra* y en el que se propone la creación de un sindicato de artistas, la Agrupación Gremial de Artistas Plásticos.[49] Poco después, en 1933, sus cuadros participan en la exposición del Grupo Constructivo organizado por Torres García. Y al año siguiente se integra en la sección madrileña de la ADLAN que organiza Angel Ferrant y en la que participan también Guillermo de Torre, Luis Blanco, Gustavo Pittaluga y Norah Borges. Este grupo firma en 1936 un manifiesto que publicará, precisamente, la *gaceta de arte* de Tenerife.[50]

Todos estos datos permiten colocar en la perspectiva correcta la actividad propiamente poética de Moreno Villa en el período que nos ocupa. Hay mucho más, sin duda, que un dejarse llevar por la estética de lo surreal y, desde luego, al mar-

247

gen del prurito de sinceridad que guía a Moreno en su balance artístico, los poemas de *Carambas,* como los de *Puentes que no acaban* y los de *Salón sin muros* no son un producto de valor secundario en su poesía sino, con la perspectiva histórica actual, frutos importantes de ella.

Así como lo que caracteriza *Jacinta la pelirroja* es la integración de un ciclo amoroso y de los procedimientos poéticos con los que está experimentando durante esos años, las *Carambas,* analizadas en su conjunto, componen un mosaico histórico al que da sentido la visión crítica de la sociedad española del momento, de la organización política tambaleante, del peso de la iglesia en las conciencias, de la misma mentalidad burguesa. El autor dice de su escritura que en ellas se deja llevar «por la fuga de ideas, sin control, gozando de lo arbitrario y detonante, de lo dulce y lo irrespetuoso».[51] Esta descripción del método seguido es absolutamente válida y útil para observar cómo, a la adopción de unas técnicas expresivas irracionalistas y al consiguiente acercamiento al surrealismo corresponde un aumento de la temperatura emotiva en la confesión sentimental —que corroboran algunos poemas de esas mismas fechas incluidos luego en *Puentes que no acaban*— y una desbordante agresividad en la sátira de la realidad histórica.

La situación personal y la actitud cívica de Moreno en esos momentos puntuales son, a mi juicio, las que potencian la expresión surrealista de esos poemas. A pocos meses de la caída de la monarquía, el lenguaje dislocado, las imágenes absurdas y el universo caótico de las *Carambas* aportan el reflejo negativo de los estímulos de la realidad en una crisis de valores colectivos y personales evidente. Por ello, aunque el reflejo de la intimidad es constante —y muchas veces conectado con lo social—, lo que da sentido a las bromas y a los sarcasmos de Moreno Villa es el conjunto de valores sociales y humanos que se pone en tela de juicio, en una línea provocativa muy ligada al surrealismo.

Más que concesiones al sentimentalismo («¡Ay, ay! Guarda tu vida en el secreto de la cómoda») lo que expresan estos poemas en el terreno personal, normalmente mediante el autorretrato irónico, es la contención de la nostalgia que se deja ver por debajo del humorismo disparatado:

Era la ventana vacía
y era el número 10.748 el que aparecía,
y yo tiré una piedra
y el número se fue por la puerta

y yo corrí detrás
y no lo diréis jamás:
se metió por entre las piernas
de la judía más guapa de la tierra.[52]

La perspectiva humorística y satírica, sin embargo, resulta mucho más operativa cuando traza el panorama de individuos innominados que integran esa sociedad revuelta y aherrojada por la violencia, por la opresión política, la economía o la ideología religiosa. Un arma efectiva es la procacidad. Es en estos poemas donde hallamos por primera vez un tratamiento revulsivo de la sexualidad. El erotismo sigue siendo una fuente de imágenes positivas de la fuerza de lo natural y lo espontáneo en el individuo, pero es frecuente el tratamiento opuesto. No faltan abundantes alusiones sexuales de sano humorismo, como esta sugerente parodia de la salvación:

Tú has visto los aros de los clones
con un papel de seda;
pero no sabes cómo penetran en el cielo
los bienaventurados.[53]

Pero donde son más eficazmente revulsivas las alusiones sexuales y las escatológicas es en el terreno de lo religioso o de lo político.[54] Así, en esta descripción general del país:

Escucha: son los intestinos.
La nación padece aerofagia.
Por encima de los cerros vuelan bigotes y coronas,
cruces, pilas de bautizar y mitras de asfalto.

Un lobo se cita con la corneja
y de los estancos sale la bencina.

Cuando abran el cabaret de Palacio
verás qué nuevo color hay en los vasitos
y cómo tendremos que aprender un baile integral.[55]

Que Moreno Villa escribiera y, sobre todo, que publicara esos textos en los momentos inmediatamente anteriores a la caída de la monarquía muestra su estética y su ética del momento: el arte y la poesía como medios de participación activa y crítica en el gran debate ideológico y político, y vinculación de la actitud contestataria del artista a un vanguardismo que, como el surrealista, no es ya un modo banal e intrascendente de indagar en la imagen, sino, además, la forma de engarzar la búsqueda artística con la responsabilidad en el cambio social, algo que por esos años se manifiesta de muy diversa manera entre las alternativas de los poetas jóvenes.

Lo que vemos en estos poemas es una sociedad presentada también bajo la presión violenta del poder. Uno de los textos que globalmente reflejan mejor el sentido crítico de esta poesía es la «caramba 87», de la primera serie, donde se globaliza el ambiente de tensión social:

Y como nadie articula debidamente,
locos somos, enamorados de las nubes errantes.

Los tiros se multiplicarán por minutos
y el cavernícola vuelve con sus maravillosas plumas.

Esta mujer de oro se volverá de bronce.
No sabemos en dónde vive la matemática
ni porqué tuerce el rumbo la corneja de Dios,
pero sí cómo se dominan las arboledas,
y se amasan los ríos o brazos desnudos.
Hay, a pesar de la censura,
conocimiento de las redes revolucionarias.
La censura, maúser·al hombro,
intenta segar las cabezas de los instintos
pero por encima de los vallados y las murallas,
de los centinelas y los esbirros,
pasaron siempre las leves brisas,
los pajarillos, las ramas fuertes,
y el rayo de luz todopoderoso.

Es en estas carambas en las que se desarrolla el panorama social donde más eficacia cobran las imágenes surrealistas. No es sólo la plasmación de ese desorden social, de la violencia y de la corrupción, es también el mostrar cómo ese diagnóstico repercute en la conciencia del hablante en la vía de un profundo pesimismo mediado por las acumulaciones caóticas, los enunciados absurdos y, en general, todo el catálogo metafórico de la deshumanización, de la mutilación o del *collage:*

Arriba está la cinta y la cola del burro.
Pasan coronas de laurel y pimienta en ramo.

Las avutardas se cuecen con las cotovías
y el diestro está sentado en el escabel.

Nadie sonríe, ni siquiera con la memoria.
Y es una devastación la que corre y vuela
como sólo vieron los judíos.

A conciencia espulgan a los santos embriagados,
mientras el huracán arrebata los virgos azules[56]

En la tercera serie de carambas, sin embargo, se advierte
un cambio en todos los niveles, y no cabe olvidar que las tres
series están escritas en el intervalo de pocas semanas. El
poema se alarga, se vuelve más discursivo sin abandonar los
procedimientos irracionalistas, como en los textos de los libros
siguientes, y presenta lo que podría considerarse como su alternativa vital y artística.

Las dos primeras «carambas talludas» desarrollan en profundidad la alternativa del surrealismo a la rutina mental y
a la vida convencional en una sociedad en crisis. Como dice
en un verso, «Hay una moral por excavar». Y la propuesta se
organiza, como en las anteriores, mediante la técnica del contraste, tan cara al poeta desde siempre, que permite unificar
el caos de las imágenes en una negación radical y en su alternativa. Así, la paradoja del conocimiento suprarreal ocupa buena parte de estos textos:

No saber, no multiplicar
y beberse todas las maravillas
para desembocar luego en el mapa limpio
con cara de raro maniquí,
roja de zumo erótico
y asistido por la multitud ignorante.
Salir rebotado
hacia los confines de la demencia
con cara de rara maniquí troglodita,
para beber, no las historias,
sino el zumo de la verdad inalcanzada.

No es de extrañar, por tanto, que aparezcan aquí las escasas reflexiones metapoéticas de estos momentos. No se trata
sólo de que las carambas aporten el ejemplo de una escritura
alternativa —el poema mismo, en su desorden, en su ruptura
con la tradición simbolista—, sino de acoger expresamente al
surrealismo en el seno de la polémica literaria:

Dirán los hombrecillos pedantes
que no existe la simbiosis de la luz y el agua,

pero yo os digo que el veintitrés y la cómoda
comulgan con el zapato y la oropéndola
sin que noten anomalías en el discurso.

Negación total del convencionalismo reductor, del concepto romo y tradicional de la realidad. Desde el asedio de la imaginación, Moreno Villa asume, con una profundidad que el humorismo no debe ocultar, su personal proclamación del asalto a la racionalidad burguesa:

La realidad es prostituta.
Sólo vive quien se dilata,
se proyecta, se multiplica,
se simula y se embarca
en la nave que vuelve y se aleja
con mueca de virgen y de vieja alcahueta.

Así, por todo lo dicho, el papel de las carambas no puede confundirse ni en su génesis ni en su sentido histórico con el de la greguería o el de los poemas ultraístas de la década anterior, aunque encontremos sus huellas. Están vinculadas por expresión poética y sentido crítico al surrealismo y a la crisis social e ideológica que Moreno Villa comparte a su manera en esos años con escritores y artistas más jóvenes, como García Lorca, Alberti, Prados o Cernuda, Buñuel o Dalí.[57]

Sin pretensiones de consolidar un género, las *Carambas* contribuyen a la nueva dimensión poética del vanguardismo crítico como epigramas sociales que se exigen concisión, ingenio, sorpresa, distancia humorística y grandes dosis de una iconoclastia y una procacidad que las emparentan estrechamente con el surrealismo francés. La improvisación, ligada al automatismo, y el abigarramiento, en estos versos, de seres y objetos en un panorama descoyuntado de lo contemporáneo conforman, en definitiva, el reflejo negativo de una realidad cuyas estructuras se someten a crítica radical en el gran debate ideológico de los años treinta, en varios de cuyos frentes Moreno Villa interviene activamente.

Por debajo de ese discurso irónico unas veces y crispado otras, exuberante, ilógico y agresivo, puede rastrearse un número reducido de núcleos significativos que expresan con su negación de valores establecidos, su fuerte irracionalismo y su humor corrosivo y procaz, un desasosiego personal, una traducción muy crítica de la realidad social y el interés continuado por una estética que refleja sin oratoria ni sentimentalismo esos estados de conciencia y que está vinculada estrechamente al surrealismo, aunque el poeta rechace expresamente la influencia de los poetas surrealistas franceses: «No me dejé influir en ellas por ningún francés determinado, entre otras cosas porque yo no leía a ninguno de los poetas galos que armaban ruido; pero indirectamente me llegó el espíritu de rebeldía latente en la juventud. Rebeldía formal e interna, que iba contra la forma y contra lo estatuido».[58]

Estos poemas son unos de los mejores exponentes de la rebelión vanguardista del autor que precede a los artículos de «Pobretería y locura». Es éste el momento en que se produce la eclosión del vanguardismo crítico en Moreno Villa, y apunta, fugazmente, una alternativa de liberación total, como la que propugna el surrealismo francés en esos años, sin duda vaga y ambigua en la práctica, pero radicalmente coherente en sus teorizaciones.

De la culminación a la crisis del vanguardismo

Hay que mencionar, por lo significativa que resulta en esos momentos y en esa muestra panorámica, la falta de referencia explícita a la vanguardia o al surrealismo en la «Poética» que publica en la antología *Poesía española* de Gerardo Diego, en la que se limita a trazar un breve recorrido por su obra y apunta muy ambiguamente sus ideas del momento: «Creo que con la pintura y el dibujo se pueden expresar todavía muchas cosas inéditas. Cosas hasta hoy censuradas. Algo de esto ocurre con la poesía. El mayor encanto de ambas está, para mí, en que permiten expresar mucho de lo selvático que sigue habiendo en nuestra personalidad».[59] Acompañan a las notas autobiográficas y a la poética catorce poemas representativos de toda su obra. Tres de ellos son inéditos en libro: «¿Dónde?» y «¿Cuándo?», ya publicados en 1930 en la revista *Poesía* y el «Carambuco XIV», que se integrará más tarde en *Puentes que no acaban.*

Aunque no publica este libro hasta 1933, algunos de los poemas que lo integran son conocidos antes. En el número 2 de *Héroe*,[60] dedicado a Rosa Chacel, aparecen dos titulados «?, 1.ª» y «?, 2.ª», que se incorporan sin variantes al libro con los títulos de «¿Porqué no decirlo?» y «¿Es posible?». Al año siguiente, en el número 5 de la revista,[61] dedicado a Concha Méndez y en el que, por cierto, aparece un poema no despreciable de Genaro Estrada, publica «Aguarda», que pasará sin cambios al libro citado. Por último, publica en *El Sol* «¿Por qué no es el mundo mi patria?», que abre, un par de meses después, *Puentes que no acaban.*[62]

El libro está compuesto por quince poemas y una sección de catorce *carambucos* similares a las *carambas* anteriores. Son estos breves poemas exponentes de una técnica que parece culminar aquí sus posibilidades, aunque en 1935 todavía publica otros dos textos de este tipo en el número IX de la revista *1616*. Hay en ellos un mismo tratamiento epigramático de la realidad española y una constante sátira de lo religioso y lo político e incluso la misma expresión irónica de su intimidad personal. Pero lo que en las *carambas* de 1931 era fruto de la experimentación formal se muestra consciente y más explícito, como en el *carambuco* IX:

Joven poeta de 1932.
No olvides que toda la poesía baila el agua al amor.
Y que bajo el odio surrealista
que se amasa con migas de Freud y migas comunistas
hay la eterna, inmutable, acerada,
segura línea de la pasión sexual,
sello del hijo de Adán.[63]

Buena parte de los poemas de este libro son, como esos puentes tendidos que no acaban, interrogantes sin respuesta que materializan en el discurso poético una ironía y un sarcasmo que siguen evidenciando la distancia crítica de Moreno en esos años, y también la soledad y un relativo desconcierto. De hecho, esos me parecen los motores de la poesía de este libro. «¿Dónde?» y «¿Cuándo?» proyectan el deseo de una realización amorosa utópica y ucrónica en una naturaleza fantástica en la que por medio de la asociación libre de percepciones sensoriales, del collage, de la defamiliarización de lo cotidiano, se crea el espacio imaginario alternativo reclamado en la «caramba talluda número 2». Sin duda, lo surrealista de estos poemas sigue siendo algo más que la mera técnica.

Otros poemas se centran en el recuerdo sentimental: «Alta tensión desde el principio», «¿Qué es esto? ¿Dónde estamos?», «Después de todo eras tú lo que yo buscaba», «¿Qué echas de menos?», «Madrigal de la estepa» y los tres primeros carambucos. En algunos de estos poemas el tema de la nostalgia es único y ocupa todo el discurso. En otros se entrelaza con la descripción de una realidad agresiva y caótica, formando un texto muy denso de sentidos. En los dos casos creo que puede hablarse de una segunda recreación de los amores con Jacinta, menos lúdica, menos contenida, de tonos más sombríos. Si *Jacinta la pelirroja* se cuenta en presente, ahora se nos entrega en tiempo pasado, velada la historia por la añoranza y el sentimiento de soledad. «Alta tensión desde el principio» sintetiza el pasado y muestra sus efectos sobre el presente. No es preciso buscar la verificación histórica. Moreno está expresando una realidad poemática, y esa es la de la confesión íntima:

> Ya es bien sublime no recurrir a nada
> y vivir a esa tensión por sí mismo,
> no poder luego reconstruir los instantes,
> quedar con la certeza de haber alentado en lo perfecto.[64]

Lo que se actualiza, en ese doble plano temporal, es el recuerdo erótico y el objeto amado, el cuerpo, imán de los atributos de esa reconstrucción hecha literatura:

> Tu cuerpo, color de avellana,
> cuerpo de hamaca,
> lento, como es lenta la resaca,
> seguro y cálido
> como el recinto de la ciudadela,
> pero, ante todo, invitación
> a ese cambio que escamotea la vida y la da.
> Tu cuerpo, restauración del hombre
> perdido en la niñez y en la adolescencia.[65]

En algunos de estos poemas se advierte ya que Moreno baja el escudo de la retórica surrealista, al mismo tiempo que disminuye la contención y la distancia irónica. En «Después de todo eras tú lo que yo buscaba», no hay propiamente melancolía, sino sereno cuestionamiento de los comportamientos de la pareja literaria, que se presenta en una contraposición semejante a la que se da en *Jacinta la pelirroja*: el intelectualismo enfrentado a lo vital, en una amante literaria que la remembranza y el deseo vuelven «demasiado humana»:

> Aquí declino ya todo examen y toda crítica.
> Tú con tus faltas y tus sobras,
> tú, con tu maravilloso complemento rubio
> a mi piel de bronce.[66]

Frente a esta desnuda evocación sentimental, sin embargo, en poemas como «¿Es posible?», «Aguarda», «¿Para qué?» o «La manta en los ojos», hay una mayor presencia del discurso surrealista. «¿Es posible?», por ejemplo, constituye una larga narración onírica compuesta por un *collage* de imágenes enhebradas por ese «¿Verdad?» que se repite insistentemente. Si en el mundo real la muerte es una amenaza cotidiana, aquí el poeta puede decir: «De cuando en vez, la muerte se para en la senda». Esa ensoñancia en jardín cerrado propicia la reunión azarosa de objetos dispares que potencian el onirismo surrealista como liberación del deseo a través de la fantasía:

> Entonces, bajamos del nido,
> ¿Verdad?
> Y encontramos el cuerpo del ostión,
> la coraza de la bellota
> y el cerquillo del reverendo...
> Y seguimos por tan curioso jardín,
> y vemos la Biblia y la pipa
> en el suelo, junto a la cama,
> dos guantes hinchados de manos ausentes
> y un lacito de rosa»

No falta una buena dosis de humor y, en un poema totalizador como éste, ironías sexuales sobre las críticas a la poesía surrealista:

> Dicen los psiquiatras
> que el péndulo se cataloga con la ganzúa,
> y el cuévano con el portamonedas
> y nadie se ríe

Pero lo que determina el sentido último del poema es la constatación de que el ensueño y su texto crean un espacio que no pertenece a la vida cotidiana:

> La verdad acaba y empieza
> en esta linde inefable
> donde vale el camelo
> como supremo y único talismán.
> Ahora... vuélvete y sigue durmiendo.
> La verdad se acabó.[67]

«Aguarda» relanza esta ensoñación hacia la realidad diurna, la que pertenece a la vigilia, y ejemplifica de nuevo cómo el procedimiento surrealista puede aplicarse con éxito a la plasmación de una realidad caótica y negativa. Se trata un poema en que el irracionalismo y el absurdo pintan de nuevo la realidad de modo grotesco:

> Se desmoronan las panaderías
> con un rumor de migas tostadas de comunismo
> y los viejos estandartes pierden su significación (...)
> Errabundos peces artistas
> y camaleones con el color de la última etiqueta
> se congregan en el desierto foro.[68]

Lo que el poeta expresa es la impotencia, el sentimiento de fracaso colectivo que en el poema «La manta en los ojos» propicia la denuncia, contenida y aparentemente trivializada por el sarcasmo, y, como conclusión, la agresividad social expresada irónicamente con una metáfora muy fina:

> Y como no es cosa de perder el tren,
> ni siquiera de dejar el pitillo,
> optaremos por la corbata roja
> esa que enciende veredas y campanarios.

A pesar de la mayor longitud de los poemas, no hay apenas cambios en el estilo y si se puede apreciar una menor intensidad del irracionalismo por la organización textual más discursiva, las técnicas empleadas son las mismas, cosa lógica dado que al menos un tercio de ellos están escritos en las mismas fechas que las *carambas.*

Destacan la técnica anafórica en casi todos ellos; la enumeración, que es casi siempre acumulación caótica; el versolibrismo básico y el escaso uso de la rima, que aparece sobre todo en los *carambucos,* donde suele incrementar el efecto humorístico; la abundancia retórica de recursos hablados —interrogaciones, exclamaciones, acotaciones diversas , que cortan la andadura de los versos; el uso constante de las imágenes irracionales, de las descripciones surrealistas, del aparente automatismo; un humorismo que proviene de hipérboles, ironías, sarcasmos y quiebros en el discurso y, finalmente, algunas acotaciones metapoéticas, escasas pero significativas.

La diferencia esencial de este conjunto respecto de las *Carambas* es la apertura del poeta a la confidencia sentimental marcada por la conciencia opresiva de la soledad, en una especie de segundo ciclo de Jacinta enmarcado por el desengaño y el desmoronamiento de la realidad social: todo lo que, en el fondo, apuntaba en *Jacinta la pelirroja.* Como afirma Cirre, «en determinados aspectos, el libro supone otra realidad más honda y meditada que la de *Jacinta la pelirroja.* Un segundo plano explicativo de cosas esbozadas allí».[69]

Bastantes de estos poemas son demoradas reflexiones poéticas sobre el propio vivir, entremezcladas a veces con fugaces imágenes de esa crisis social e histórica que genera la mayor parte de las *carambas.* Y, de hecho, entre la contención, las piruetas verbales y la distancia humorística de *Jacinta la pelirroja,* por un lado, y la crispada sátira social de *Carambas* o el discurso sentimental de *Puentes que no acaban* y, posteriormente, de algunos de los poemas de *Salón sin muros,* media la tremenda distancia que va del vanguardismo lúdico y formalista de los años veinte que recoge tardíamente Moreno en 1929 y el vanguardismo crítico de los treinta, que profundiza en el espíritu surrealista.

Por otra parte, el afán crítico, el compromiso de las *Carambas,* no desaparece en los dos libros posteriores. Tanto en las sátiras sociales de *Puentes que no acaban* como en los «apuntes históricos» de *Salón sin muros* se manifiesta un rechazo de la realidad histórica que desborda la experimentación formal de 1929, cuyos mecanismos se mantienen hasta 1936 pero cada vez más subordinados al discurso crítico. Algo semejante sucede en la profundización emotiva y sentimental de los poemas amorosos, y no es extraño que Juan Ramón Jiménez valorase positivamente textos como «Visita inesperada», «Separación» o «Salón sin muros».[70]

Además, en el poema que abre *Puentes que no acaban,* «¿Por qué no es el mundo mi patria?» hay ya un discurso diferente en el que no se buscan «quiebros» ni se advierte improvisación o automatismo alguno. Hay un claro designio compositivo en esa formulación sobre la ciudadanía del mundo en un momento de auge de los nacionalismos y de los fascismos, pero también en un momento en que el internacionalismo aún significa algo para una parte de la izquierda marxista y anarquista. No hay confesionalismo en la pregunta retórica de Moreno, sino, en la línea de la «caramba tallada n.º 2», reclamación del planeta como espacio libre y variado para el disfrute vitalista. Sin relación con la nota cosmopolita de principios de los veinte, «¿Por qué es el mundo mi patria?» recoge uno de los primeros ejemplos de expresión del concepto de «ciudadano del mundo» que, más adelante, reiteran otros como Labordeta. En síntesis, el poeta reclama la apertura de la vida individual al disfrute planetario. Y protesta con extrañeza ingenua ante la fragmentación de un planeta desmembrado y enemigo, fruto de la historia sangrienta que percibe el autor en esos años de entreguerras, recién nacida la república.

Si éste puede ser el punto de llegada del autor al publicar este poema casi como programa inaugural de *Puentes que no acaban,* aunque sea posterior a muchos de sus textos, cuando recoge siete nuevos poemas en *Salón sin muros* nos encontramos con una confesión individual en tono menor, mucho menos abarcadora, mucho más «existencialista» y escéptica. El desengaño se adueña de los poemas y, si en los amorosos perdura la ensoñación erótica que pertenece al terreno privilegiado del deseo y de la intimidad doméstica, en lo social e histórico hay una amargura y un nihilismo que muestra la sensibilidad del autor ante lo que pasa en la calle, a pocos meses de la sublevación militar.

A la altura de *Salón sin muros,* lo que es propiamente actividad experimental ha terminado y la escasez de composiciones, en contraste con la intensa actividad pictórica y periodística, hace ver que la práctica de la poesía queda relegada por un tiempo a segundo plano. Algunos de los poemas intimistas de este nuevo conjunto, como «Salón sin muros», «Sobre tus memorias» y «Separación», en parte, se expresan mucho más directamente y exentos de la profusa imaginación verbal que caracteriza los poemas de los libros anteriores y los demás poemas de éste. A pesar de ello no puede decirse que el surrealismo y el irracionalismo hayan desaparecido, puesto que en poemas importantes de tipo social, el tejido del texto está formado por las acumulaciones caóticas y las imágenes irracionales características.

Lo que es evidente es la acentuación del pesimismo y de la expresión áspera de algunos textos de las *Carambas.* A los acerbos «apuntes históricos» se añade un estoico pero desolado balance vital, el humorismo de libros anteriores se vuelve corrosivo y en algunos momentos se le superpone un elemento procaz y feísta que oscurece los tonos de este breve conjunto. Con ello el autor reproduce la provocación surrealista mediante la mención de realidades socialmente desagradables y revulsivas, aunque puede percibirse un latido más trágico y dolorido en esa busca de los rincones oscuros de las realidades humanas:

Si escribes alguna vez tus memorias
dí que andabas por casa en zapatillas,
que roncabas durmiendo
o sufrías hemorroides.[71]

A pesar de su distancia «Salón sin muros» y «¿Porqué no
es el mundo mi patria?» pueden relacionarse en el sentido de
que ambos tienen mucho de confesión personal y de balance
autobiográfico, con la función estructural de iniciar con la confidencia el conjunto de poemas. «Salón sin muros» es una composición sobre el existir centrada en el sentimiento de decadencia, en la dialéctica negativa del individuo con el mundo:

El juicio contrario atestigua y me confirma la carne
(No hay espejo como el boxeo
para demostrar la existencia)

Es preciso señalar el contraste entre el dinamismo moral
de algunos textos anteriores y este vitalismo atenuado, este
vivir

como el manantial de la sierra
para el camino que recorre,
vivo con los árboles,
sin noticia de mi presencia.

En los apuntes históricos el poeta es el cronista de la de-
solación que reitera, sin datos concretos, sin nombres, los re-
tazos de la vivencia cotidiana. La mirada hacia el exterior descubre un panorama más desolador que el de su discuso
intimista, y utiliza para ello un humorismo constante que no
acaba de frivolizar el poema. Hay más sarcasmo que otra cosa
en el retrato inicial de unos seres

vestidos de cotonía y de mansedumbre,
alicaídos por el arroyo que se disipa,
desvanecidos en el ocaso que se defiende,
marchitos en su juventud sin roce,
hala, hala, tolón y tolón, ton.[72]

Testimonio intencionado y negativo de una época de «po-
brería y locura», estos apuntes continúan un rechazo y un desprecio de la realidad que se desborda en descripciones en las
que sigue presente la nota sórdida:

Los exploradores famosos
descubrieron sus secretos en la tasca tocinera
entre garbanzos moteados de vino. Y los aristócratas
manejaban cruz y millones bajo sábanas de coimas.[73]

Por eso, en «Mentira», conclusión del libro junto con «Separación», hay una negación definitiva de la realidad histórica basada en falsedades y equívocos, y viene a decir que como eso es lo que constituye de hecho la vida, esa mentira generalizada es la verdad de la vida: «Días, en fin, de suprema verdad. / Porque la mentira es el sustento de la existencia».

En resumen, puede decirse que por la hondura de esta poesía, y a pesar de su autocrítica, Moreno es un poeta auténtico en todo momento, que rechaza implícitamente, como los demás poetas de estos años que se acercan al surrealismo, la idea y la práctica de escuela. No son muchos sus poemas de esos años, pero por la varia utilización de las técnicas surrealistas y por el sentido histórico de sus poemas hay que integrarlo en la fugaz corriente española del surrealismo más que en cualquier otro movimiento. Su actitud como poeta, iconaclasta, agresiva y comprometida, y mucho de lo que conforma en esos años su concepto del arte y de la vida social lo confirman.

Lo que sucede es que no parece posible establecer lo surrealista como un compartimiento estanco de la corriente vanguardista en España. El análisis de Víctor García de la Concha[74] es muy clarificador respecto a la estrecha relación entre el vanguardismo que se desarrolla a lo largo de los años veinte y su enlace posterior con el surrealismo. En el caso de José Moreno Villa queda fuera de toda duda la simpatía y la recepción abierta de lo que Jorge Guillén denominó «el estímulo superrealista». Y creo que, además del interés propiamente formal y del mimetismo que genera en él —y del que Moreno procura escaparse siempre—, hay que aceptar que la doble dimensión crítica y alternativa del surrealismo la proporciona un punto de apoyo fundamental en su doble dimensión de artista de vanguardia y de intelectual crítico.

NOTAS

[1] CERNUDA, Luis: «José Moreno Villa (1887-1955)», en *Estudios sobre Poesía Española Contemporánea,* O.C., Barral, Barcelona (1975), pp. 396-404. CIRRE, José F.: *La poesía de José Moreno Villa,* Insula, Madrid (1963). IZQUIERDO, Luis: «Prólogo» a MORENO VILLA, José: *Antología,* Plaza&Janés, Barcelona (1982).

[2] MORENO VILLA, José: *Jacinta la pelirroja. Poema en poemas y dibujos.* Beltenebros / Ediciones Turner, Madrid (1978). Precedido de un ensayo por José Luis Cano: «Reaparición de Jacinta». Y Antología. Plaza&Janés, cit.

[3] BRIHUEGA, Jaime: *Las vanguardias artísticas en España. 1909-1936.* Istmo, Madrid (1981). Y «Fuentes literarias del surrealismo español», en Antonio BONET CORREA (coord.): *El Surrealismo,* Cátedra, Madrid (1983), pp. 205-225. CARMONA, Eugenio: *José Moreno Villa y los orígenes de las vanguardias artísticas en España (1909-1936).* Col. de Arquitectos / Universidad de Málaga, Málaga (1985).

[4] IZQUIERDO, op. cit., p. 48.

[5] MORENO VILLA, José: «Manuel Machado, la manolería y el cambio», en *Los autores como actores y otros intereses literarios de acá y de allá.* F.C.E., México (1976[2.ª]), p. 105.

[6] BRIHUEGA, (1981), p. 260 y ss. Debe, además, tenerse en cuenta la profunda formación de Moreno Villa en historia del arte, tanto por los años de prácticas con Gómez Moreno en el Centro de Estudios Históricos, (lo que le hace catalogar miniaturas mozárabes y recorrer los templos de Castilla), como por su trabajo de catalogación de los dibujos antiguos coleccionados por Jovellanos y Ceán Bermúdez en el Instituto Jovellanos de Gijón o por sus estudios sobre Velázquez (Calleja, 1920) y los pintores de la «España negra» (*España,* núms. 268, 269, 270, 318), así como su traducción de los *Conceptos fundamentales de historia del arte,* de Wölfflin, encargada por Ortega y publicada, finalmente, en Espasa Calpe (1924).

[7] MORENO VILLA, José: «Temas de arte. La jerga profesional», *El Sol,* 12-VI-1925.

[8] MORENO VILLA, José: «Nuevos artistas. Primera exposición de artistas ibéricos», *Revista de Occidente,* Junio de 1925.

[9] CARMONA, op. cit., p. 17. Del mismo autor: «José Moreno Villa y la renovación plástica española (1924-1936), en VV.AA.: *José Moreno Villa (1887-1955),* Biblioteca Nacional, Madrid (1987), pp. 35-48.

[10] MORENO VILLA, José: «Artistas y mercaderes», *Gaceta de Bellas Artes,* 15-III-1926.

[11] MORENO VILLA, José: «Altos en la Resurrección», *Alfar,* abril de 1926.

[12] MORENO VILLA, José: «Juicio», *Mediodía. Revista de Sevilla,* V, (1926).

[13] MORENO VILLA, José: «Dibujos ilustrados de la serie titulada *Schola Cordis*», *Litoral,* 2 (1926). (La edición de la serie completa, sin las glosas, corre a cargo de Eugenio CARMONA MATO, Newman/Poesía, Má-

laga (1985)). «Contra presagio», «Ilusión», *Litoral*. Homenaje a D. Luis de Góngora, 5-7 (1927). En «Contra presagio», que luego se integra en *Jacinta la pelirroja*, aparte de algunas variantes de grafía y puntuación, en el verso octavo dice «y por la boca de blancas filas». Ese verso será sustituido en el libro por: «y por la boca de Jacinta». En el número ocho: «Jacinta la pelirroja», formado por tres poemas que pasarán luego al libro: «D», con reorganización de los versos, «El duende» y «Al pueblo, sí, pero contigo», con ligeras variantes.

[14] MORENO VILLA, José: «Ideografías a tinta china», *La Gaceta Literaria*, enero de 1927.

[15] MORENO VILLA, José: «Dedicatoria», «Noticia», «Fragmento», «Mecánica», «La mosca», *Verso y prosa. Boletín de la joven literatura*, febrero de 1927. La prosa puede relacionarse con los textos del «Bestiario»aparecido en distintas entregas en *España* en 1917, publicado en 1985 por el Centro Cultural de la Generación del 27, de Málaga.

[16] MORENO VILLA, José: «Taurus, equus, amor», *Papel de aleluyas. Hojillas del calendario de la nueva estética.*, n.º 7, julio de 1928. Homenaje del autor a Goya. Tal vez esta frase explique los sencillos poemas de su homenaje a Góngora: «Sálvese primero LA PICA. La buena pica. En ella no hay memoria de Goya. Es el mejor homenaje que puedo hacerle. En arte, como en la vida, imitar a otro es ponerlo en ridículo y hacer el farsante». Cf. También *Vida en claro*: «A mí me invitaron los jóvenes a colaborar en aquel homenaje a Góngora, porque decían que en mí principiaba el movimiento moderno, pero, después de asistir a las primeras reuniones, me retiré y no intervine para nada. En el fondo estaba ya contra el gongorismo.

[17] Muy útil la reflexión de Jaime Brihuega sobre la relación entre literatura y pintura en esas fechas: «La oposición crítico-alternativa predispone al frente común, aunque no hay una coincidencia demasiado rigurosa entre las alternativas presentadas por uno y otro género cultural. En los manifiestos se afirma la concurrencia de todas las artes para perfilar una imagen microcósmica que el grupo necesita como combustible hacia el público y hacia sí mismo (...) Dejando aparte cuestiones de la integración de las artes como La Barraca, las obras de Lorca decoradas por Barradas, Dalí o Caballero, los ballets rusos, los dibujos a tiza de Caballero mientras recitaba Adriano del Valle, etc., quedaría un tipo de correlaciones en las que la comunidad poética entre la imagen y el texto literario alcanza a veces sus cotas más altas, logrando superar el simple mecanismo de la alianza estratégica o de la retórica testimonial de una militancia poética común: algunas (muy pocas) manifestaciones plásticas que giran en torno a los márgenes del surrealismo o de la autodenominada poesía pura: Dalí y Lorca en los años de su colaboración más estrecha (1927), Moreno Villa y Alberti al ilustrar sus propios poemas. Maruja Mallo, Palencia, Peinado, Uzelay, Gregorio Prieto, Caballero, Carmona, Planells, etc., cuando colaboran junto a los poetas manifiestan una identidad literatura-imagen que denota el proceso de gestación de una poética común, de la acuñación de elementos transferibles de uno a otro género cultural me

diante traducciones cuyo recorrido inverso desemboca en una misma cantera original». BRIHUEGA, (1981), pp. 429-30.

[18] HINOJOSA, José María: *Poesías completas*. Litoral, Málaga (1983).

[19] NEIRA, Julio: «Introducción» a HINOJOSA, op, cit., p. 21.

[20] MORENO VILLA, José: *Jacinta la pelirroja. Poema en poemas y dibujos.* Suplementos de *Litoral*. Málaga (1929).

[21] ALEIXANDRE, Vicente: «José Moreno Villa, en muchas partes». *Los Encuentros, O.C.,* Aguilar, Madrid (1968), pp. 1179-1181.

[22] CARMONA (1985), p. 65: «La relación de los dibujos del libro con el «automatismo surrealista» es evidente. No es el vuelo libre sobre el inconsciente que efectúa Masson, ni, como en el caso de Miró, alía subconsciente y conciencia para desvelar el mito. Para Moreno Villa el «automatismo» tiene la capacidad de valorar el gesto inmediato por el cual todo intento representativo se ve captado en su esencia. Más que resolver la liberación del subconsciente, Moreno quiere que su acto sea directo y espontáneo. Esta voluntad de no mediatización es lo que hace que su dibujo sea «automático». El resultado obtenido es el de un primitivismo esquemático con un fuerte acento rítmico. Además, las ilustraciones de *Jacinta la pelirroja* poseen un indudable valor intrínseco como producción plástica».

[23] CIRRE, op. cit., p. 66.

[24] IZQUIERDO, op. cit., p. 55.

[25] MORENO VILLA, José: *Vida en claro. Autobiografía,* F.C.E., México (1944) p. 145.

[26] MORENO VILLA, José: *Pruebas de Nueva York,* Sur, Málaga. Imprenta Sur. Espasa Calpe, Madrid (1928).

[27] Ibid., p. 17.

[28] Ibid., p. 24.

[29] Ibid., p. 47.

[30] Ibid., p. 61-65.

[31] Rafael Alberti da noticia de los diversos viajes de la Orden de los Hermanos de Toledo, a la que pertenecían, además de él mismo, García Lorca, Dalí, Buñuel, Moreno Villa y otros. En AUB, Max: *Conversaciones con Buñuel,* Aguilar, Madrid (1984), p. 285 y ss.

[32] CERNUDA, Luis, op. cit., p. 403.

[33] Vid. núms 5-15 de catálogo (1927-1929) en: VV.AA.: *José Moreno Villa,* cit., y núms. 5-16 (1927-1930) en CARMONA (1985), cit.

[34] MORENO VILLA, José: *Vida en claro,* p. 154.

[35] «Comiendo nueces y naranjas», p. 17.

[36] «Jacinta compra un Picasso», p. 24.

[37] CIRRE, op. cit., p. 67.

[38] Recoge, así, elementos vanguardistas presentes en el ultraísmo y el creacionismo, y mantenidos a distancia hasta estas fechas.

[39] «Es inútil todo intento de concordia», p. 52.

[40] «Si meditas, la luna se agranda», p. 41.

[41] «El duende», p. 42.

[42] «Cuando salga la gaviota», p. 15.

[43] «D», p. 48.

[44] «Todas las ventanas abiertas», p. 55.

[45] MORENO VILLA. José: «Antología. 1930», *Poesía* III, 2. Málaga (1930). Reed. de Topos Verlag (1979). Ed. e Intr. de J.M. Rozas.

[46] «Ocho poemas de José Moreno Villa», *Poesía*, IV: 7. Reed. cit.

[47] MORENO VILLA, José: *Carambas*. (1.ª serie), Madrid, Ediciones Posibles, MCMXXXI; (2.ª serie), Madrid, Ediciones Provisionales, MCMXXXI; (3.ª serie), Madrid, Ediciones Inaceptadas, MCMXXXI.

[48] MORENO VILLA, José: *Vida en claro*, p. 205.

[49] «Manifiesto dirigido a la Opinión Pública y Poderes Oficiales», *La Tierra*, Madrid, 29-IV-1931. Reproducido en Brihuega (1981).

[50] «manifiesto de adlan», *gaceta de arte*. Reproducido en Brihuega (1981).

[51] MORENO VILLA, José: *Vida en claro*, p. 145. Bodini no fue muy explícito en su valoración de las *Carambas*, conformándose con señalar las similitudes verbales con *Jacinta la pelirroja*: «Su tono queda lejos en realidad de la verticalidad del grito; el tono al que se conservó fiel fue el hablado, que había constituido uno de los principales encantos de *Jacinta*». BODINI, Vittorio, *Los poetas surrealistas españoles,* Tusquets, Barcelona (1971), p. 96.

[52] caramba 77.

[53] caramba 20.

[54] caramba 1.093.

[55] caramba 73.

[56] caramba 8.

[57] Conviene recordar sus declaraciones a Pérez Ferrero en la encuesta sobre la vanguardia: «No me interesé nunca por los postulados que pudiera presentar. Me bastó con el espíritu (intención) que incorporaba. Y ese espíritu, lo mismo en la vanguardia ya dudosa —a juzgar por la pregunta de usted— que en cualquiera otra legítima, se distingue por preferir los terrenos duros a los mullidos, los territorios inexplorados y llenos de promesas o posibilidades a los urbanos, donde ya no cabe más que repetir el paseo (...) La considero beneficiosa en todos los sentidos, especialmente por lo que irrita a la mediocridad, a la beocia, a la sensatez, a la banalidad y al snobismo. En esto se ha quedado corta; no ha irritado lo bastante. Lo débil de la vanguardia está en que, como todo grupo, suma individuos o elementos no del todo legítimos, en este caso no vanguardistas de sangre. Ventajistas, en una palabra». *La Gaceta Literaria,* 83, 1-VI-1930, p. 2.

[58] *Vida en claro*, p. 205.

[59] DIEGO, Gerardo, *Poesía Española. Antología.* Taurus, Madrid (1974), p. 223.

[60] *Héroe (poesía),* 2, Madrid, 1932. Reed. de Topos Verlag (1977). P. 23-27.

[61] *Héroe,* 5, p. 74.

[62] *El Sol,* 27-III-1933.

[63] *Puentes que no acaban. Poemas de J. Moreno Villa.* Madrid MXMXXXIII., pág. 53.

[64] «Alta tensión desde el principio», p. 23.

[65] «Ibid.»

[66] «Después de todo eras tú lo que yo buscaba», p. 29.

[67] «¿Es posible?», p. 18.

[68] «Aguarda», p. 30.

[69] CIRRE, op. cit., p. 76.

[70] JIMÉNEZ, Juan Ramón: «Poesía la de estos tres poemas que convence del todo o casi del todo, que nos acerca el poeta y al poeta, que deja, cerrado el libro, su corriente dentro de nuestra vida (...) Muchos caminos tiene la poesía, sin duda. Pero el más verdadero es, para mí, el de la emoción natural, escrita, dicha o cantada de una manera sobria, profunda, directa. Sí, dejemos hablar con todo su volumen al corazón, como José Moreno Villa en estos poemas. Con el freno de boca de la inteligencia. *El Sol,* 12-IV-1936.

[71] *Salón sin muros,* Héroe, Madrid (1936). «Sobre tus memorias», p. 14.

[72] «Apunte histórico», p. 17.

[73] Ibid., p. 18.

[74] GARCÍA DE LA CONCHA, Víctor: «Introducción al estudio del surrealismo literario español», *El Surrealismo,* Taurus, Madrid (1982), pp. 9-27.

«ALTURA Y PELOS»:
UN TEXTO DE TRANSICIÓN
DE CÉSAR VALLEJO

Pese a la abundante bibliografía dedicada al estudio de la poética vallejiana son escasas y contradictorias las referencias a la transición entre las distintas etapas de la obra poética.[1] Ha sido señalada ampliamente la distancia que media entre los dispares rasgos estéticos que forman la escritura heterogénea de *Los Heraldos Negros* y los novedosos planteamientos de *Trilce,* la preferida por mayor número de críticos de entre las obras del poeta.[2] También se han señalado muchas de las diferencias técnicas y temáticas que se aprecian entre *Trilce* y los textos recogidos en los *Poemas Humanos* y en *España, aparta de mí este cáliz,* por mucho que los poemas publicados póstumamente se puedan considerar frutos del avance decisivo que significa la composición de *Trilce,* tanto para la obra de Vallejo como para la poesía contemporánea.

Las diferencias que más destacan son las que median entre los dos primeros libros, escritos sin rupturas cronológicas significativas aunque, como han demostrado, entre otros, Ferrari y Yurkievich,[3] en varios textos de *Los Heraldos negros* apuntan ya las novedades expresivas características de *Trilce;* sin que por ello deba rectificarse la afirmación de Fernando Alegría en el sentido de que «el lenguaje poético de *Los Heraldos Negros* es, en su mayor parte, de ascendencia parnasiana, precioso, rebuscado, y lo es porque su visión del mundo sufre el desenfoque característico de la gran retórica mestiza hispanoamericana del novecientos (...) mientras que *Trilce* es disonante, su composición contradictoria y su procedimiento básico la reducción al absurdo. Le huye al concepto modernista de belleza como al diablo».[4]

Entre *Trilce,* de 1922, y los poemas publicados póstumamente, que datan en su mayor parte (en refundición o directamente, eso es difícil de averiguar) de 1937 y 1938, aun habiendo diferencias de planteamiento y realización artística, no hay motivo para la sorpresa ni justificación para el establecimiento de cortes significativos, si bien es evidente el descenso del uso de los recursos novedosos de *Trilce* y el aumento de las figuras retóricas tradicionales.[5] Hay en *Poemas Humanos* y en *España, aparta de mí este cáliz* una descarga abrumadora de vivencias y sentimientos, de análisis y de propósitos, de angustia y de palabras, de dolor y de impotencia, que en su formulación poemática son algo distinto de los de *Trilce,* en los cuales la economía expresiva y la precisión formal son los hallazgos más destacados, valiosos y característicos.

Existe más de una relación entre éstos y la desbordada imaginería y variedad de recursos utilizados en los poemas posteriores, a pesar de haber transcurrido quince años ente la publicación de *Trilce* y la versión definitiva de los textos póstumos de los siguientes libros. Creo que puede afirmarse, en este sentido, que las diferencias son más prácticas que teóricas, puesto que no hay cambios sustanciales de talante estético desde 1922, y la relación del poeta con la realidad es, básicamente, la misma.[6] Hay, más bien, maduración humana (de la que el acercamiento al marxismo es sólo una parte, si se quiere, la más espectacular) y, consecuentemente, maduración artística, natural evolución ideológica, por los azares de su vida y por las experiencias históricas culminadas en la impresión producida por la Guerra Civil española. Coincido, en este aspecto, con James Higgins cuando dice que «aunque de una obra a otra hay grandes diferencias de estilo y expresión, este concepto no varía en su esencia. Se reduce a los dos principios de veracidad e integridad: el poeta debe esforzarse por lograr una expresión fiel y veraz de la experiencia humana y debe ocuparse honradamente de la vida y sus problemas».[7] Algo de lo que hay detrás de ese proceso de maduración, en cuanto a lo poético, aparte de la dura existencia del poeta en Europa, su precaria salud, su miseria, su sufrimiento moral, su situación de emigrante, es el proceso paralelo de contacto con las vanguardias y de profundización en la propia estética, que testimonian, por ejemplo, los escritos en prosa de los años veinte y treinta, imprescindibles para comprender en su complejidad el sentido de los poemas escritos a partir de 1926, y para justificar la afirmación de que, más que ruptura, o cambios de dirección poética respecto a *Trilce,* lo que hay en los textos póstumos de *Poemas Humanos* y de España, *aparta de mí este cáliz* es un afianzamiento global del artista y una profundización en el objeto y las técnicas de su práctica literaria, en la problemática esencial de su palabra poética desde, diría, los poemas más importantes de *Los Heraldos Negros.*

Una prueba de ello la hallamos en la reflexión titulada «Poesía nueva»,[8] que testimonia, por un lado, la voluntad de innovación existente en el ambiente europeo en el que se ha integrado poco antes César Vallejo, y su propia voluntad y capacidad, demostradas en *Trilce*. Por otra parte, el poeta deslinda su concepto de «poesía nueva», que no corresponde ni al de la escrita con palabras nuevas y recientes («cinema, motor, avión, jazz-band, telegrafía sin hilos, etc.») paa la cual «lo importante son las palabras», ni al de la que utiliza «metáforas nuevas». Ambas se distinguen por «su pedantería de novedad y, en consecuencia, por su complicación y barroquismo». La poesía nueva, para Vallejo, corresponde a «una nueva sensibilidad»: «Los materiales artísticos que ofrece la vida moderna han de ser asimilados por el espíritu y convertidos en sensibilidad. El telégrafo sin hilos, por ejemplo, está destinado, más que a hacernos decir «telégrafo sin hilos», a despertar nuevos temples nerviosos, profundas perspicacias sentimentales, ampliando videncias y comprensiones y densificando el amor: la inquietud entonces crece y se exaspera y el soplo de la vida se aviva. Muchas veces un poema no dice «cinema», poseyendo, no obstante, la emoción cinemática, de manera oculta y tácita, pero efectiva y humana. Tal es la verdadera poesía nueva».

Hay, efectivamente, una madura reflexión sobre el proceso creador en poesía, y no aparece por ninguna parte un rechazo de las técnicas tradicionales. La práctica poética muestra cómo el uso de esas técnicas aumenta de manera considerable en los poemas inmediatamente posteriores a *Trilce*. Discrepo, por lo tanto, de la afirmación de Higgins cuando interpreta, generalizando, el poema XXXVI de *Trilce* como un «rechazo de las concepciones tradicionales de armonía, simetría y orden, y hace frente al desorden y caos de un mundo en que el hombre está abandonado como un huérfano».[9] Precisamente el poema «Altura y pelos», entre muchos, es una magnífica muestra de cómo, después de *Trilce* y antes de noviembre de 1927, Vallejo emplea recursos tradicionales como el paralelismo, la repetición y la exclamación e interrogación retóricas para lograr el pleno efecto patético de ese abandono del hombre en el mundo como un huérfano.[10] Sí puede aceptarse el planteamiento de Higgins cuando dice, con más cautela, que «*en parte*, las nuevas técnicas vanguardistas de Vallejo tienen como finalidad el expresar el caos y desorden del mundo».[11] No siempre la mímesis del desorden se resuelve, en la poesía de César Vallejo, en una expresión desordenada, o en acumulaciones caóticas y mucho menos a partir de la experiencia europea, en la que se reproduce un proceso de racionalización que permite un nuevo ordenamiento mental y poético del mundo real y de su realización poética: la perspectiva cada vez más comprometida con la causa de los agredidos, de los explotados. Como dice Vallejo en «Literatura a puerta cerrada»,[12] «La política, el amor, el problema económico, el desastre cordial de la esperanza, la refriega directa del hombre con los hombres, el drama menudo e inmediato de las fuerzas y direcciones contrarias de la realidad, nada de esto sacude personalmente al escritor de puerta cerrada... Frente a esta literatura de pijama, que como el aire confinado de las puertas cerradas, tiende naturalmente hacia arriba, pero para evaporarse, también, como ese aire, muy pronto se agolpa ante los pulmones naturales del hombre, la libre inmensidad de la vida».

Son bien conocidas las dificultades de datación de bastantes de los poemas póstumos, en particular de los que Larrea agrupa en el título de «Nómina de huesos», en la primera parte de lo que llama «Poemas póstumos».[13] Sobre esas dificultades hay dos opiniones encontradas, como es sabido, aunque la carta de Vallejo a Luis Alberto Sánchez, del 18 de agosto de 1927 hace pensar que desde la llegada del poeta a Europa escribió poemas: «Le envío unos versos de la nueva cosecha.[14] Usted sabe, mi querido Sánchez, que soy harto avaro de mis cosas inéditas y, si me doy hacia usted, lo hago en gratísimo impulso de plena simpatía intelectual... Son los primeros versos que saco a la publicación después de mi salida de América. Aun cuando se me ha solicitado poemas continuamente, mi voto de conciencia estética ha sido hasta ahora impertérrito: no publicar nada mientras ello no obedezca a una entrañable voluntad mía, tan entrañable como extraliteraria. Ahora puede usted, mi querido compañero, publicar, si lo quiere, los poemas que le envío».[15]

Resulta evidente, a partir de esta carta, que Vallejo escribió poemas durante los primeros años de su llegada a Europa, con lo que, como dice Ferrari, «Vallejo en persona destruye el mito de los años de inactividad poética. En 1927 el poeta tenía una nueva cosecha».[16] A pesar de esta evidencia, Luis Monguió y Saúl Yurkievich opinan que, con la excepción de los poemas enviados a L.A. Sánchez por Vallejo, todos los demás textos de *Poemas Humanos* fueron escritos entre el tres de septiembre y el ocho de diciembre de 1937. Larrea opinó lo mismo, y las declaraciones de Georgette Vallejo contribuyeron a aumentar la confusión, hasta que, por una carta de Vallejo, sostuvo que había una colección preparada en 1935.[17] Sea como fuere, lo que resulta evidente es que unos pocos textos pueden datarse con seguridad antes de agosto de 1927, entre ellos el poema «Actitud de excelencia» que, con varias correcciones, se incluía en el original póstumo. Ello, entre otras cosas, permite dudar de que no hubiera más versiones anteriores de varios de los *Poemas Humanos* y, como dice Ferrari, «no es nada improbable que diversos otros poemas que figuran en *Poemas Humanos* hayan sido escritos antes de 1930».[18]

Saltando esas dificultades de datación insalvables por el momento, Ferrari propone considerar todos los textos publicados en *Poemas Humanos* como un bloque, «Ya que es improbable que nadie pueda restablecer jamás el orden cronológico de todos estos poemas no fechados (a veces quizás falsamente fechados) y que el poeta mismo puede haber mezclado en sucesivas revisiones. (...) Podemos, pues, considerar las creaciones de Vallejo entre 1923 y 1937 si no como un «único gran bloque poético» (Paoli), al menos como una producción homogénea en la que ciertos poemas escritos después de la llegada del poeta a Europa prolongan el tono de *Trilce* a la vez que anuncian los rasgos más característicos del Vallejo del último período».[19]

El análisis de los textos publicados en *Mundial,* con seguridad anteriores al conjunto de los *Poemas Humanos,* y la confrontación de la versión de 1927 con la publicada póstumamente, permite caracterizar el proceso de transición a partir de *Trilce.* Para ello analizo en este artículo uno de esos poemas, el titulado «Actitud de excelencia», luego publicado, con variantes, como «Altura y pelos».[20] Las dos versiones de este poema contribuyen a ilustrar el proceso expresivo subsiguiente a *Trilce* y evidenciar que inmediatamente después de éste Vallejo se aleja de sus recursos más característicos para incrementar progresivamente el uso de la retórica tradicional. Paralelamente se produce, además, un desbordamiento en la plasmación de la angustia de esos momentos, que se traduce en la creación de una persona poética cuya inmediatez se logra mediante el uso intensivo de figuras de dicción.

Actitud de excelencia

¿Quién no tiene su vestido azul
y no almuerza y toma el tranvía
con su cigarrillo echado y su dolor de bolsillo?

¿Quién no escribe una carta
y habla de un asunto muy importante?
Ay, yo tan solo he nacido.

¿Quién no se llama Carlos
y no dice al menos gato, gato, gato, gato?
Ay, yo tan sólo he nacido.

Ay, cómo tan solo he nacido
Ay, cómo tan solo he nacido

Altura y pelos

¿Quién no tiene su vestido azul?
Quién no almuerza y no toma el tranvía
con su cigarrillo contratado y su dolor de bolsillo?
¡Yo que tan sólo he nacido!
¡Yo que tan sólo he nacido!

¿Quién no escribe una carta?
¿Quién no habla de un asurto muy importante,
muriendo de costumbre y llorando de oído?
¡Yo que solamente he nacido!
¡Yo que solamente he nacido!

¿Quién no se llama Carlos o cualquier otra cosa
¿Quién al gato no dice gato gato?
¡Ay! ¡Yo que sólo he nacido solamente!
¡Ay! ¡Yó que sólo he nacido solamente!

De la confrontación de las dos versiones se desprende que, si bien la segunda está más elaborada y potencia eficazmente la comunicación poética a través de reforzamiento de los recursos expresivos, como veremos, ambas están construidas sobre la base formal del paralelismo, la repetición y la interrogación y la exclamación retóricas. Que estos recursos sean tan esenciales en un poema tan inmediatamente posterior a *Trilce* (no sucede lo mismo en «Lomo de las sagradas escrituras») muestra que Vallejo buscó pronto otras formas que encauzar la expresión de su corriente poética (poco pródiga en esos momentos) y que esa corriente poética se canalizó, por otra parte, en una expresión que pone de relieve, en primer lugar, el propio discurso poético, renunciando en esa nueva etapa a la experimentación formal de los años de *Trilce* y retomando algunos recursos utilizados, aunque poco, en *Los Heraldos Negros*.

Podríamos decir que el enfoque de la poesía se retrotrae al hecho mismo del habla. Si en *Trilce* el poeta enfrenta a la realidad caótica su propio discurso mimético, y la poesía se convierte, así, en un producto significativo aparentemente desordenado, a partir de estos primeros poemas de Europa se manifiesta, coincidiendo con los artículos sobre literatura y arte, la reflexión sobre el propio acto del escribir, aislado e individualizado. En efecto, en la primera versión, después de la secuencia generalizadora, las acciones descritas se refieren a lo expresivo y comunicativo: «escribir», «hablar», «llamarse», «decir». Por otra parte, el poeta crea una distancia insalvable entre el contenido del poema, la queja de un hablante aislado, desposeído y, sobre todo, incomunicado, y la expresión del mismo, organizada en una serie de figuras retóricas tradicionales. Vallejo crea un hablante poético que transmite su mensaje en formas que son las de Vallejo. Como dice Franco, «Poetry itself is the product of «malicia» for by using the «I» as the coordinating principle of the poem, the act of self-consciousness is muddied over by the confusion that arises from taking the «I» of the poem as the personal statement of the poet. What begins to concern Vallejo in these poems of the 1920's is the very mechanism by which the poetic «I» is produced and the illusion created. Thus in «Altura y pelos» he poses a series of questions which separates the excepcional from the common denominator of the social man».[21]

La versión publicada en *Poemas Humanos*, titulada ahora «Altura y pelos», se basa, sin apenas modificaciones, en la primera. Aparte del título, sólo se modifican los verbos «toma»(V. 2) y «habla» (V. 5), que adoptan la forma negativa, como los restantes; se sustituye el adjetivo «echado» (V. 3) por «contratado», y se modifica la sintaxis del verso 8. En la versión primera, tal como se transcribe en la fuente citada, la grafía de «solo» corresponde a la del adjetivo, en lugar de a la del adverbio, sobre la que se basa el juego de variantes en las exclamaciones de «Altura y pelos». Por lo demás, lo que caracteriza la última versión es una estructura más rigurosa y ordenada de las secuencias. Se añade un verso a la segunda, «muriendo de costumbre y llorando de oído», que establece un paralelo con el verso 3 y constribuye a la estructura paralelística del texto; se divide en dos la pregunta de cada una de las secuencias y se añade al final de cada una de éstas la exclamación, ahora con signos de admiración y variando en cada recurrencia para acumularse en la tercera.

Antes de pasar al comentario de la última versión conviene precisar que en la sustitución del título original «Actitud de excelencia» por el de «Altura y pelos» opera la reflexión de Vallejo sobre el sentido representativo del texto. En la versión primera al concepto de «actitud» responde al gesto del poeta de mostrarnos una respuesta particular, pero generalizadora en última instancia, a la realidad social. Sustituyendo el título descriptivo por el sinecdótico «Altura y pelos», se concentra el sentido del poema en la esencia del individuo hablante, en su radical carencia y abandono, en la alienación esencial del individuo en la sociedad.

Lo primero que destaca, desde el punto de vista de la estructura del conjunto, es una organización paralelística en tres secuencias. En cada una de ellas se repite la misma forma de interrogación retórica (dos interrogaciones en cada secuencia) y de respuesta exclamativa (repetida también dos veces). En la tercera secuencia esa respuesta incluye, reiterativamente, (y es uno de los principales efectismos del texto) las dos formas, «sólo» y «solamente», utilizadas por ese orden en cada una de las dos primeras secuencias. Se añade, además, la exclamación «¡Ay!», al comienzo de la tercera respuesta, con lo que aún se incrementa más el patetismo.

En el ejemplo de esas dos figuras patéticas estructuradoras radica la base retórica del poema. Son recursos que Vallejo, por sus lecturas de los clásicos españoles conoce bien y ha utilizado en su primer libro. Guillermo de Torre, a este respecto, llega a decir: «yo empalmaría su obra con la corriente barroca española e hispanoamericana».[22] Con una inmediatez frecuente en Vallejo, que afecta poderosamente la atención del lector, superpone en un mismo texto las relaciones simbólico-predicativas de la lengua poética, fundadas en la contigüidad, y las relaciones de equivalencia combinatoria. El recurso paralelístico y la formulación semántica del asunto producen una estructura cerrada que se consigue, sobre todo, con la repetición del mismo concepto, «sólo» y «solamente» en la misma cláusula final, que por su repetición al final de cada secuencia es como una letanía o redoble angustioso y desesperanzado, en estrecha relación con la intención comunicativa del poema.

Pocas veces Vallejo ha escrito un texto tan parco en conceptos y tan reiterativo en la utilización de recursos formales, escasos en número, por lo demás. La sobriedad en el uso de los conceptos elimina la queja metafísica de muchos de los poemas anteriores, y el uso de la repetición en el ámbito del poema aumenta la sensación de queja desolada. Es frecuente en la obra de Vallejo la utilización de la anáfora, y sobre todo en *Los Heraldos Negros* («Luna», «Ausente», «Romería», «Heces», «Agape», «Los dados eternos», «Amor», «Espergesia», etc.). No se usa apenas en *Trilce* y vuelve a ser frecuente en *Poemas Humanos* y en *España, aparta de mí este cáliz*, lo cual tal vez signifique que a Vallejo le dejó de interesar el experimentalismo formal de *Trilce*. Es frecuente también la utilización del paralelismo, sobre todo en los textos póstumos, pero su uso no es tan amplio que abarque todo el poema. Podrían citarse solamente los casos representativos de «Nómina de huesos», «El momento más grave de mi vida», («Qué me da, que me agoto»), («Un hombre pasa con un pan al hombro»), «Yuntas», («Acaba de pasar el que vendrá»), «Redoble fúnebre a los escombros de Durango» y («Cuídate, España, de tu propia España»), estos dos últimos, de *España, aparta de mí este cáliz*. En «Altura y pelos» la repetición no es sólo anatórica. También se da en el verso 12: «¿Quién al gato no dice gato, gato?» (era más intensa en la versión de «Actitud de excelencia»: «y no dice al menos gato, gato, gato, gato»); y se da también en los dos versos finales: «sólo he nacido solamente». Este uso es muy frecuente en los *Poemas Humanos,* donde encontramos «triste tristumbre». «¡Qué jamás de jamases su jamás!», «tiniebla tenebrosa». En este aspecto también vemos en «Altura y pelos» un precedente de la obra posterior, que a veces puede tomar otras formas y otros tonos, como el de «Considerando en frío», que en lugar de buscar el efecto patético produce, mediante el empleo de fórmulas reiterativas del lenguaje burocrático, lo que Zamora Vicente llama «una larga exposición de razones, que recuerda, con nítida inmediatez, el lenguaje impersonal de un documento judicial».[23] También en este poema, como señala Higgins, cada estrofa tiene la forma de una enumeración reiterativa.[24]

De todos los poemas posteriores, con el que puede establecerse mayor relación estructural, por el uso de recursos paralelísticos y anafóricos, además de por la parquedad de elementos constituyentes, es con el poema «Yuntas», cuyo título, como sucede con el de «Altura y pelos» (sinécdoque), es metáfora del recurso retórico utilizado en el poema.[25]

«Yuntas» está fechado el 9 de noviembre de 1937, y si nos atenemos a esa fecha, resulta bastante posterior a «Actitud de excelencia», aunque no sabemos si lo es respecto de la versión de «Altura y pelos». Lo importante es que la utilización de este tipo de recursos abarca toda la última época de César Vallejo. Por otro lado, aunque las similitudes formales son muchas, un poema como «Yuntas», también exponente, como «Altura y pelos», de una problemática de la insatisfacción, opone totalidades sin dialéctica, y es un buen ejemplo de la «preocupação por encontrar una unidade cósmica» de que habla Augusto Tamayo.[26] El poema plantea un sistema de oposiciones a base de sustantivos abstractos que remiten a totalidades, a absolutos: vida/muerte, todo/nada, mundo/polvo, Dios/nadie, etc., y establece el sistema de oposición entre conceptos colocados en términos de igualdad. El desorden de la realidad convoca la imposible síntesis de los opuestos. Como dice A. Coyné, «la imposibilidad de reunirlo todo, de nombrarlo todo, de serlo todo al mismo tiempo».[27] En «Yuntas» es más evidente la ironía, por ese carácter de totalidad que tiene el conjunto de abstracciones que convocan los versos. La ironía viene propuesta por el paralelismo. Como interpreta Higgins, «cada verso empieza con el adverbio «completamente», que expresa la idea de la totalidad, de una unidad que abarca todo de manera que todas las contradicciones quedan resueltas y todas las divisiones superadas. Pero enseguida la expresión «además» destruye la posibilidad de tal unidad al introducir una palabra que, aislada al final del verso «(y entre admiraciones)» destaca un elemento que está al margen y que por lo tanto niega la totalidad. (El patrón de oposiciones) completa la ruptura de la unidad al subrayar la contradicción y el conflicto. El poema termina con una exclamación irónica. «¡Completamente!», que expresa el escepticismo del poeta respecto a la posibilidad de alcanzar la unidad».[28]

«Altura y pelos» establece también un sistema formal de oposiciones, que corresponden a la serie de preguntas y respuestas y se concretan en la radical distinción entre el yo, que se lamenta de no participar de los valores sociales establecidos, y la generalidad de los hombres. Hay más sarcasmo que ironía en la conclusión implícita del poema, y el hecho de utilizar imágenes de lo concreto (vestido, tranvía, carta, gato) sitúa el texto en el terreno de lo cotidiano y existencial, sin dejar lugar a la reflexión metafísica. Así como en «Yuntas» se extrae una conclusión escéptica sobre los valores metafísicos, en «Altura y pelos» tan sólo se constata la esencial alienación del individuo aislado en medio de las relaciones sociales de producción y de comunicación.

Mediante la estructura basada en una repetición de la secuencia pregunta-respuesta, el poeta realiza un doble y simultáneo proceso de rodeo para comunicar el sentimiento de carencia y soledad del hablante poético, que es el motivo central del texto. Por una parte, se recurre al uso retórico de la pregunta generalizadora sobre realidades como «tener», «tomar», «escribir», «hablar», «llamarse», «decir», para luego responder que el hablante no es pertinente como sujeto de esas acciones, con lo que se intensifica el efecto de individualización, de excepcionalidad de la carencia. Respecto a ésta, el hablante recurre a seleccionar sintagmas que no remiten sino a cuestiones accidentales o intranscendentes («llamarse Carlos o cualquier otra cosa», «decir al gato gato», etc.) que, así, se elevan a la categoría de trascendentales para el hablante, mediante el refuerzo, además, de las exclamaciones repetidas como respuesta a cada pareja de preguntas. Esto tiene más importancia aún si tenemos en cuenta que Vallejo representa el proceso de fetichización de la actividad social: «Quién no escribe una carta? / ¿Quién no habla de un asunto muy importante...?». En la primera secuencia se presenta la posesión (tener un vestido azul) y en la segunda la realización comunicativa socialmente valorada. En la tercera se reduce el ámbito de trascendencia: tener un nombre cualquiera, hablar con el gato. Y cuanto más intrascendente en sí es la acción aludida, más esencial, más radical es el sentimiento de carencia del hablante poético, y más dramático, por lo tanto. El mismo título presenta esa carencia esencial, al presentar al hablante poético como «altura y pelos». Se establece así una relación entre el vacío que se subraya en el título y la queja del hablante por su extrañamiento y su carencia.

Por otra parte, la respuesta a ias preguntas que se formula el hablante es siempre la misma: «Yo que tan sólo he nacido». «Yo que sólo he nacido solamente». Es lo único que, como Vallejo en el título, el hablante predica de sí mismo como respuesta reiterativa y dramática a la serie de preguntas que se va formulando. Con este planteamiento individualizador en primera persona puede advertirse, en relación a los poemas de 1937 que César Vallejo no elige aún el planteamiento colectivo (la segunda persona) de la reflexión sobre la existencia y la vida social, sino que mantiene un singular, que tal vez expresa distanciadamente sus propios estados de ánimo,[29] pero que, en todo caso, es el exponente del individuo solitario que grita en medio de la realidad europea de entreguerras. Y lo que le mueve, si preferimos entender el poema desde una óptica biográfica —lo que no estaría reñido con su consideración como un poema expresivo de la fetichización de determinados comportamientos sociales, que el poeta objetivaría lúcidamente— es un dolor antiguo, no sólo el provocado por la escasez de recursos, sino el dolor que describe Fernando Alegría: «Dolor es la palabra clave de Vallejo... Dolor en todo plano concebible, dolor que a menudo se nos aparece en la forma ambigua de una incontrolable desdicha, como si nos tocara en suerte sufrir para merecer la conciencia que nos separa del animal».[30] El ejemplo complementario, en el que Vallejo adopta la voz colectiva lo hamamos en el poema «Traspié entre dos estrellas», de 1937, al que luego me refiero brevemente, en el que plantea un conflicto semejante al de «Altura y pelos», pero ampliado a un lamento de grupo.

En «Altura y pelos», las respuestas sucesivas a las series de preguntas se organizan en una gradación ascendente en cuanto a la intensidad expresiva. De las tres formulaciones distintas que se dan, además de que cada respuesta se repite, como si se quisiera responder lo mismo a cada una de las dos preguntas que integran cada secuencia interrogativa a la vez que se quiere producir un efecto de letanía o de lamento bíblico, se pasa de la forma «tan sólo», antepuesta al verbo, a la forma «solamente», también antepuesta, destacándose, por lo tanto, y luego se pasa al empleo de «sólo» y «solamente» a la vez, rodeando al verbo y enfatizándolo. En la tercera se antepone a la cláusula exclamativa la expresión diferenciada de la queja con la forma «¡Ay!», en exclamación diferente y también repetida al inicio de cada uno de los dos versos, los últimos del poema, con los que éstos resultan llenos de intensificaciones de lo ya expresado en las secuencias anteriores.

La gradación emotiva se consigue eficazmente con sólo el empleo de esa fórmula de respuesta incrementada, y se centra la atención del lector en la idea de «sólo haber nacido solamente», que es la única seña de identidad del hablante. Esa idea, que constituye el motivo central del poema, remite a múltiples momentos de la poesía de Vallejo. La queja del poema no busca una demostración, ni una denuncia, ni hay ningún tipo de argumentación. Tan sólo se expresa reiterativamente la soledad del hablante. Recuerda la queja de «La rueda del hambriento»: «Y ya no tengo nada, esto es horrendo». André Coyné, entre otros, ha señalado que la poesía de Vallejo «expresa la inexplicable desnudez de la existencia»[31] y que «toda la poesía de Vallejo nos aparece como inspirada por un sentimiento de desamparo y abandono».[32] Podría incluso apuntarse que el hombre que se queja en «Altura y pelos» es un ejemplo activo de la concepción del hombre como fundamentalmente animal, con la misma imposibilidad de este de acercarse a lo metafísico. Coyné señala también que «todo *Poemas Humanos* se caracteriza por la obsesión de la animalidad»[33] y Higgins dice que «el hombre, tal como aparece en *Poemas Humanos,* lleva la existencia mecánica de un animal».[34]

Esa visión del nacimiento la hallamos en todos los momentos de la poesía de Vallejo, desde *Los Heraldos Negros* a los últimos poemas. En «Altura y pelos» puede percibirse como reflejo de una situación generalizada de los hombres en la que puede incluirse el propio poeta que elabora el texto. Una nueva situación personal, repleta de todo tipo de dificultades, y una vivencia artística nueva están detrás de estos versos esquemáticos y rígidamente retóricos, a la vez que sobriamente expresionistas, tan distintos del hurgar lingüístico de *Trilce.* Con «Altura y pelos» estamos de nuevo en la incógnita —«Yo no sé»— de «Los heraldos negros»: quien «sólo ha nacido solamente» se queja y expresa con su lamento el dolor del «saber del no saber», como dice López Soria.[35] La nueva expresión, enlazada con algunos textos de *Los Heraldos Negros,* significa también una nueva etapa en la búsqueda artística del poeta y, a mi juicio, señala el comienzo de un análisis de la realidad dentro de la perspectiva de la lucha de clases. Como dice Higgins, «Para Vallejo la vida social es fundamentalmente artificial: al individuo le impide desarrollar su verdadera personalidad y le aleja de lo que es esencial en la vida. La obliga a conformarse a las convenciones sociales, a hacer el papel de negociante, profesor u obrero y a adoptar el modo de vida y el uniforme correspondiente, como se ve en «He aqui que hoy saludo».[36]

Desde *Los Heraldos Negros,* en los inicios mismos de la obra de Vallejo, se puede seguir la línea evolutiva del tema de la existencia como carencia y del tema de la soledad y del despojamiento, que son constantes en su obra. Por ello, no es nuevo ni especialmente significativo hallar en los textos posteriores a *Trilce* abundantes manifestaciones como la de «Altura y pelos», aunque ello puede servir para revisar algunas afirmaciones sobre «cambios radicales» de Vallejo a causa de su ideología social. El mismo tema de la miseria puede rastrearse a lo largo de toda la obra, desde *Los Heraldos Negros* hasta los últimos poemas, como «La rueda del hambriento»:

> *Hallo un extraña forma, está muy rota*
> *y sucia mi camisa*
> *y ya no tengo nada, esto es horrendo.*

Los más nuevo, desde «Altura y pelos», es el entronque, a la altura de los años europeos, de sus temas de siempre con el uso doble de la sinédocque, como figura y como metáfora de la carencia existencial. Por lo demás, ejemplos como éste abundan en los dos primeros libros, aunque con una dimensión más reducida a lo individual:

> *Todos mis huesos son ajenos;*
> *o tal vez los robé!*
> *Yo vine a darme lo que acaso estuvo*
> *asignado para otro;*
> *y pienso que, si no hubiera nacido,*
> *otro pobre tomara este café!*

> («*El pan nuestro*», H.N.)

El sentido del «tan sólo haber nacido» es un concepto que, aunque tal vez de raíces religiosas en César Vallejo, se convierte pronto en motivo recurrente sin implicar necesariamente alusiones al libre albedrío o, en general, al discurso teológico, y luego se relaciona con la expresión de una enajenación del hombre en ese sentido, en el seno de la sociedad capitalista. La cualidad de «carente» se presenta abundantemente en los sujetos de los *Poemas Humanos* y de *España, aparta de mí este cáliz.* De la raíz filosófica de ese concepto dan prueba abundantes testimonios de *Los Heraldos Negros,* y de manera destacada los poemas «Los dados eternos» y «Espergesia», el cual es considerado por J. Ortega como la «poética» de *Los Heraldos Negros,* porque resume el proceso de conocimiento y las rupturas que la persona poética ha emprendido, planteándola ahora desde la perspectiva misma de la poesía.[37] En efecto, en este último poema la idea del existir y del vacío ya se conjugan, tempranamente, con un sentido semejante al que observamos en «Altura y pelos»:

> *Hay un vacío*
> *en mi aire metafísico*
> *que nadie ha de palpar:*
> *el claustro de un silencio*
> *que habló a flor de fuego.*
> *Yo nací un día*
> *que Dios estuvo enfermo.*

Sin embargo, no se indaga religiosamente en el sentido de la vida ni se examinan las posibilidades poéticas e ideológicas del «nacer con el alma desnuda», por ejemplo. Vallejo no camina en esa dirección. Todo lo más, preguntas. Y reiteración permanente de la perduración de su vacío personal, traspasada muchas veces al hablante lírico. Todo lo que éste es constituye el vacío enunciado por el título del poema: altura y pelos. La pequeñez y la carencia, como decía, son recurrentes: «¿Tan pequeña es, acaso, esa persona, / que hasta sus propios pies así la pisan»?. Aunque el compromiso es el contrapunto temático y la solución apuntada por Vallejo en los poemas de sus últimos años, las imágenes de la exigüidad y del vacío se repiten una y otra vez, hasta en los títulos de los poemas.

Podría apuntarse que un poema como «Altura y pelos» es una manifestación aislada —por su fecha de escritura— de una situación vital y artística que lleva al abandono casi, hasta los últimos años de la vida de Vallejo, de la escritura en verso. Y también con el acceso a otras inquietudes intelectuales en estrecho contacto con su vinculación al marxismo. Cuando volvemos a encontrarnos con sus poemas, el poeta ha adoptado una nueva perspectiva: el hombre en el mundo puede existir como carente, como ser degradado, pero se lo ofrece una posibilidad que ni asomaba hasta entonces —y tampoco en «Altura y pelos»—: la posibilidad de ser solidario, a partir de la miseria y la soledad hacia la denuncia y la lucha, como los poemas de esos últimos años testimonian. Un ejemplo de esto, al que ya me he referido, lo constituye «Traspié entre dos estrellas», fechado en 11 de octubre de 1937:

> Hay gentes tan desgraciadas, que ni siquiera
> tienen cuerpo: cuantitativo el pelo,
> baja, en pulgadas, la genial pesadumbre;
> el modo, arriba;
> no me busques la muela del olvido

Aquí tenemos el desarrollo de la sinécdoque de «Altura y pelos». Pero la perspectiva del hablante en tercera persona, distinta del hablante en primera de «Altura y pelos», sirve para generalizar más claramente e, incluso, para interpretar el modo de la carencia de los otros. El poema continúa con una larga enumeración de carentes, de seres inmersos en el sufrimiento, para elevar con ellos una lamentación solidaria y un canto de amor:

> Amado sea aquel que tiene chinches,
> el que lleva zapato roto bajo la lluvia,
> el que vela el cadáver de un pan con dos cerillas,
> el que se coge el dedo en una puerta,
> el que no tiene cumpleaños (...)
> ¡Ay de tanto! ¡Ay de tan poco! ¡Ay de ellos!

Este poema, que en las imágenes y en la intención procede de «Altura y pelos», ha elevado a la categoría de personaje colectivo lo que en éste era una lamentación individual, diferenciadora, expresión, sobre todo, de la soledad del individuo despojado en el seno de la sociedad industrial. En ese sentido, se ve con claridad la evolución hacia planteamientos solidarios explícitos desde un estadio previo de individualismo en los primeros años europeos. En los versos iniciales de «Traspié entre dos estrellas» se encuentra confirmada la intención de «Altura y pelos». El recurso, por lo demás, es frecuente en esta etapa:

> Hoy me gusta la vida mucho menos.
> pero siempre me gusta vivir: ya lo decía.
> Casi toqué la parte de mi todo y me contuve
> con un tiro en la lengua detrás de mi palabra (...)
> Dije chaleco, dije
> todo, parte, ansia, dije casi, por no llorar
>
> («Hoy...», P.H.)

Continuando el análisis del poema, en que la rígida estructura no se ve reforzada por el isosilabismo o la rima —aparte de la asonancia de los versos 3 y 8 entre sí y con las respuestas repetidas en los versos 4-5 y 9-10—, pueden establecerse varios núcleos sustanciales en función de las preguntas que el hablante poético se dirige a sí mismo en tres secuencias. En la primera de ellas convergen semánticamente «tener», «almorzar», «tomar», «contratado», «bolsillo»:

> ¿Quién no tiene su vestido azul?
> ¿Quién no almuerza y no toma el tranvía,
> con su cigarrillo contratado y su dolor de bolsillo?
> ¡Yo que tan sólo he nacido!
> ¡Yo que tan sólo he nacido!

Todos los conceptos de la secuencia remiten a la actividad cotidiana de un cualquiera, y los podemos reducir al ámbito de lo económico. La primera característica que diferencia al hablante poético, hiperbólicamente, del resto de los hombres es su inactividad social productiva, es decir, su incapacidad de posesión. En efecto, vestir, comer, utilizar un vehículo público, tener el cigarrillo contratado y dolor de bolsillo (desplazamientos metonímicos), introducen la referencia a la más elemental caracterización de estar integrado en la sociedad. André Coyné señalaba que en la obra de Vallejo no había universo ni objetos,[38] lo que en general es plausible. Sin embargo, el poeta no tiene más remedio que utilizarlos, dada la relación de oposición entre el mundo y el hablante. Esa relación exige imágenes de objetos y seres cotidianos y concretos, tratados, en la segunda secuencia, como «muy importantes». Frente a esas esquemáticas formas de vida social, el hablante se define como carente de esa mínima relación «económica» con el mundo, al insistir, con todos los recursos de la gramática, en que «tan solo ha nacido». Por lo demás, la referencia a almorzar incide en la permanente obsesión del hambre constatable en los *Poemas Humanos*.

La segunda secuencia focaliza las relaciones sociales en el tema de la comunicación entre individuos:

> ¿Quién no escribe una carta?
> ¿Quién no habla de un asunto muy importante,
> muriendo de costumbre y llorando de oído?
> ¡Yo que solamente he nacido!
> ¡Yo que solamente ha nacido!

En efecto, escribir, hablar, que son los usos frecuentes del lenguaje, en sus funciones «emotiva» —subrayemos el uso de las figuras patéticas en el texto—, «conativa», «referencial» e incluso «metalingüística», se concentran, a través de la función «poética»,[39] particularmente en esta secuencia central del texto. «Escribir una carta», «hablar de un asunto muy importante» sintetizan las dos vertientes del acto comunicativo entre los individuos en su sentido puramente instrumental que, como en el caso de la relación «económica» de la secuencia primera, es característica elemental del estar en el mundo integrado primariamente en la sociedad. En este aspecto, todos los elementos que en el poema componen el mundo exterior, las imágenes de la realidad, remiten al intercambio humano como símbolos, cargados de sentido a pesar de la aparente intrascendencia de su carácter de objetos y actos sin importancia (obsérvese el énfasis de «un asunto muy importante»).

En las dos primeras secuencias se advierten otros dos elementos paralelos, tanto en su disposición textual como en su papel sintáctico, y paralelos también en su significado último. Los versos 3 y 8 son bimembres, complementan y caracterizan al sujeto colectivo de la frase y coinciden también en su caracterización colectiva. Cabría señalar, además, desde el punto de vista de la función semántica de los recursos formales, que la exclamación reiterada inmediatamente después crea, como he señalado antes, una relación de asonancia con cada uno de ellos: «bolsillo», «oído», «nacido». Esos complementos, que no se dan en la tercera secuencia, son los únicos que sirven para que el lector capte la imagen sufriente del grupo social al que quiere referirse el poeta, a través de la perspectiva muy degradada del hablante poético: el de los que se caracterizan por «su» cigarrillo «contratado» (ni siquiera propio, si no tenemos en cuenta la figura retórica), y «su» dolor de «bolsillo» (la falta de dinero, si la tenemos en cuenta aquí), es decir, por la alienación (en un sentido marxiano)[40] de su condición social de explotados («contratados»): «muriendo de costumbre», y por su sufrimiento más inmediato: «llorando de oído» («tocar de oído»implica la carencia de conocimientos y estudios musicales, y traslada a esos hombres esa carencia hasta en el llanto). Juan Larrea califica de «mallarmeano» el uso de los gerundios en los *Poemas Humanos*. Si atribuímos un sentido a la función de los gerundios de este poema, me parece indudable que comunican un estado de sufrimiento permanente, que coincide con el sentido de esos presentes de las interrogaciones. En las respuestas, en cambio, sólo hay referencia al pasado, y lo que ocurrió entonces no se ha modificado, como refuerzan los adverbios sólo y solamente.[41] El hablante del poema, pues, se caracteriza por su relación de degradado respecto de otros degradados, los inferiores de la sociedad, los que malvenden su fuerza de trabajo y ni siquiera lo saben, pues «hablan de un asunto muy importante». Con los años, sobre todo en *España, aparta de mí este cáliz,* el hablante vallejiano se integra en ese grupo como uno de los que sufren y como su vocero, vehiculado por una perspectiva humanista amplia, evangélica, política y revolucionaria. Ese «yo», por lo tanto, el de «Altura y pelos», expresa una conciencia previa a la «toma de conciencia» colectiva, es una conciencia solitaria que, en medio de la soledad y en el fondo de la vida física y moral, se plantea el cartesiano «cogito ergo sum» desde el más simple de los silogismos, el que no produce más conocimiento que el de las premisas: «he nacido, luego sólo ha nacido solamente». El nacer equivale al sufrir en muchos poemas de Vallejo, y encontramos otras variantes de la misma lógica vallejiana: «sufres, luego has nacido», en «El alma que sufrió de ser su cuerpo»:

> *Tú, luego, has nacido: eso*
> *también se ve de lejos, infeliz y cállate.*
> *y soportas la calle que te dio la suerte*
> *y a tu ombligo interrogas: ¿dónde? ¿cómo?*

Y, como dice Jean Franco, «Man's essence is this existence, his life a journey towards death and rigidity and hence the final reward is putrefaction, the triumph of the «moscardones».[42] Este es, además, el trasfondo implícito de «Altura y pelos».

La tercera secuencia redunda en la elementalidad, con mayor economía sintáctica. Se centra en el simple tener un nombre para ser llamado por alguien y en el mero comunicarse con el animal doméstico:

> *¿Quién no se llama Carlos o cualquier otra cosa?*
> *¿Quién al gato no dice gato gato?*
> *¡Ai! ¡Yo que solo he nacido solamente!*
> *¡Ay! ¡Yo que solo he nacido solamente!*

La diferencia aquí con el resto de los hombres llega a su fondo, haber nacido solamente pero no tener ni nombre ni palabras. Se llega, así, a la más elemental de las carencias, que se intensifica con la reiteración solo-solamente, que a la vez recoge las dos exclamaciones distintas anteriores. Frente al sufrimiento rutinario de las demás, el hablante expresa, no sólo su sufrimiento mayor, sino también un autoconocimiento, una conciencia que los demás no tienen. Afirmar esto no es una interpretación gratuita. El poema corresponde a los años en los que Vallejo está reflexionando profundamente sobre la literatura y el compromiso, como muestran, entre otros, los artículos «Los artistas ante la política» o «Literatura proletaria»,[43] donde rechaza la subordinación de la escritura literaria a las ideas políticas, actitud que se mantendrá hasta en los textos de *España, aparta de mí este cáliz*. En «Los artistas ante la república», por ejemplo, expresa lo que él mismo ha realizado en «Altura y pelos», aunque, sin referirse a ello: «El arte no es un medio de propaganda política... Solamente un Dostoievski puede, sin encasillar el espíritu en ningún credo político concreto, suscitar grandes y cósmicas urgencias de justicia humana».[44] Eso es lo que suscita, sin duda, la desnuda queja de «Altura y pelos». No hay en el poema la descripción de la enfermedad, ni la del hambre, ni la de la miseria, ni la de la explotación, pero están ahí, modulando en el contexto vital y literario, para el lector atento, los armónicos de esa queja desnuda, de ese suspiro consciente que es «Altura y pelos». En la progresiva expresión de la carencia Vallejo reduce al absurdo la realidad de carencia que tiene el hablante. Transcendiendo la constatación de que la vida es absurda, característica de los libros anteriores, este poema sitúa el absurdo de la vida en la crisis de la consciencia de la realidad, y el hablante poético pronto estará apuntando, de una manera cordial más que intelectual, a la solidaridad entre los hombres. Conviene muy bien a esta figura del hablante de «Altura y pelos» la comparación que hace Larrea con Charles Chaplin: «Al modo de Chaplin, se siente individuo al margen, de suburbio económico y hasta antropológico. Se considera a sí mismo de más».[45] Como Chaplin, re-presenta la imagen del marginado desde el conocimiento de los puntos vitales de la soledad. Dice Higgins: «Los hombres no pueden comunicarse porque no tienen nada en común, porque cada hombre está encerrado dentro de su propia personalidad y su propia situación y es incapaz de comprender las de los otros. Los hombres son islas irremediablemente aisladas unas de otras. Por eso el poeta no puede hacer otra cosa que lamentar su soledad».[46] Desde mi punto de vista, el hablante de este poema comparte con aquellos respecto de los

que se sitúa como inferior la percepción de excepcionalidad
que tienen muchos explotados respecto del resto de los hombres. Vallejo la presenta directamente, con gran dominio de
los recursos patéticos, y, así, una primera lectura puede hacernos pensar que habla de sí mismo, o que presenta a un personaje único, aunque en ocasiones ese personaje se llame César
Vallejo:

> *César Vallejo ha muerto, le pegaban*
> *todos sin que el les haga nada.*

NOTAS

[1] Vid. FERRARI, AMÉRICO, *El universo poético de César Vallejo*, Monteavila editores, 1972, que resume con detalle las opiniones. Vid., además, la «Introducción» de Juan Larrea a Vallejo, César, *Poesía completa*. Barral Editores, 1978, y su disposición de los textos de *Poemas Humanos*.

[2] Es el caso, sobre todo, de YURKIEVICH, S., en *Fundadores de la nueva poesía latinoamericana*, Barral editores, 1970.

[3] YURKIEVICH sostiene que en *Los Heraldos Negros*, a pesar de su estilo predominantemente modernista ya hay atisbos de *Trilce*, y los estudia en «En torno a *Trilce*», *op. cit.*, pp. 15 y ss.

[4] ALEGRÍA, FERNANDO, «César Vallejo: las máscaras mestizas», en *Literatura y revolución*, F.C.E., México, 1970, pp. 147 y ss.

[5] Dice Yurkievich que «estéticamente, *Poemas Humanos* es una prolongación de *Trilce*. Los dos libros provienen de una misma idea acerca de la poesía. En ambos el mundo objetivo se desintegra para el exterior (...). Pero un estado de ánimo angustioso aguza la sensibilidad de Vallejo. En su obra póstuma la expresión se vuelve más afectiva, el sentimiento pugna por romper los límites del equilibrio. En *Poemas Humanos* hay un desborde de lo inmediato que se dirige hacia dos extremos: el prosaismo y la oscuridad». En «Vallejo, su poesía». *Aula Vallejo*, n.º 2-4, 1963, p. 184.

[6] FERRARI (*op. cit.*), entre otros, señala que incluso en *España, aparta de mí este cáliz* se mantiene la temática egocéntrica, si bien matizada.

[7] HIGGINS, JAMES, *Visión del hombre y de la vida en las últimas obras poéticas de César Vallejo*. Siglo XXI, México, 1970, p. 5.

[8] «Poesía nueva», en *Favorables-París-poema*, n.º 1, julio de 1926. (Reproducido en Vallejo, César, *Literatura y arte* (*Textos escogidos*), Ed. del Mediodía, Buenos Aires, 1966, pp. 11-13.

[9] HIGGINS, *op. cit.*, p. 8.

[10] Por ejemplo, en el poema «Un hombre pasa...» (*P.C.*, Barral, p. 656), *Poemas Humanos*, construído paralelísticamente, el poeta dice de manera expresa (aunque deba leerse con más amplia perspectiva):

> Un albañil cae del techo, muere, y ya no almuerza.
> ¿Innovar, luego, el tropo, la metáfora?

Lo caótico, que refleja el caótico desorden del mundo, no está en la estructura poemática, sino en la selección de hechos que sirven de base a la pregunta del poema, y también de «Altura y pelos».

[11] HIGGINS, *op. cit.*, p. 8.

[12] «Literatura a puerta cerrada», en *Variedades*, 26 de mayo de 1928, en C. VALLEJO, *Literatura y arte*, cit., pp. 63-65.

[13] Aunque Larrea aduce argumentos sólidos, parece que clasificar, retitular, establecer cortes en las páginas originales conteniendo los poemas es una decisión discutible que tal vez aclare algo al lector no enterado de la problemática cronológica.

[14] Dos de ellos eran «Lomo de las sagradas escrituras» y «Actitud de excelencia» (luego «Altura y pelos») publicados en *Mundial* el 11 y el 18

de noviembre de 1927. Juan Larrea opina que el tercer poema enviado por Vallejo a Luis Alberto Sánchez era «Piedra blanca sobre una piedra negra».

[15] Apud JUAN ESPEJO. *Cesar Vallejo, itinerario del hombre*. Ed. Mejía Baca. Lima, 1965, pág. 208.

[16] A. FERRARI, *op. cit.*, pág. 208.

[17] JUAN LARREA. «Sobre un poemario fantasma de Vallejo», *Aula Vallejo*, 5-7, 1967.

[18] A. FERRARI, *op. cit.*, pág. 271, nota 2. Para todas estas cuestiones, vid. pág. 270 y ss.

[19] *Ibid.*, pág. 277-278.

[20] Reproduzco la versión de «Actitud de Excelencia» que ofrece Luis Mario Schneider en «Comienzos literarios de Vallejo», Flores, A. (Ed.), *Aproximaciones a César Vallejo*, Las Américas, New York, 1971, Vol. I, pp. 137-181. Las fuentes que cita son, aparte de LUIS ALBERTO SÁNCHEZ, «Nuevos versos de Vallejo». COYNÉ, ANDRÉ, *César Vallejo y su obra poética*, Lima, 1957, pp. 259-260; MONGUIÓ, LUIS, «César Vallejo: vida y obra», *RHM*, New York, 1950, n.º 1-4, pp. 66 y 84; ESPEJO, JUAN, *César Vallejo, itinerario del hombre* (1892-1923). Lima, 1965, pp. 253-254, y COYNÉ, ANDRÉ, *César Vallejo*. Buenos Aires, Ed. Nueva Visión, 1968, pp. 257 y 274-75. La versión de «Altura y pelos» es la que publica JUAN LARREA en las *Poesias Completas*, cit., p. 567.

[21] FRANCO, JEAN, *César Vallejo. The dialectics of poetry and silence*. Cambridge University Press. London, New York, Melbourne, 1976, p. 176.

[22] TORRE, GUILLERMO DE, «Reconocimiento de César Vallejo», en *Aula Vallejo*. n.º 2-4, 1963, pp. 319-332.

[23] ZAMORA, VICENTE, A., «Considerando, comprendiendo», en *Cultura Universitaria*, Caracas, n.º 60, 1957, p. 81.

[24] HIGGINS, *op. cit.*, p. 121.

[25] Hay también sinédoque en el título del poema «Sombrero, abrigo, guantes». En ésta se alude a la posesión. En «Altura y pelos» se alude a la carencia.

[26] TAMAYO VARGAS, AUGUSTO, «Tres poetas de América», *Os Cadernos de Cultura*, Rio de Janeiro, n.º 120, 1959, pp. 19-60. Apud HIGGINS. *op. cit.*

[27] COYNÉ, ANDRÉ, *César Vallejo y su obra poética*, op. cit., p. 182.

[28] HIGGINS, *op. cit.*, p. 47.

[29] El epistolario de Vallejo a Pablo Abril muestra que el César Vallejo que se comunica y escribe cartas entre 1924 y 1934 está en condiciones biográficas que no le separan mucho del hablante de «Altura y pelos» y de tantos otros poemas. Vid. OVIEDO, J.M., «París no era una fiesta: César Vallejo en sus cartas», *Camp de l'Arpa*, n.º 71, enero de 1980, pp. 7-12.

[30] ALEGRÍA, F., *op. cit.*, pp. 158-159.

[31] COYNÉ, *op. cit.*, p. 54.

[32] *Ibidem*, p. 232.

[33] *Ibidem*, p. 201.

[34] HIGGINS, *op. cit.*, p. 227.

[35] LÓPEZ SORIA, A., «El no-saber», Flores, A. (Ed.), *Aproximaciones a César Vallejo,* cit., Vol. II, p. 15. Y añade: «Sólo años más tarde, en *Poemas Humanos y España, aparta de mí este cáliz,* cuando el alma de Vallejo haya madurado en su dolor, encontrará en la solidaridad la orientación de la vida y del sufrimiento... Mientras tanto, el no-saber será la única actitud existencial de César Vallejo ante los problemas medulares de la existencia».

[36] HIGGINS, *op. cit.,* p. 186.

[37] «La vaciedad se formula en imágenes de la oquedad. Además esta vaciedad es una ausencia múltiple: supone la fisura entre el ser y el hombre, la ausencia duplicada por la culpa, la vaciedad del diálogo, del destino». ORTEGA, J., «La poética de la persona confesional», en Flores, A. (Ed.), *Aproximaciones a César Vallejo,* Vol. II, p. 37.

[38] COYNÉ, *op. cit.,* p. 125.

[39] JAKOBSON, R., *Linguistica y poética,* Cátedra, 1981.

[40] Estamos en los momentos de la crisis ideológica que lleva a Vallejo a un peculiar comunismo visceral, más transparente en la prosa de *El Tungsteno,* de 1931, y en los artículos de los años veinte.

[41] LARREA, JUAN, «Considerando a Vallejo», *Aula Vallejo,* n.º 5-7, 1967.

[42] FRANCO, JEAN, *«Poetry and silence: César vallejo's 'Sermon upon Death'»,* Diamante Series, London, 1973, p. 18.

[43] Ambos publicados en *Mundial,* el 30 de diciembre de 1927 y el 21 de septiembre de 1928, respectivamente.

[44] En CÉSAR VALLEJO, *Literatura y arte,* cit., pp. 51-52.

[45] LARREA, JUAN, «Claves de profundidad», *Aula Vallejo,* n.º 1, Córdoba, 1961, p. 70.

[46] HIGGINS, *op. cit.,* p. 215.

JOSÉ MARÍA VALVERDE:
SER DE PALABRA

Al publicar su poesía completa en el volumen *Enseñanzas de la edad*,[1] José María Valverde incluía un conjunto inédito de poemas que significaba una importante desviación respecto de sus preocupaciones esenciales anteriores en el terreno de la creación poética. Se trata del conjunto titulado *Años inciertos* (1970). En una poesía que había ido cargándose de experiencia histórica en esa línea de existencialismo evangélico de voz tan personal desde los primeros momentos, aparece con esos poemas una vena dolorida, crítica, hirientemente sarcástica a veces, impulsada, probablemente, por las circunstancias biográficas de aquellos años.

Con esos poemas nuevos, la estructura un tanto cerrada de su mundo poético, que parecía haber entrado en crisis sobre todo a partir de *La conquista de este mundo* (1960) por lo que J.L. Cano llama «el intento de bajar el diapasón de la poesía, de democratizarla»,[2] se llena de posibilidades de transformación hacia una poesía abierta a nuevos temas y, sobre todo, a una dialéctica entre los propios valores del poeta y una realidad analizada cada vez más críticamente. En cierto modo, el conjunto añadido a las obras ya publicadas, *Años inciertos,* era un anuncio de novedades temáticas. La publicación de *Ser de palabra* (1976),[3] es, para mí, la reafirmación valiosa de su universo poético metafísico, en el que la profundidad del análisis de la historia cercana no evita una nueva cerrazón estructural, basada esta vez en la interpretación del lenguaje, de la palabra poética, como Verbo.

En efecto, la crítica ha reiterado la unidad esencial del mundo poético de Valverde cada vez que este ha publicado un nuevo libro, hasta *La conquista de este mundo.* Unidad que crea el punto de vista del poeta religioso, que parte de la expresión de lo divino como aventura mística, con influencia directa de San Juan de la Cruz,[4] pero muy personal por la íntima relación de esa poesía con la experiencia biográfica. Aunque, vista desde *Versos del domingo* (1954), creo que no puede mantenerse, como han hecho algunos antólogos, lo que apuntó Dámaso Alonso a propósito del primer libro, *Hombre de Dios* (1945), es decir, la idea de que «para Valverde el mundo se ordena bello hacia un fin»,[5] afirmación esencial en el caso de *Hombre de Dios* y, en parte, en el caso del siguiente libro, *La espera* (1949), pero que a partir de entonces resulta muy parcial. Desde mi punto de vista, esa ordenación del mundo bello hacia un fin pasa a convertirse en uno de los polos de una dialéctica nueva entre la propia ideología y la realidad observada, aunque siga siendo, desde luego, el que impone su presencia. Pero no hay que olvidar que, por muy unitario que sea el mundo poético de Valverde, tan claras están las constantes como las diferencias, fruto éstas de la maduración del poeta.

De *Hombre de Dios* sí puede afirmarse que el intimismo existencial, la búsqueda de sentido de los seres, el didactismo de algunos poemas, están ordenados por lo teológico,[6] por la búsqueda mística de Dios, hacia quien, en contra de lo que hacen otros poetas religiosos de esos años, Valverde alza su canto agradecido,[7] «salvándose de lo tópico por su sinceridad y lo poco retórico de su lenguaje».[8] Desde ese libro las influencias de Rilke y Machado son decisivas, como recuerdan, entre otros, J.P. González Martín, y J.M. Castellet. Para este último, la confluencia de ambos produce en Valverde y en los de su grupo, «una cierta poesía de la experiencia temporal». «Es, sigue diciendo, la poesía de la experiencia cotidiana, narrativa, biográfica, existencial, temporal, es decir, vinculada al recuerdo, a lo temporalmente vivido: contarse el poeta a sí mismo, lo cual, a pesar del expreso abandono de la visión histórica, que limita esta poesía a parciales experiencias subjetivas sin coherencia intrínseca, fue un experimento interesante como tanteo para dejar atrás los viejos moldes simbolistas».[9] Cito largamente estas palabras porque creo que aclaran varios aspectos del último libro de Valverde, como veremos. No estoy de acuerdo, sin embargo, en la afirmación de que el expreso abandono de la visión histórica limite esta —ni ninguna— poesía a parciales experiencias subjetivas sin coherencia intrínseca. En primer lugar, no veo qué tenga que ver la cuestión de la perspectiva que elija el autor con la de la coherencia intrínseca de las experiencias subjetivas, y menos en el terreno de la poesía lírica. En segundo lugar me parece evidente que la coherencia ideológica, cosmovisionaria, o como se quiera, de

José María Valverde es tal a lo largo de su producción poética, que llega a limitar, y este es el tema que pretendo fijar en el presente artículo, el voluntarismo de un compromiso específico con el hombre. Compromiso que es uno de los dos polos entre los que oscila la poesía de *Ser de palabra.*

Aparece, además, en *Hombre de Dios,* un tema que se mantiene a lo largo de todas las obras del poeta y que se desarrolla como clave esencial del nuevo cosmos poético cerrado de *Ser de palabra;* la pasión del y por el lenguaje, que comparte con la mayor parte de los poetas de la «generación del 50» (aunque se manifieste a veces en expresiones radicalmente opuestas):

Tú nos lo entregas [el mundo] *para que lo hagamos palabra.*

Dentro de esa coherencia transcendentalista de las cosas y de la experiencia del poeta a través de la palabra, los siguientes libros van enriqueciéndose, como ya apuntaba, gracias a una mayor profundización en lo propiamente humano, en lo histórico, que es directamente biográfica, y también gracias a una mayor amplitud en la búsqueda de matices y en la retórica de las imágenes. En *Versos del domingo* aparecen algunas «intenciones épicas»[10] que, manteniéndose en el terreno de la visión eucarística, darán la forma peculiar a *Voces y acompañamientos para San Mateo* (1959). En este libro, escrito en los años de auge de la poesía «social» y, seguramente, influído por esa inquietud generacional, la contemplación de las miserias sociales resuelve el posible sentimiento de angustia que apuntaba en su libro anterior en una «serenidad resignada que se deriva de su catolicismo»,[11] lo cual no deja lugar a dudas sobre una actitud global que pretenderá superarse en *Ser de palabra.* Pues la metodología para el análisis de la realidad deriva en esos momentos de *Voces y acompañamientos...* de la lectura personal, exegética, de San Mateo, que va alternando con ejemplos históricos o biográficos de los textos glosados.

La conquista de este mundo (1960), por su coloquialismo, su leve ironía y la esquemática visión de la historia de la humanidad, supone un descenso considerable de la elaboración —y la calidad— poética, y también en la profundidad de la interpretación religiosa del mundo. Este libro revela el inicio de una nueva actitud del poeta ante la realidad. En cierto modo, el siguiente conjunto de poemas, *Años inciertos,* fechado diez años después, ofrece la primera salida de esa crisis poética.

De hecho, Valverde supera *Hombre de Dios* en algunos poemas de *Años inciertos,* que son algo así como el negativo fotográfico de aquel libro. En *Años inciertos* la distancia del exilio, el desengaño y un nuevo modo de compromiso social hacen que el poeta se replantee algunos puntos importantes de su actitud poética, y también de la historia de España, manteniendo siempre la perspectiva religiosa. Con razón señala Joaquín Marco que «la lectura de este último apartado de sus obras aclara la actual concepción poética del actual poeta».[12] Y creo que lo mismo cabe decir de *Ser de palabra,* que es una ampliación y aclaración de algunos aspectos —el compromiso, la perspectiva metafísica de la palabra poética—, de *Años inciertos.*

Ser de palabra se nos ofrece como una recopilación, ordenada cronológicamente, de los poemas escritos entre 1971 y 1976. Como ya señalaba Marco a propósito de *Enseñanzas de la edad,* ahora Valverde quiere que sigamos entendiendo su labor como una obra que va creciendo, a la que en esta ocasión añade algunos capítulos y que queda abierta a «ulteriores añadidos». El libro está formado por tres series de poemas. La primera, titulada «Tres poemas», sirve de introducción al tema central, «Ser de palabra», desarrollado en siete poemas en los que se reformula la poética personal con gran coherencia, sobre todo si la comparamos con sus obras anteriores. El libro lo cierra la sección «Maneras de hablar», que consta de seis poemas dedicados al homenaje de Vivanco, Rousseau, Cervantes, la madre, Allende, Ferrater.

En el libro se halla la actualización de su poética, como he dicho, que gira en torno a los temas principales de sus obras anteriores, con la incorporación de nuevos tonos y de más complejas perspectivas. El autor nos advierte en breve nota introductoria que usa el verso «como medio general para cualquier tema, tono y punto de vista en que me sienta movido a hablar, sin miedo a que el resultado se considere más bien ensayístico, teórico, didáctico, periodístico o alguna otra cosa análogamente asociada a la prosa dentro de nuestras costumbres y de nuestra tradición inmediata». Es una elección que manifiesta la voluntad de escribir una palabra poética más transparente, depurada de alardes expresivos. En cierto modo, esa aclaración sería aplicable a muchos de sus poemas desde *Voces y acompañamientos para San Mateo,* aunque ahora falta el tono irónico que se había ido adueñando de algunos poemas de este libro y que es esencial en *Años inciertos.* Ahora, en *Ser de palabra* se contraponen dos tonos, uno de escepticismo, que advertimos en los poemas en que el autor elige un perspectivismo del razonamiento, que da a estos poemas un exceso de elementos discursivos en los que apenas hallamos matices, creo que por la índole misma de ese perspectivismo:

> *Los motores, las máquinas queridas*
> *con que soñar pudimos que la tierra*
> *se haría mansa y fértil y amigable,*
> *van destruyendo todo, digiriéndolo*
> *en excremento muerto y en neblina.*
> *Estaba a nuestra vista y no lo vimos*
> *y antes que llegue el pobre al fin del hambre*
> *ya no habrá hierro, ni aire, ni horizonte,*
> *el pez se habrá borrado de los mares,*
> *del mundo quedará una sucia escoria.*
>
> *(Conversación ante el milenio)*

Un segundo tono, exaltado, propiciado por el voluntarismo del poeta, por su fideísmo, que se manifiesta en el último poema de la sección central, «Ser de palabra», y que yo diría que es el que se impone:

Déjate llevar de la mano por el gran ángel del lenguaje,
cree en tu propia palabra, la de todos, y ya estarás
salvado en la red del hablar, volcado hacia el gran oído
donde todo lenguaje, carne de memoria, ha de ser recordado:
la llamada del niño que ahora muere de hambre en una choza;
los cientos de millones de cuchicheos amorosos de anoche;
las diarias palabras sencillas, como el pan, de todos con todos...

(Creer en el lenguaje)

Dentro de este planteamiento general, tal vez en exceso rígido, y que, por ello, iré matizando, me referiré a la primera de las actitudes señaladas, la de escepticismo. En ella destaca inmediatamente el punto de vista de mayor profundidad: el recuerdo y el autoanálisis como fuentes de reflexión sobre la realidad percibida y como valoración de su «ser en el mundo». Este es el que se adopta en varios de los mejores poemas del libro como «Otro cantar», «En el principio», «La Torre de Babel cae sobre el poeta» y «Primer aniversario». Esa perspectiva, por otra parte, posibilita un leve simbolismo que crea una atmósfera intimista de gran valor poético:

De pronto aranca la memoria,
sin fondos de origen perdido:
muy niño, viéndome una tarde
en el espejo de un armario,
con doble luz enajenada
por el iris de sus biseles,
decidí que aquello lo había
de recordar, y lo aferré...

....

Hasta que un día, bruscamente,
vi que esa estampa inaugural
no se fundó porque una tarde
se hizo mágica en un espejo,
sino por un toque, más leve,
pero que era todo mi ser:
el haberme puesto a mí mismo
en el espejo del lenguaje,
doblando sobre sí el hablar,
diciéndome que lo diría,
para siempre, vuelto palabra,
mía y ya extraña, aquel momento.

A cuya luz el poeta vuelve sobre la poesía escrita en el
pasado, dándonos una actualización de su actitud de entonces,
que es decisiva para la lectura actual de toda obra poética:

... que no hay más mente que el lenguaje,
y pensamos sólo al hablar,
y no queda más mundo vivo
tras las tierras de la palabra.
Hasta entonces, niño y muchacho,
creí que hablar era un juguete,
algo añadido, una herramienta,
un ropaje sobre las cosas,
un caballo con que correr
por el mundo, terrible y rico,
o un estorbo en que se aludía,
a lo lejos a ideas vagas:
ahora, de pronto, lo era todo,
igual que el ser de carne y hueso,
nuestra ración de realidad,
el mismo ser hombre, poco o mucho

(En el principio)

Como puede observarse, esa revisión —que sugiere un acercamiento al Evangelio de San Juan desde el de San Mateo— nos sitúa en el seno de un nominalismo en cuyo terreno se plantea la teorización, no sólo del lenguaje, sino de la realidad objetiva. Terreno de abstracción en el que Valverde nos podría llevar a superar la antinomia poesía / ciencia en un sentido no idealista, pero que la identificación palabra poética = Verbo = Dios convierte en un planteamiento metafísico que abarca —y que perfecciona superándola— la visión mística de la existencia que ofrecía el joven poeta de *Hombre de Dios,* como veremos.

Otro tono dentro de esta perspectiva del razonamiento, al que llega casi por necesidad, es la visión sentenciosa, generalizadora, dogmática. El poeta define, conscientemente, en avances progresivos. Toda la parte central del libro está concebida en este sentido. Por eso, tras el primer poema de esta parte, «En el principio», al que me acabo de referir ampliamente, y que sirve de mediación para delimitar el tema del lenguaje, el poeta coloca «Dos tesis», formado por dos sonetos consecutivos. La primera tesis es la afirmación universal del lenguaje como razón última del pensamiento y de la poesía:

> *Tan sólo así hay ideas y sentidos,*
> *alma, amor y memoria: es la manera*
> *nuestra de ser: no queda nada fuera*
> *del paso de la boca a los oídos.*

La misma utilización de la estructura cerrada del soneto es de por sí ya significativa, en un poeta que emplea escasamente dicha estrofa, doce veces en toda su obra anterior, *Enseñanzas de la edad,* y ocho de ellos agrupados en *La conquista de este mundo.*

La segunda tesis es la del origen extrahumano del lenguaje, entendido, además, como creador y destructor absoluto, como principio y fin de todo. Hablar es, para él:

> *... es desvío, es aventura*
> *que aparta de este mundo en nuevo afán,*
> *y que, hecho ciencia, técnica y locura,*
> *puede hundir toda historia y todo plan.*

Respecto a la temática, y teniendo en cuenta lo ya dicho, se observa que los temas principales siguen siendo los mismos en este libro, en estos nuevos capítulos de la obra. Aunque cuantitativamente no lo sea uno de ellos, el de la fe. Precisamente por su colocación al final de la serie de razonamientos, que eso son los siete poemas de la sección «Ser de palabra», este tema cobra importancia decisiva.

El primero de los temas es el tiempo. El poeta, ya desde su primer libro, asumió la lección de la poesía idealista contemporánea, Rilke, Machado, sobre todo. Aquí sigue prevaleciendo el tiempo intimista, a pesar de las repetidas incursiones en planteamientos históricos que podrían haberle llevado a un terreno dialéctico. Aunque por la índole de la visión del mundo del Valverde poeta no nos extrañe que esto no haya sucedido. De hecho, en poemas como «Agradecimiento a Cuba», «Conversación ante el milenio», «El robo del lenguaje» o «Grabación de Salvador Allende», el poeta expresa directamente una voluntad de compromiso con la historia, una deuda que personalmente se ha comprometido a pagar. Sin embargo, por pura honestidad intelectual consigo mismo, ese compromiso no podía llegar a revolucionar su mundo poético, su particular humanismo.

En ese sentido, otro tema que ha marchado acorde con su evolución personal ha sido el de la solidaridad humana, sobre todo desde *Versos del Domingo*. Pero ahora ya no se trata solamente de expresar su dolor por la incomunicación entre los hombres, ni su voluntarismo vitalista por amor «al Dios del que son templo», sino algo mucho más importante: es una postura política de compromiso con el hombre. Un cierto escepticismo impregna ese tema en *Ser de palabra,* como ya sucedía en *Años inciertos,* una de cuyas ideas principales reitera de forma autocrítica:

> *Para dejar atrás mi nombre*
> *y hablar por todos juntos, yo no sé*
> *si servirá la voz que tengo,*
> *si valgo ya para ese menester:*
> *Cantar del hombre, extraño y sorprendente,*
> *en grandes números, su sed*
> *de amor y de justicia, casi muerta*
> *de fatigarse por comer;*
> *de su sufrir siempre, hasta cuando*
> *ríe y abraza; el dolor que es*
> *lo que le da su dura dignidad*
> *a la altura de cuanto no se ve.*

> *(Otro cantar)*

Sin embargo, no es éste, a mi parecer, el aspecto más importante del libro, aunque sí sea uno de los esenciales de la actitud pública del poeta. El fundamental, que da título al libro y a la sección en que se desarrolla, es el del lenguaje. Conviene recordar lo dicho antes al referirme a los dos primeros poemas de la serie, porque de allí arranca un planteamiento nominalista que trasciende lo anecdótico, lo puntual de la preocupación analítica de la realidad que era la característica de su obra a partir del segundo libro. Incluso en la tercera secuencia de esta parte central del libro, el poema titulado «El robo del lenguaje», se enriquecen considerablemente las definiciones anteriores. Valverde propone definir el lenguaje desde la conciencia de que todo conocimiento de la realidad pasa por la expresión, y que lo humano sólo tiene sentido en la relación pensamiento-lenguaje, siendo su origen externo al hombre y este origen el que le permite el paso a una edad adulta y razonadora a lo largo de la historia del mundo. La tercera tesis la propone en «El robo del lenguaje», es expresamente política. El absoluto que es la palabra se convierte en instrumento de dominio, a través del lenguaje de los iniciados y a través de las mixtificaciones que por medio de la palabra efectúan unos grupos sobre otros:

> Todo el lenguaje está comprado por los amos,
> les excusa y esconde, y al robado ignorante
> le hace más respetuoso ante el vago sistema.
> Oíd hablar al pobre: su palabra se agacha
> ante todo lo que es comprar, vender, ganar:
> con reverencia alude a esas fuerzas temibles,
> como a dioses que no cabe nombrar siquiera:
> no se atreve ni a usar como suyo el lenguaje.

El poema siguiente supone una interiorización del tema, una aplicación de esas reflexiones sobre el lenguaje a su propia experiencia del exilio y de una lengua ajena:

> Ahora te es ajeno hasta el paisaje:
> no te habla a ti: hasta el pájaro y el árbol
> y el río te escatiman las leyendas
> que aquí envuelven sus nombres —en ti, rótulo—.

La experiencia personal sirve de base en este poema a una generalización que identifica lengua e ideología, desviada del planteamiento de las clases del poema anterior, pero perfectamente coherente con su postura de compromiso ya vista más arriba:

> El fondo de su espíritu no late
> si no vive en la lengua que es tu historia.
>> *(La Torre de Babel cae sobre el poeta).*

«Desde la palabra», el quinto poema, significa un corte decisivo respecto a la andadura anterior: es la antítesis, o mejor, la contradicción y la desviación hacia un terreno decisivamente metafísico, al cuestionarse a sí mismo sobre la ontología del lenguaje y la transcendencia, a través del mismo, del hombre. A partir de este poema es significativo que se vuelva a la intuición mística a la hora de aseverar o que las teorizaciones vayan siendo sustituídas por interrogaciones retóricas que buscan conducir la respuesta a un terreno afirmativo respecto a la transcendencia:

> Donde se apaga el lenguaje,
> en la lejanía estrellada sobre las sierras,
> o en el fondo de mí cuando me agoto de hablar
> ¿Se nos acaba el ser?

Nótese que se adopta una imaginación vertical y una polarización de la naturaleza transcendente al silencio del individuo, que contrasta con los poemas anteriores. Se trata, además, de un momento esencial en la elaboración de esa metafísica de la palabra:

> ¿Estamos solos en nuestra vasta cháchara,
> alabándonos, insultándonos, recordándonos,
> hablando de altos asuntos y sublimes valores,
> y hasta quizás de entidades sobrehumanas, aladas o no,
> para que todo se apague en nada,
> leve instante de cuchicheo en un rincón entre las estrellas?

Tras la duda, la afirmación voluntarista que brota de la quiebra del nominalismo que se había desarrollado como planteamiento hasta entonces:

> La palabra ha nacido rota,
> abierta hacia fuera, hacia allá...

Y esa intuición de la transcendencia, a pesar de la duda que sigue planteándose, busca el encaminar al lector hacia una respuesta única:

> *Pero, apenas callamos, se alza otra vez en nosotros*
> *la pregunta, el grito, la rebeldía:*
> *si hablamos, si subimos hasta meter el mundo en la palabra*
> *y en la palabra pensarlo y abolirlo,*
> *no podemos aceptar morir en silencio para siempre,*
> *legar nuestra palabra a los que vienen, sabiendo*
> *que, tras de pocas dinastías,*
> *se acabará toda conversación.*

A partir de aquí, los dos poemas siguientes son una profundización en el tema de lo divino, hacia el cual parece ir encaminado todo lo anterior y que, a pesar de su escasa incidencia cualitativa en el libro, determina todo el mundo poético que Valverde redefine aquí. «La palabra hecha carne», poema escrito en endecasílabos y heptasílabos consonantes, frente a la total libertad métrica del verso blanco en el poema anterior, significa un recogerse en el ámbito evangélico, con una nueva referencia a San Juan Evangelista, ya en el título.

> *De boca en boca llega hasta esta hora*
> *un mensaje que emplaza*
> *toda palabra nuestra, y amenaza*
> *transfigurarla en luz abrasadora:*
> *que el ser se mostraría*
> *sustentado en palabra, no en la mía*
> *ni de nadie, una voz sin ley ni cuenta,*
> *flotando en el silencio de allí atrás...*
> *la palabra de siempre, que jamás*
> *dice un nombre de aquel que en ella alienta;*
> *sola voz soberana*
> *que hizo nacer la humana,*
> *pero que, al dirigirse a nuestro oído,*
> *dejó su son de mares y de vientos,*
> *hecha carne en un hombre sin fulgor*
> *que dijo poco, «amor» y algunos cuentos,*
> *y murió perseguido*
> *a manos de la gente,*
> *sólo con el rumor*
> *de que resucitó furtivamente.*

Valverde llega a la efusión amorosa mística o irracionalista que mostraba depuradamente en *Hombre de Dios*, pero esta vez en el seno de un compromiso nuevo: un compromiso con la historia y con el hombre, (abstracciones idealistas), radicalmente más hondo. Es una propuesta nueva de fusión del compromiso histórico personal con una religiosidad evangélica profundamente sentida. Esta actitud, que se iniciaba en *Voces y acompañamientos...*, se enriquece con el Verbo poético entendido como su única posibilidad de comunión con los hombres y como síntesis personal del poeta de mensajes ajenos —Rousseau, Cervantes, Allende, etc.— que, por encima del tiempo y del espacio, se integran en un absoluto lingüístico que, para Valverde, es la entraña misma del ser del hombre, con todas las implicaciones, incluso religiosas, que ello conlleva:

> Mi palabra, que da el ser a lo mío,
> ¿en otra estará envuelta, enajenada?
> ¿Es verdad eso? Siento
> terror a tal locura, a tan violento
> lenguaje, a tal amor
> acechando detrás de ese dolor
> que es vivir y la cárcel que es el ser.
> Sé que fuera el creer
> renunciar a mi lengua y a mi vida,
> pero me hiere esa palabra clara
> y sé que, aun antes ya de ser creída,
> valdría echar mil vidas en su hoguera,
> aunque un sueño tan sólo resultara.
> Y ¿quién iba a soñar de esa manera
> que vuelve del revés el pensamiento
> y nos deja sin habla y sin aliento?

Este párrafo sintetiza muy bien esa difícil asunción de la fe frente a las dudas de la experiencia temporal. Estamos, en las palabras y en la música de las palabras, ante un sentimiento místico profundísimo y depurado, en la línea de la mejor poesía religiosa española. Valverde es consciente del problema que plantea actualizar una actitud como la de San Juan de la Cruz o la de Santa Teresa, y lo asume, añadiéndolo a un compromiso temporal plenamente aceptado y no contradictorio necesariamente en lo que respecta a su funcionalidad en una actitud de lucha por una sociedad mejor.

Tras esa efusión mística, el tema último que queda gravitando es el de la fe. En el poema «Creer en el lenguaje», que cierra la sección, Valverde enlaza con el poema anterior y desarrolla la intuición mística en versículos que devuelven a la palabra, a la poesía, la esperanza:

Hablar de veras es, sin querer, entrar en el más ancho juego,
en la vasta armazón del habla con sus raíces oscuras y ajenas.
Déjate llevar de la mano por el gran ángel del lenguaje,
cree en tu propia palabra, la de todos, y ya estarás
salvado en la red del hablar, volcado hacia el gran oído
donde todo lenguaje, carne de memoria, ha de ser recordado.

....

Habla con sentido de lo que vivas, y estarás así rezando
y actuando como un héroe: estarás dándote a la verdad
donde quedamos entregados en manos del Ser que es Palabra
y que un día empezará en voz alta otro diálogo que no acabe.

Así, la función última del lenguaje, por encima de la poética, es la soteriológica. Es el canto a la trascendencia, que en el contexto del libro se liga a una reflexión moralista sobre la injusticia de la sociedad humana y su decadencia. Al hablar de «imposible materialismo» quería referirme a eso exactamente. Por encima del compromiso histórico, tras un período de crisis biográfica y poética, la labor poética de los últimos años es una salida a la conflictividad poética manifestada en los poemas de *Años inciertos:* Valverde sintetiza y da coherencia a los temas esenciales de su obra anterior que, como se vio en *Enseñanzas de la edad* y en la reciente *Antología de sus versos,*[13] es una «obra en marcha» de la cual el poeta elimina aquellos elementos que su actitud literaria y vital no puede asumir en la actualidad. Se mantiene la perspectiva religiosa que se había ido orientando hacia el compromiso terrenal a lo largo de toda su producción, se ahonda en el compromiso político de manera decisiva, mucho más explícita que en las obras anteriores. Y, decisivamente, el poeta plantea el análisis del lenguaje, y no sólo del lenguaje poético, como el camino abarcador de la problemática del hombre en el mundo. Por ello considero que este conjunto de poemas es un hito en su labor poética, porque en él nos devuelve un universo conceptual y estético de íntima trabazón, coherente, con su alternativa personal, profunda, humanista, de gran poeta.

NOTAS

[1] José María VALVERDE: *Enseñanzas de la edad. Poesía 1945-1970.* Barral editores, Barcelona 1971; 216 pp.

[2] José Luis CANO: «Notas sobre José María Valverde», en *Poesía española contemporánea. Las generaciones de postguerra.* Ed. Guadarrama, Punto Omega, Madrid 1974; 244 pp., pp. 165-173.

[3] José María VALVERDE: *Ser de Palabra.* Ed. Ocnos, Barcelona 1976; 88 pp.

[4] Victor GARCIA de la CONCHA: *La poesía española de postguerra. Teoría e historia de sus movimientos.* Ed. Prensa Española, El Soto, Madrid 1973; 542 pp., pp. 458-464.

[5] Dámaso ALONSO: «Prólogo» a J.M. Valverde, *Hombre de Dios.* Rep. n *Poetas españoles contemporáneos.* Ed. Gredos, Madrid 1969; pp. 375-380.

[6] Ibid.

[7] Víctor GARCIA de la CONCHA: Op. cit.

[8] Jerónimo Pablo GONZALEZ MARTIN: *Poesía hispánica, 1939-1969. Estudio y antología.* Ed. El Bardo, Barcelona 1970; 377 pp. Vid. pp. 74-79.

[9] José María CASTELLET: *Un cuarto de siglo de poesía española.* Ed. Seix Barral, Barcelona 1966; 554 pp. Vid. pp. 83-86.

[10] Isabel PARAISO: «José María Valverde: trayectoria de una vocación asumida», en *Cuadernos Hispanoamericanos,* 185, LXII, 1965; pp. 383-401.

[11] Ibid.

[12] Joaquín MARCO: «La poesía de José María Valverde a la luz de su nuevo libro», en *Nueva literatura en España y América.* Ed. Lumen, Barcelona 1972; pp. 193-200.

[13] José María VALVERDE: *Antología de sus versos.* Ed. Cátedra, Madrid 1980; 161 pp.

Procedencia de los ensayos aquí reunidos

«Un poema de Antonio Machado» se publicó en *Insula*, núms. 506-507 (1989), págs. 23-25, con el título *«En piedra, para no ver»*.

«Antonio Machado y Jorge Guillén», en *Actas del Congreso Internacional sobre Antonio Machado*, Sevilla, febrero de 1989. (En prensa).

«Los sonetos de *Clamor»*, *Caligrama*, II, 1. Universidad de las Islas Baleares (1985), págs. 53-103.

«Culturalismo, traducción y creación poética en Jorge Guillén», en *Homenaje a la Profesora Massot*, Universitat de les Illes Balears, Palma de Mallorca (1988).

«De *Cántico* a *Final*: Jorge Guillén ante el crepúsculo», en *Puerta oscura*. Número dedicado a la generación del 27. Málaga, septiembre de 1987.

«Final, de Jorge Guillén», *Caligrama* II, 2. Universidad de las Islas Baleares (1987).

«La poesía vanguardista de José Moreno Villa». Ponencia leída en el Congreso Internacional del Centenario de José Moreno Villa. Centro de Estudios de la Generación del 27. Málaga, noviembre de 1987. En *José Moreno Villa en el contexto del 27*. (Ed. de Cristóbal Cuevas), Anthropos, Barcelona (1989), págs. 30-67.

«Altura y pelos»: un texto de transición de César Vallejo», *Cuadernos de Literatura*, 22. Universidade de Coimbra. Instituto Nacional de Investigaçao Cientifica (1985). Págs. 88-107.

«José María Valverde o el imposible materialismo», *Mayurqa*, (Sección de Filología), 19. Universidad de Palma de Mallorca (1980), págs. 23-33.

2000 . Enlace .
D2
/1000